KB252950

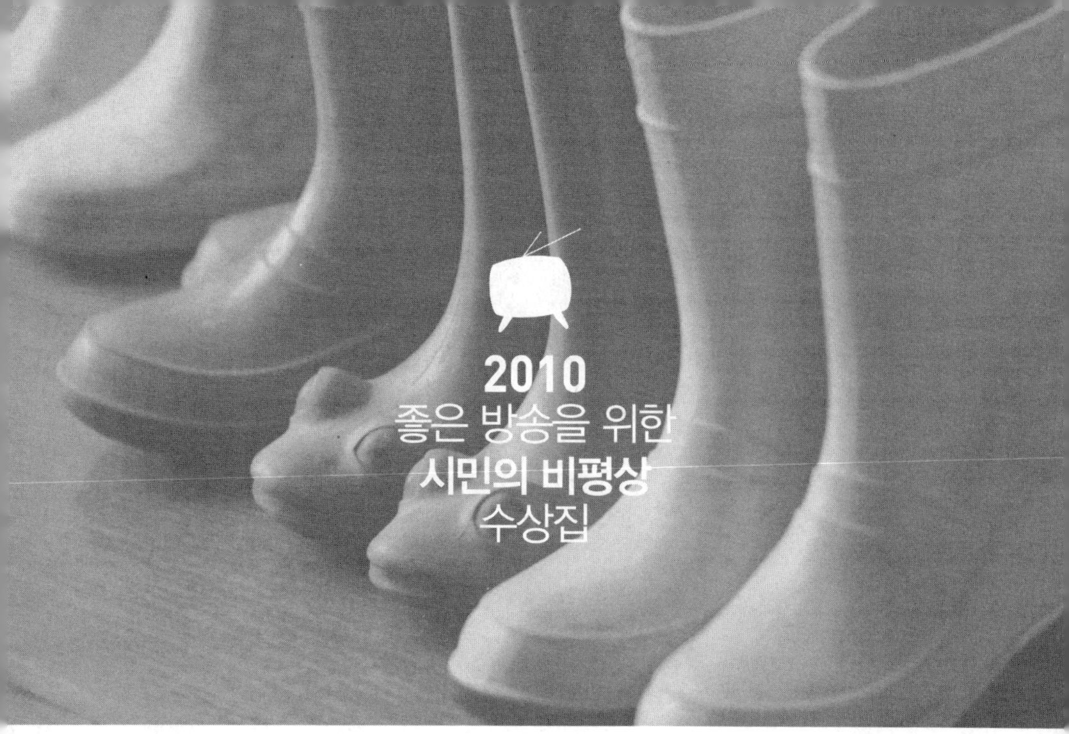

2010
좋은 방송을 위한
시민의 비평상
수상집

# 웰컴 레인을 내려주세요

| 방송문화진흥회 엮음

이 도서의 국립중앙도서관 출판시도서목록(CIP)은 e—CIP 홈페이지(http://www.nl.go.kr/ecip)에서 이용하실 수 있습니다. (CIP제어번호: CIP2010002928)

시청자 여러분의 관심과 애정 속에 <좋은 방송을 위한 시민의 비평상>
이 어느덧 13회째를 맞이하게 되었습니다.

방송 프로그램은 시청자들이 열의를 가지고 지켜보고 평가하는 순간
비로소 완성된다고 합니다. 방송문화진흥회의 <좋은 방송을 위한 시민의
비평상>은 방송에 대한 시청자들의 진솔한 목소리를 알리고 프로그램
제작자와 시청자 간의 소통의 장을 마련하기 위한 자리입니다.

올해의 응모작들을 보면서 방송에 대한 시청자들의 안목이 날로 높아질
뿐만 아니라 날카로우면서도 참신해지고 있음을 느낍니다. 여기에 방송
매체에 요구되는 사회적 역할과 방송 제작의 매커니즘에 대한 이해 역시
깊어지고 있음을 확인할 수 있었습니다.

<좋은 방송을 위한 시민의 비평상> 수상집에는 응모된 많은 글 중
엄정한 심사를 거쳐 선정된 총 38편의 비평문이 수록되어 있습니다. 이
책이 방송문화 발전을 위한 밑거름이 되기를 기대합니다.

다시 한 번 제13회 <좋은 방송을 위한 시민의 비평상>에 참여해주시고
관심을 보여주신 모든 분들께 이 자리를 빌어 감사의 말씀을 드립니다.

그리고 응모된 많은 글들을 일일이 살펴봐주신 심사위원님들과 <좋은 방송을 위한 시민의 비평상> 수상집 발간에 도움을 아끼지 않으신 도서출판 한울 관계자 여러분께도 감사의 인사를 전합니다.

방송문화진흥회는 앞으로도 건전한 방송비평을 통해 시청자와 프로그램 제작자 간의 거리를 좁히고 소통의 폭을 넓혀 좋은 방송 프로그램을 만드는 일에 힘을 보태겠습니다.

감사합니다.


2010년 8월

방송문화진흥회 이사장 김재우

　먼저 <좋은 방송을 위한 시민의 비평상>에 관심을 가지고 참여해주신 모든 분들께 감사드리고 수상자 여러분들께는 축하의 인사를 전합니다.

　응모된 모든 작품에서 방송 프로그램에 대한 애정과 방송의 질적 향상을 기대하는 마음을 한껏 느낄 수 있었습니다. 일반 시청자들이라고 믿기 어려울 정도의 전문성과 객관성이 돋보이는 수작들이 많아 심사위원들에게 신선한 자극을 주었습니다. 또한 기성 언론에서 잡아내지 못한 핵심을 짚어내어 신선하게 분석한 글들이 심사위원들에게 기쁨을 주었습니다.

　과거 방송비평의 주류를 이루던 도덕적·윤리적 평가의 한계를 벗어나 매체 미학, 장르, 서사 분석 등 다양한 관점과 방식으로 프로그램을 평가하고 있어 비평 자체로서 의의를 지닐 뿐만 아니라 방송제작 현업에도 좋은 지침이 되리라고 봅니다. 참으로 의미 있는 일이 아닐 수 없습니다.

　앞으로의 방송비평 발전을 위해 응모작들을 심사하면서 느꼈던 몇몇 아쉬운 점을 꼽아 제언을 드리고자 합니다.

　첫째, 시청률이나 화제성이 높은 프로그램에 비평이 집중된 경향을 보였습니다. 라디오 프로그램, 지역 프로그램, 시청률은 높지 않았지만 공익성 있는 프로그램을 발굴하여 비평했더라면 하는 아쉬움이 남습니다. 이를 통하여 대중이 발견하지 못한 소재나 아이디어를 발굴하고 이들에 대한 발전적인 시각을 제공하는 데까지 방송비평의 역할을 확장할 수 있기를 바랍니다.

둘째, 제작자의 창의성과 제작 역량에 대한 전문적 비평이 여전히 부족하다는 생각입니다. 방송 전반에 대한 이해를 높여 프로그램에 대한 다양하고 심층적인 이해를 바탕으로 비평이 이뤄진다면 좀 더 전문적이고 실질적인 비평이 가능할 것입니다.

셋째, 전반적으로 완성도 높은 글쓰기 수준에 비해 균형 감각이 부족했습니다. 프로그램에 대하여 비난 일색 혹은 칭찬 일색인 글들이 아쉬움을 남겼습니다. 비평이란 주관적인 분석을 통해 다른 사람들과 소통하는 것이지만 이때 객관적 논거를 마련하고 그로써 설득의 과정을 거치는 것은 중요할 수밖에 없습니다. 객관적 설득력을 갖춘 독특한 시각으로 감흥을 준다면 더할 나위 없는 훌륭한 비평이 될 것입니다.

학생부문의 경우 다양한 장르의 여러 프로그램에 대한 우수한 비평문들이 많이 응모되었습니다. 학생들이 방송에 대해 참신한 시각과 문제의식을 갖고 있음을 확인할 수 있었으며 순수하고 따뜻한 시선을 간직하고 있는 점이 인상적이었습니다. 앞으로도 재기 발랄한 시선으로 프로그램을 읽어내는 미래의 비평가들이 많이 등장하기를 기대합니다.

계속하여 시청자들의 진솔한 생각이 담긴 비평들을 자주 접할 수 있기를 바랍니다. 많은 이들의 다양한 생각과 고민은 우리의 방송과 문화를 좀 더 풍요롭게 만들 것이 분명하기 때문입니다.

현명하고 비판적인 시청자가 좋은 방송을 위한 토양과 환경이 된다는 점에서 우리 방송의 밝은 미래를 기대합니다.

2010년 8월

심사위원 일동

# 차례 ·······································································································

# 웰컴레인을 내려주세요
<일요일 일요일 밤에> 내리는 '단비'

진희정

꼭 필요한 때 알맞게 내리는 비 '웰컴레인(welcome rain), 단비'. 그런데 2010년 대한민국 예능국(國)의 일요일 (일요일) 밤에는 별로 환영받지 못하는 단비가 내리고 있다. 예능 프로그램들이 일명 '못된 개그'와 '리얼 버라이어티'로 약진하는 가운데, 교양과 예능을 접목시킨 MBC의 전통적인 <일밤>식 예능 <단비>가 생각보다 스윗(sweet)하지 않기 때문이다. 신통찮은 시청률을 이유로 속단하거나 설레발치는 게 아니다. '착한 예능', '공익 버라이어티'를 표방하는 MBC 예능, 특히 <일밤>은 지금 정체성의 혼란을 겪고 있다.

## 본능적으로 '핫'하고 이성적으로 '스윗'해야 하는 <일밤>

지난해 MBC의 <세상을 바꾸는 퀴즈, 세바퀴>와 스타웨딩 버라이어티 <우리 결혼했어요> 코너가 인기몰이에 힘입어 각각 독립한 뒤 <일밤>은 방황했다. <오빠밴드>, <노다지>, <패러디극장>, <에코하우스>로 시작된 <일밤>의 실험은 <우리 아버지>와 <헌터스>로 이어지더니 근 일 년 만에 지금의 <단비>와 <뜨거운 형제들>로 자리를 잡아가는 듯하다. 파일럿 프로그램도 아니고 <일밤>이 이처럼 많은 코너의 베타테스트를 거치게 된 이유는 진정성을 잃은 공익 버라이어티에 대한 미련 때문이다. <일밤>은 지난해 12월 개편 이후 공익에 치우친 <우리 아버지>, <헌터스>, <단비> 세 코너로 채워졌고 올해 초 위기에 시달렸다. 현재 <단비>보다 더한 <일밤> 예능의 단비(sweet rain)로 평가받고 있는 <뜨거운 형제들>이 투입된 3월 말 전까지 말이다. 결국 아이러니하게도 현재 <일밤>은 <일밤>다운 예능 <단비>와 <일밤>답지 않은 예능 <뜨거운 형제들>이 공존하는, MBC 예능의 이성과 본성이 결합된 상태다.

감동과 눈물은 <단비>에게 맡기라는 <뜨거운 형제들>, 반응이야 어떻든 오직 웃음을 위해서 뭉쳤다고 야심차게 밝히고 있다. 반면 <단비>는 글로벌 나눔 캠페인이라는 거창한 타이틀을 내걸고 '사랑과 관심이 필요한 곳이라면 어디든지 찾아가 몸을 아끼지 않고 감동 미션을 완수하겠다'고 말한다. 흔히 나눔의 미학과 함께한다는 '겸손'과는 다소 거리가 있는, 속살을 훤히 내비친 파이팅이다. 시청자들이 흘린 기쁨과 감동의 눈물 방울을 모아 따뜻한 사랑의 단비로 삶이 고단한 이웃들을 촉촉이 적시겠다는 기획 의도에서 볼 수 있듯이, <단비>는 시청자의 눈물에서 존재 이유를 찾고 있는 역설의 예능이다.

리얼리티 프로그램에 지친 시청자들에게 <뜨거운 형제들>은 색다른 재미를 주고 있다. <단비>로 <일밤>다운 모습을 유지하면서 <뜨거운 형제들>로 변화를 주었다고 볼 수 있다.

책임 프로듀서 김영희 PD가 한 일간지와 나눈 인터뷰에는 <일밤>에 대한 MBC의 역력한 고민이 드러난다. 최근 예능 흐름의 '대세'인 리얼 버라이어티의 산실도, 착한 예능으로 버라이어티의 공익성을 추구해온 것도 모두 MBC이며, 그 자충수가 된 <일밤> 역시 어쨌든 아직은 MBC의 간판 예능 프로그램이다.

그 덕분에 시청자는 <단비>와 <뜨거운 형제들>의 조합으로 아이러니하게 균형이 잡힌 <일밤>을 보면서 본능적인 웃음 코드가 아닌 이성적인 웃음 포인트를 '찾아야' 하는 수고스러움을 들이고 있다.

## 공익 강박증에 시달리는 웃음

사실 최근의 예능·오락 프로그램은 공익성과 휴머니티 가치를 기저에 깔고 있는가 하면(KBS2의 밤샘 버라이어티 <야행성>과 출산 장려 버라이어티 <해피 버스데이> 등), 예능의 감동은 일종의 사치이거나 가식이라며 웃음에 더 큰 목적을 두는 흐름, 두 가지로 크게 양극화된 양상을 띠고 있다. 또 일반화할 수는 없지만, 대개 공익을 내세운 재미와 그렇지 않은 재미 사이의 반응 역시 시청률만 보더라도 크게 상반된 결과를 낳고 있다.

왜 예능은 '가까이하기에는 너무 먼 당신' 공익의 덫에서 방황하고 있는 것일까. 공익성은 원래 장르를 불문하고 공영방송 본연의 기능이 아니었나. 문제는 공익성을 아예 표면에 내걸고 각각의 장르적 특성을 고려하지 않은 채, 예능 프로그램들이 공익성에 발이 묶이기 시작하면서부터 일어났다. 공익이 가미된 재미에서 재미가 가미된 공익으로 예능의 본분을 잃어버린 순간, 예능·오락 프로그램의 웃음은 공익 강박증에 시달리기 시작했으며 그 가운데 <일밤>이 있다.

　이는 공익 예능이라는 MBC 예능의 새로운 장르를 연 김영희 PD의 지난날 작품들과 그가 컴백한 이후 답보 상태인 최근의 공익 버라이어티 행보를 비교하면 쉽게 느낄 수 있다. <책책책 책을 읽읍시다>, 아침밥 먹기 운동 <하자하자>, <아시아 아시아>, <눈을 떠요> 등 본격 공익 버라이어티를 표방한 <느낌표>와 이에 영감을 준 <일밤>의 <이경규가 간다 - 양심냉장고>, <칭찬합시다>는 전 국민 캠페인성 프로그램으로 신드롬을 일으키며, 예능 프로그램의 가치를 한 단계 상승시키는 데 크게 공헌했다. 그리고 현재 과정상의 시행착오를 거쳐 <단비>로서 예능과 공익의 만남은 그 명맥을 이어오고 있다. 이 코너들은 시청자가 웃음을 넘어선 버라이어티한 감정을 느끼게 함으로써 마음이 움직이는 '감동'을 선사했다. 즉 '오락=웃음, 재미'라는 코드에 국한되었던 예전의 예능 규칙에서 벗어나, 시청자의 새롭고 다양한 감정을 건드려 결국에는 웃음을 짓게 하는 방향으로 예능 운신의 폭을 넓혔고 이 예능의 버라이어티(variety)에 시청자는 반응했다.

　하지만 그 맥락의 연장선상에 닿아 있는 <단비>가 돌아온 공익 버라이어티의 영광을 누리지 못하는 것은 그들이 말하는 '우리를 행복하게 하는 단 하나의 비밀'이 정말 나눔과 베풂의 미학 단 하나에 정체되어 있다는 데 기인한다. 즉, <단비>는 어려운 이웃에게 호의를 베푸는 것이 그간 공익 버라이어티의 가치인 양, 예능 속 감동의 의미를 퇴색시키고 있다. <단비>는 과거의 <일밤> 코너들과 <느낌표>의 정신을 고스란히 글로벌하게 펼친다는 것 외에는 달라진 게 없는 공익 버라이어티의 재탕이다. 아니, 오히려 <책책책 책을 읽읍시다>, <하자하자>, <이경규가 간다 - 양심냉장고>가 주었던 생동적이고 버라이어티한 감동보다 후퇴해, 한쪽이 다른 한쪽을 돕는 데서 오는 일종의 '연민'이라는 감동 소비만을 구걸한다. <이경규가 간다 - 양심냉장고> 방영 시절 "감동은 누군가의 아픔을 보고 이를 도와준다는 데서 나타나는 게 아니다"라고 말했던 김영희 PD는 공익 버라이어티 철학을 스스로 무너뜨린 셈이다. 시청자 입장에서는 <단비>는 오히려 오만의 감동이다.

## 오만과 편견 사이

'타인을 위한' 봉사는 결국 그 타인이 처한 어려움과 고난이 자신과는 무관하다는 데 근간을 둔 일종의 호혜다. 즉, 나와 무관하게 벌어지고 있는 지구 반대편의 재앙에 이 한 몸 헌신하겠다는, 나눔보다는 베풂에 좀 더 가까운 봉사. <단비>의 공익성이 오히려 타인의 고통을 들춰내 눈물을 파는, 일종의 예능 마케팅으로 오해를 받게 되는 건 바로 이 지점에서다. 애초 목적이 달라 서로의 비교 상대가 될 수 없는 교양 프로그램의 기준으로 <단비>가 평가받고 뭇매를 맞는 말도 안 되는 상황이 펼쳐지는 것 역시 이 때문이다. 단언컨대 예능에 교양 프로그램의 잣대를 들이댈 수 없다. 하지만 <단비>가 공익 버라이어티의 본질을 잃고 <사랑의 리퀘스트>(KBS1)나 여타 모금 독려 프로그램과 차이가 없어지면서 예능과 교양의 아슬아슬한 경계선에서 정체성을 잃고 있는 것 또한 사실이다.

역설적이게도 <단비>가 우리 이웃에게 촉촉하게 내리는 과정을 성실하게 보여주었다면 최소한 오만한 베풂의 공익이라는 평가는 피해갈 수 있었을지도 모른다. <단비>는 정작 단비가 내리는 과정을 제대로 보여주지 않고 코너 종반부에 '우리를 행복하게 하는 단 하나의 비밀'을 등장시킨다. 시추기에 의해 끌어올려진, 스윗 레인을 연상케 하는 우물비 아래의 아프리카 아이들을 느린 화면으로 보여준다. 회를 거듭할수록 그 날의 단비 소개

이외의 부분으로 늘어지는 오프닝, 극한 상황에 내몰린 사람들을 보고 출연자가 흘리는 충격의 눈물을 향한 클로즈업, 밤낮 구분하지 않고 떠난 지구 반대편에서 실질적 단비의 원동력인 시추 작업이 이뤄지는 동안에 동분서주하는 MC들, 그리고 봉사를 통해 그들이 행복을 느끼는 모습과 극적인 순간에 한 번 더 확인시키는 <단비>의 존재 이유를 나열한 자막들. '단비 방울은 그렇게 세상을 안았습니다.' <단비>의 성과는 결국 시청자에게 하나의 감정을 강요한다. 공익 예능을 통한 시청자의 버라이어티한 감정을 차처하고도, 그간 당신이 몰랐던 절규에 대한 '죄책감'과 수혜를 통한 '면책'을 그리는 카메라의 시선은 시청자의 감정을 인위적으로 내몬다.

<무한도전>(MBC)이 연말 사연을 통해 어려운 가정에 '나눔'의 미학을 실천한 것과는 대조적이다. 도움을 받은 이들의 반응에 <무한도전>의 카메라는 시선을 주지 않았다. 오히려 다음 날 아침 집 앞의 용달차를 본 가족의 아버지가 그 기쁨을 함축한 하나의 리액션에 소리를 기울였다. "오, 하나님!"

저희가 제일 경계하는 것이 '자뻑'이에요 우리가 높은 데에 있고 베푸는 방식으로 나누는 것이죠 <느낌표>, <일요일 일요일 밤에>의 <러브하우스>를 하면서 일종의 거래가 아닐까 고민했어요. 어려운 사람의 신분을 노출하고 슬픔을 다시 끄집어내 상처를 보여준 다음 그 '대가'로 집을 지어주고 도움을 주는 게 아닌가 하는 불편함.

<무한도전> 김태호 PD의 말처럼 타인의 고통에 들이미는 불편한 시선을 <단비>도 고민하고 있을까. 분명 <단비>도 구구절절 타인의 고통을 늘어놓고 있지는 않다. 하지만 <단비>의 이러한 의식적인 배제는 그들을

위한 배려라기보다는 웃음과 감동을 한꺼번에 주어야 한다는 강박에서 비롯된 선택으로 보인다. 거품을 뺀 공익이냐, 윤리적 방패 안에서 인위적으로 감정 소구를 강요하는 공익이냐 사이에서 <단비>는 후자에 가깝다.

하나의 장르처럼 정형화된 공익 버라이어티의 요소를 나열하고 공식에 맞춰가는 <단비>는 눈물을 강요하는 편집과 제작의 본능을 심심치 않게 드러낸다. 그러는 동안 본래 공익 예능의 가치를 잃고 있다. 이미 우리 사회에 만연한 '사람을 향한다' 캠페인에 '사람'이 빠져 있다고나 할까. 1996년 <일밤>의 정지선 지키기 캠페인 <이경규가 간다 - 양심냉장고>의 1호 주인공이었던 장애인 부부에게 보여준 배려 "이분이 말을 마칠 때까지 말을 끊지 말라"고 했던 공익 예능의 진정한 배려는 어디로 갔나. 예능 <단비>에 들이대는 교양 공익의 잣대가 아니다. 잠시도 가만히 있고는 못 베긴다는 예능감으로 치부될 문제도 아니다. <단비>에는 행동하는 이들의 말이 지나치게 많은 반면, 행동하는 이들의 귀는 너무 닫혀 있다. 단비를 소원하는 이들이 주인공임에도 말이다.

<일밤>의 정체성은 버라이어티쇼다. 공익성이 주류이든 아니든, 시청자가 다양한 감정을 경험하게 만드는 것이 가장 중요한 요소다. 시시한 요소에 키득키득 웃는다고 비공익적이라는 오만한 공익 사명감을 떨쳐버리자. 우물을 파고 집과 학교를 지어주는 게 나눔이라는 편견도 벗어 던지자. 예능을 위한 공익이 아닌, 공익을 위한 예능을 하려고 했던 아이러니한 초심으로 돌아가자. 거기에 바로 공익 속에도 자유로운 예능을 가능케 하는 진짜 '웰컴레인' 구름이 모여 있을 것이다.

# 연예인 자살 보도, 죽음은 없었다

MBC <섹션TV 연예통신>(2010. 4. 2 방송) 등을 보고

이다은

## 자살론의 고전 뒤르켕의 『자살론』

프랑스의 사회학자 뒤르켕(Emile Durkheim)은 자살을 단순히 개인적인 원인의 총합에서 찾지 않고 사회적 사실(social fact)로서, 개인보다는 다른 사회적 사실에 의해서만 설명될 수 있다고 생각했다. 그동안 자살의 발생 요인을 개인의 정신적인 문제나 장애, 외부적인 갈등이라고 보았던 것에 대한 반박이다. 그리고 『자살론』에 대한 관점을 네 가지 — 이기적 자살, 아노미적 자살, 이타적 자살, 숙명론적 자살 — 로 나누어서 설명했다. 뒤르켕은 이러한 분류의 근거로 개인의 외부에 존재하는 사회적 힘을 들었고 이를 사회적 연대라는 개념과 사회 결속의 두 가지 유형인 사회 통합과 사회 규제와 연관시켜 설명했다. 즉, 자신이 속한 사회집단에 강하게 통합되어 사회규범의 규제에 따라 자신의 욕망과 야심을 조절하는 사람이 자살할 가능성이 더 낮다고 본 것이다.

그렇다면 우리 사회에서 일어나는 연예인의 자살에 대해 뒤르켕은 어떻게 보고, 어떤 부류에서 원인을 찾았을까? 한편 이를 연일 생중계하듯 보도하는 매스컴의 기능은 과연 정당화될 수 있을까?

## 연이은 연예인의 자살, 어떻게 해석해야 하나

불명예스럽게도 한국은 세계에서 손꼽히는 '자살 국가'다. 통계청에 따르면 지난해 하루 평균 35명이 스스로 목숨을 끊었고, 경제협력개발기구(OECD) 회원국 중 자살률 1위 국가로서 인구 10만 명당 26명이 자살한다. 즉, 오늘 하루에도 전국에서 35명이 자살로 생을 마감하고 있는 것이다. 살기가 힘들어서, 먼저 간 사랑하는 사람을 뒤따라서, 경제적인 이유로 빚에 시달리다가, 학업과 성적을 비관해서, 취업이 안 돼서 등 모두가 안타까운 사연이긴 하지만 이 세상에서 해서는 안 되는 일이 자살이라고 본다. 그것은 생명은 소중하기 때문이다. 이 지구촌에는 스스로가 원해서 태어난 사람은 없다. 그렇기 때문에 삶이 소중하고 가치가 있는 것이다. 그래서 역경과 고통에도 굴하지 않고 그것을 이겨내고 승리하는 삶을 살고자 하는 것이 인간 본연의 자세요, 삶의 희망인 것이다. 부질없이 스스로 목숨을 저버리는 일은 어떤 목적에 의해서라도 정당화될 수가 없는 것이다.

그런데 최근 몇 년 사이에 우리나라에서 연예인의 자살이 이어지고 있다. 충격적인 일이 아닐 수 없다. 어제까지 브라운관에서 웃는 얼굴로 자신의 삶을 이야기하며 시청자들의 채널을 고정시키게 만들었던 사람들의 자살 소식은 주위에서 너무도 친근하게 지내던 사람이 갑자기 죽었다는 이야기를 들은 것처럼 그 충격을 이루 헤아릴 수가 없다. 최근 3년 동안 탤런트 안재환(36), 탤런트 최진실(40), 탤런트 장자연(29), 가수 이창용(38), 탤런트 우승연(26), 탤런트 최진영(39), 가장 근래 들어 탤런트 박용하(33)가 자살로 생을 마감했다. 이런 소식을 접할 때마다 시청자들은 혼동이 생길 수밖에 없다. 특히 한참 활동하고 인기를 누리고 있는 이들이 이런 행동을 한다는 사실에 국민들은 가치관에 혼란을 겪기 마련이다.

최근 몇 년 사이에 유명한 기업의 한 CEO가 목숨을 끊더니 전직 대통령의 자살로 온통 세상이 뒤집어지고 세계적인 뉴스가 되기도 했다. 이렇게 기업을 경영하고, 국민과 국가를 통치하던 사람이 하루아침에 죽음으로 우리 곁에 다가왔을 때 슬픔 이전에 분노마저 느낀다. 왜냐하면 우리 곁의 우상이 사라져서가 아니라, 그런저런 이유 때문에 자살로서 목숨을 마감한다면 이 세상 그 어느 누구도 자유롭지 못하기 때문에 그들의 행동에 화가 나고 분이 날 때도 있다. 더구나 인기를 누렸던 연예계 스타나 한류 스타의 자살은 그들이 그동안 많은 사랑을 받아왔기 때문에 더욱 그런 범주에서 벗어날 수가 없다. 연예인들의 일거수일투족에 열광하던 청소년이나 팬들은 더욱 큰 상실감과 충격을 느낄 수밖에 없다.

그런데 여기에 특종을 만난 것처럼 연일 뉴스마다 보도되는 자살 소식을 접하면 참 짜증이 난다. 아니 불쾌감이 든다. 아침부터 밤 늦게까지 TV나 신문, 인터넷 매체 등을 통해 자살 뉴스를 볼 때면 '이게 아닌데' 하는 생각이 든다. 아름다운 이야기나 감동적인 인간들이 살아가는 이야기를 보도하기에도 모자라는 시간에 스타들을 사랑하던 대중에게 커다란 충격을 준 자살 행위를 마치 미화하듯, 때로는 그들의 숨겨진 내밀한 이야기들을 캐내시 마치 특종을 집기라도 한듯 연일 보도한다면 방송의 제 기능을 잃은 것이나 마찬가지다. 자연인의 한 사람으로 살다가 수명이 다해서 생을 마감하여 감동을 준 삶이라면 모를까, 사회적 논란을 일으킨 자살을 보도하는 한국 언론의 태도에는 여전히 속보 경쟁, 선정성 강조, 죽음에 대한 미화 등 우울한 그림자가 남아 있다.

## MBC <섹션TV 연예통신>, KBS2 <연예가중계>, SBS <한밤의 TV연예>의 경쟁적 보도

지난 4월 2일 MBC <섹션TV 연예통신>은 최진영 씨의 자살 소식을 전체 방송분량의 40% 이상인 무려 네 꼭지나 내보냈다. '충격! 최진영 갑작스러운 사망', '고(故) 최진영, 누나의 곁에서 영원히 잠들다', '고 최진영 그가 떠난 후, 그리고' 등의 기사를 드라마틱한 모습으로 나누어서 방송하는 것을 보고 안타깝기 그지 없었다. 우선 그의 죽음에 안타까웠고, 다음으로는 방송의 보도 태도에 안타까웠다. 장례식장에 참가한 연예인들의 모습과 최진실 씨와 최진영 씨 남매 사이의 정, 그의 부모님과의 인터뷰나 이야기, 장례식 절차와 그 후의 이야기들을 시시콜콜 감성적으로 또는 여러 각도와 측면에서 보도하는 것을 보며 과연 보도의 기능이 어디까지인가 하는 생각이 들었다.

KBS2 <연예가중계>, SBS <한밤의 TV연예>도 마찬가지였다. 장례식장에 누가 먼저 왔는가를 알 수 있을 정도로, 실은 알고 싶지 않은데 보여주려고 참으로 애쓰고 있었다. MC몽, 지성, 장근석, 엄정화, 홍진경, 신애, 정민 등 연예인 한 명 한 명이 장례식장에 들어올 때마다 카메라 플래시가 터지고 소감을 묻는 기자들의 질문에 슬픈 표정으로 답변하는 연예인들의 모습은 상가 예의에 맞지 않는 것처럼 느껴지기도 했다. 또한 동료 연예인들의 눈물이 감성적으로 영상에 비춰졌는데, 이는 자살을 합리화할 가능성이 충분히 있다. 고 최진영 씨의 어머니가 아들의 시신을 안치할 때 최진실 씨 묘 앞에서 "진실아, 엄마 좀 데려가라, 네 동생이 왔다"라고 말하는 모습을 보면서 가슴이 아프기도 했지만 한편으로는 부모가 자식에게 "나를 데려가라"고 말하는 것은 차마 듣기에 불편했다. 그리고 고인을 추모할 수야 있지만 객관적 사실을 보도해야 하는 방송이 제 기능을 외면한 채 자살한 사람에 대한 추모 영상을 내보내고, 삼우제나 그 후의 이야기까지 자세히 설명하면서 '이제는 누나 곁으로'라는 방송 자막을 보내 죽은이가 안식을 얻어 편안해진 것처럼 만들고 죽음을 미화시킨 것은 적절하지 못했다.

## 연예인 자살 보도, 이대로는 안 된다

연예인의 자살 보도를 두고 방송사마다 경쟁적인 보도를 하는 것은 어제 오늘만의 일이 아닌 것 같다. 특종을 잡느라 방송사 간의 취재 열기가 대단하다. 시청자들의 관심과 호기심이 크기 때문일 것이다. 그래서 경쟁을 하다 보니 추측성 기사도 난무하기 마련이다. 죽음의 원인이 정확하게 밝혀지거나 공식적으로 발표되기도 전에 벌써 각 언론사마다 경쟁적으로 사망 원인이나 심지어 자살한 방법까지 세밀하게 보도한다. 목을 매서 죽은 것에 대해 끈의 종류나 재질이나 굵기 등을 말하거나 자극적인 표현을 사용해서 시청자의 호기심을 유발시킨다. 연예인의 죽음을 보고 충동적으로 자살하거나, 모방 자살하는 사람들이 생겼다는 것까지 방송하여 많은 사람이 연예인의 자살을 수긍하는 것 같은 인상을 주기도 한다. 그리고 한류 스타의 경우는 외국 팬들까지 한국을 방문하여 그의 죽음을 슬퍼한다는 방송을 보내거나 외국 팬들과 인터뷰한 내용, 외국 방송의 취재 열기가 대단하다는 것을 방송해서 시청자들의 혼란을 가중시키고 있는 것이다. 물론 시청자가 알고 싶어 하고 보고 싶어 하는 마음은 충분히 헤아릴 수 있다. 하지만 시청자의 공감을 사서 자살을 합리화하거나 미화하는 것은 지양해야 한다. 오로지 죽은 당사자만이 죽음의 진실을 안다. 일반 시청자나 언론은 그 죽음의 원인을 알 수 없는 것이다. 그런데 연예인 자살에 대해 감성적인 영상으로 미화시켜 보도한다면 아직 가치관이 정립되지 못한 청소년들에게 어떤 영향을 미칠까?

이런 점 때문에 자살의 영향력을 생각하여 자살과 관련된 뉴스는 조심스럽고 제한적으로 다뤄야 한다. 유명 연예인이나 사회적 명사일수록 더욱 충격이 크기 때문에 이들의 자살에 대한 보도는 신중에 신중을 기해야 한다. 사회적 영향력이 큰 유명 연예인의 자살로 인해 '베르테르 효과'에 따른 일반인의 '모방 자살' 증가를 우려하는 목소리가 높다. 선정적 자살 보도가 모방을 부추긴다는 비판은 몇 년 전부터 계속 있었고, 한국기자협회와 보건복지부 및 자살방지예방협회 단체들은 2004년 '자살 관련 언론보도의 윤리강령'을 제정했다. '자살 보도의 언어적 표현과 암시하는 태도가 자살의 전염성을 높일 수 있으며, 자살 사건의 특성도 모방 자살에 영향을 줄 수 있기에 자살 방법의 구체적 묘사는 절대 금하고 자살의 부정적인 결과를 함께 밝혀준다'는 것이 주된 내용이다. 세계보건기구(WHO)도 자살 보도에 관해 '흥미 위주의 보도를 지양하고, 자살 방법에 대한 자세한 묘사는 피해야 하며 유명인사의 경우 정신보건 문제에 대해 언급할 것'이란 내용의 가이드라인을 제시하고 있다.

흔히 언론은 또 다른 권력이라고 하기도 하고, '사회의 공기(公器)'라고도 한다. 엄청난 권력을 가진 자처럼 행동할 때도 있고, 언론은 이들의 공동 소유나 마찬가지이기에 공정하게 그리고 객관적으로 진실을 보도해야 한다. 하지만 그 진실을 전하는 방식은 진지하고 차분해야 한다. 이 슬프고 안타까운 사건을 흥미 위주와 선정적인 방식으로 접근한다면 언론의 힘이 사회의 공기가 아니라 또 다른 권력으로 남용될 소지가 있다. 그렇기 때문에 공기를 사용하는 언론에게는 신중하고도 책임감 있는 자세가 필요하다.

## 마치면서: 시청자는 또 다른 아픔을 참고 있다

이 글을 정리하고 있을 때쯤 또 한 명의 유명 연예인이 세상을 떠나고 말았다. 한류 스타로 인정받던 탤런트 박용하 씨가 죽은 것이다. 그런데 언론의 자살보도 태도는 여전히 개선되지 않았고 오히려 더 앞다투어 경쟁적으로 나타났다.

연예인들이 청소년들에게 끼치는 영향력은 그 사회의 유명인사들보다도 대단하다. 그들의 일거수일투족에 수많은 청소년 팬들은 촉각을 곤두세운다. 그런데 여러 가지 좋은 영향력을 가진 미담보다도 자살 같은 충격적인 뉴스가 몇십 배나 높은 영향력을 발휘한다. 우리나라 언론은 다른 사건보다도 연예인 자살 사건에 대해 집중적으로 조명하고 그 내면을 파헤치는 것이 절대적 구조처럼 굳어져 있다. 그리고 연예인의 죽음에 대한 보도가 단순히 시청자의 알 권리를 충족시키는 차원이 아니라, 죽음 자체를 상품화하고 있다는 측면도 분명히 드러난다. 자살한 연예인 가족의 후일담이나 특정 사건을 집중적으로 파헤쳐서 호기심을 자극하는 보도는 이제 사라져야 한다. 어쩔 수 없는 상황에서 자살을 했다고 치더라도 그것을 한 개인의 죽음으로 단정짓고 보도하는 자세가 선행되어야 한다. 왜냐하면 자살에 대한 시각은 수많은 시청자들에 따라 다양한 차이가 있기 때문이다. 연예인의 자살 보도가 합리적으로 이뤄지기 위해서는 객관적인 기관의 발표나 수사가 이뤄진 다음 사실에 대한 정보를 충분히 확보하고 보도해야 한다. 단순히 궁금증을 유발하기 위해서, 시청률를 높이기 위해서, 인터넷의 조회 수를 늘리기 위해서 추측성 기사를 내보내거나 선정적인 보도를 한다면 오히려 시청자들은 브라운관 앞에서 떠날 것이다. 그리고 이런 행태가 계속된다면 자살하는 사람의 뒤에 우리 모두의 책임도 조금은 포함되지 않을까 생각한다.

서두에서 뒤르켕의 『자살론』을 인용한 것처럼 개인의 죽음은 개인에게 원인이 있는 것이 아니라 사회구조적 문제로서 원인을 찾아야 한다는 이론도 있다. 언론은 이런 관점에서 모든 사건을 보아야 한다. 단지 개인에게 있었던 일로 유명인에 대한 자살 보도를 지속한다면, 그 보도의 가치를 떨어뜨리는 것일 뿐이며 시청자들을 죽이는 일이 될 것이다. 이런 일이 반복된다면 연예인의 죽음은 없고, 자살 보도만 있을 뿐이다.

# <무한도전>, 한국형 리얼 버라이어티의 진화

권명국

## 1. 프롤로그

"이 작품에 대한 최고의 비평은 바로 다음 작품이다." 미국 현대미술의 대표적인 작가로 손꼽히는 잭슨 폴록(Jackson Pollock)은 이렇게 말했다. <무한도전>(MBC)에 관한 비평을 시작하며 잭슨 폴록의 말을 인용하는 것이 자못 거창하게 들릴지도 모르겠으나, 지난 1년간 <무한도전>의 창조적 진화를 주의 깊게 지켜본 시청자라면 결코 지나친 인용이 아니라는 사실을 알고 있을 것이다.

<무한도전>은 이미 2007년부터 대한민국을 대표하는 간판 예능 프로그램으로 자리 잡았다. 하지만 <무한도전>은 어떤 하나의 틀로 규정되는 것을 거부하며, 현재진행형의 진화를 거듭해나가고 있다. 시대의 흐름을 읽기 위해서는 <무한도전>을 봐야 한다는 말이 나올 정도로 <무한도전>은 동시대적 화두와 매체 환경의 변화를 잘 보여주는 프로그램이다. 이 비평은 지난 2009년 5월에서 2010년 6월까지의 기간을 중심으로 <무한도

전>의 프로그램 제작 방식과 내용 전반의 변화를 분석함으로써, 한국형 리얼 버라이어티의 발전 양상을 살펴보는 데 그 목적이 있다.

## 2. 하이브리드를 통한 장르의 진화

<무한도전>이 표방하고 있는 리얼 버라이어티라는 포맷은 일정 부분 미국과 일본의 예능 프로그램으로부터 영향을 받아 탄생한 것이 사실이다. 고정된 포맷을 유지하지 않고 매회 다른 기획을 선보인다는 점에서는 <가키노쓰카이>와 <링컨> 같은 일본의 버라이어티쇼의 영향을, 패션·디자인·모델·요리 등 전문 분야에 도전하는 과정을 다루었다는 점에서는 <프로젝트 런웨이>와 <헬스 키친> 같은 미국의 리얼리티쇼의 영향을 발견할 수 있다. 하지만 <무한도전>은 단순한 베끼기나 아이템 차용에 그치지 않고 창조적 모방을 통해 자신만의 스타일을 만들기 위해 노력하고 있다. <무한도전>의 관심은 어디로부터 무엇을 차용했느냐가 아니라, 그것을 어떤 식으로 변주하는가에 있다. 그런 의미에서 <무한도전>은 요즘 사회 각 분야에서 화두로 떠오르고 있는 하이브리드적 사고방식을 가장 잘 보여주는 프로그램이다.

하이브리드적 사고방식은 융합적인 사고 체계로서, 기존의 영역이나 장르를 초월하여 서로 빼고, 보태고, 옮기고, 중첩시켜 영역과 장르를 잡종화하는 것을 의미한다. 순종 결합만을 고수하다 보면 오히려 창의적이고 건강한 사고가 창출되기 어렵고, 상투적인 관습이 되풀이될 가능성이 높다. 시시각각 변화하는 작금의 방송 환경과 시청자들의 눈높이를 맞추기 위해서는 기존의 허울 좋은 전문성이라는 명제를 뛰어넘어 새로운 영역과 장르를 개척할 필요가 있다. 하이브리드적 사고는 이와 같은 순종 결합의 한계를

극복하기 위한 대안으로서 요즘 주목받고 있는 것이다.

<무한도전>의 하이브리드적 사고는 크게 세 가지 경향으로 정리해볼 수 있다. 첫 번째는 타 리얼리티 프로그램의 포맷과 아이템을 적극적으로 차용하는 패러디적 경향이다. 이것은 이미 기성적으로 존재하는 즉, 레디메이드 아이템(ready made item)을 선택, 자신만의 색을 입혀 새롭게 탄생시키는 재창조의 개념으로 볼 수 있을 것이다. 대표적인 예로 2009년 11월에 방송된 '식객 특집' 편을 들 수 있다. 이 특집은 미국 FOX 채널의 인기 프로그램인 <헬스 키친>의 포맷과 허영만 작가의 만화 『식객』의 스토리를 결합한 기획으로 볼 수 있다. 뉴욕의 중심 맨해튼의 레스토랑에서 실제 뉴욕 시민을 대상으로 벌인 멤버들의 한식요리 대결은 리얼 버라이어티의 묘미와 요리 프로그램의 전문성을 동시에 살린 좋은 예로 볼 수 있다. 단순히 편을 가르고 요리 대결을 벌인다는 <헬스 키친>의 발상에만 머무르지 않고, 한식의 세계화라는 글로벌한 주제 의식을 이끌어낸 것은 <무한도전>이 새롭게 이뤄낸 성과로 볼 수 있을 것이다.

<무한도전>의 하이브리드적 사고를 보여주는 두 번째 경향은 리얼 버라이어티와 다큐멘터리의 결합이다. <무한도전>은 기존의 리얼 버라이어티가 지나치게 강조해온 실재성과 현장성이라는 표면적인 리얼함에서 벗어나, 기록성과 진정성이라는 다큐멘터리 장르 본연의 핵심을 예능 프로그램 안으로 끌어들였다. 이와 같은 기획의 시발점은 2007년 11월에 방송된 '댄스 스포츠 특집' 편이라고 볼 수 있다. <무한도전> 멤버들이 약 80일간의 연습을 거쳐 슈퍼코리아컵에 출전하는 과정을 그린 이 특집은 긴 시간에 걸친 기록과 대회에 임하는 멤버들의 진정성이 결합되면서 시청자와 언론의 호평을 받았다. '댄스 스포츠 특집' 편의 성공으로 <무한도전>에서 다큐멘터리적 경향이 더욱 강화되었고, 특히 '봅슬레이 특집' 편부터는

이와 같은 경향의 기획이 <무한도전>의 대표적인 브랜드로 자리 잡게 되었다.

지난 1년 동안 방송된 기획 중에서 다큐멘터리와의 융합적 사고가 돋보인 편으로는 단연 2010년 1월에 방송된 '복싱 특집' 편을 들 수 있다. 이 특집에서 참신했던 부분은 <무한도전> 멤버들이 직접 도전의 주인공으로 참여하는 기획적 관습에서 벗어나, 한일 양국의 소녀 복서들을 주인공으로 내세웠다는 점이다. <무한도전> 멤버들이 도전의 주인공에서 서포터로 역할을 바꾸어, 소녀 복서들의 대결과 눈물겨운 그녀들의 인생 이야기를 전달하는 모습이 신선하게 다가왔다. '복싱 특집' 편은 승자와 패자, 한국과 일본 같은 대립적 구도를 떠나 두 소녀의 눈물겨운 도전을 그린 한 편의 휴먼 다큐멘터리로도 손색이 없다는 평가를 받았다.

<무한도전>의 세 번째 하이브리드적 경향은 리얼 버라이어티와 영화의 결합이다. 이 경향의 기획이 최초로 시도된 것은 2008년 여름 특집으로 방송된 '돈가방을 갖고 튀어라!' 편이었다. 당시 <무한도전>은 리얼 코믹 액션 느와르라는 장르로 이 특집을 소개했는데, 사실 이 특집을 영화적 장르로 명명하기에는 부족한 부분이 많았다. 당시에는 멤버들의 캐릭터도 확실하지 않았고, 플롯의 완성도도 수준에 미치지 못했기 때문이다. 하지만 2009년 여름 특집으로 방송된 '여드름 브레이크' 편에서는 시청자들로 하여금 웬만한 할리우드 영화보다 더 재미있다는 호평을 이끌어냈다. '여드름 브레이크' 편에서 업그레이드된 점은 캐릭터와 플롯이 탄탄해졌다는 점을 들 수 있다. 유재석과 정형돈에게 형사의 캐릭터를 부여하고, 박명수, 정준하, 노홍철, 전진에게 탈옥수 캐릭터를 부여하면서 캐릭터의 구체성을 강화했다. 플롯에서도 단계적으로 해결해나가야 하는 장애물과 클라이맥스를 구체적으로 설정해놓음으로써 스토리가 명확하게 전진할 수 있도록

했다.

또한 기존의 영화와 비교해서도 '여드름 브레이크' 편만의 독창적인 재미 요소를 찾아볼 수 있다. 제작진은 개방적인 플롯 안에서 캐릭터의 자유로운 행동과 판단, 즉 캐릭터의 창작성을 허용했고 그로 인해 스토리가 앞으로 어떻게 전개될지 시청자들이 쉽게 예측할 수 없도록 만들었다. 심지어 제작진들조차 예상하지 못한 방향으로 스토리가 전개되기도 했다. 노홍철이라는 희대의 사기꾼 캐릭터가 스토리를 좌지우지하면서, 반전에 반전을 거듭하는 결말이 연출되었다. <무한도전>은 기존의 영화적 완성도와 짜임새에 얽매이지 않고, 예능 프로그램을 통해 새로운 영화적 재미를 보여주었다. 이것은 <무한도전>이 최초로 개척해낸 장르라고 할 수 있을 만큼 신선한 시도였다고 평가할 수 있다.

## 3. 장기 프로젝트를 통한 제작 방식의 진화

불과 2, 3년 전 만해도 우리나라의 예능 프로그램에서 장기 프로젝트라는 개념은 거의 존재하지 않았다. 그것에는 여러 가지 이유가 있겠지만 아무래도 가장 큰 이유는 대부분의 예능 프로그램이 단기적 성과에 집착하면서 스타와 이슈만을 주요 소재로 다룬 데에 있다. 스타급 게스트가 출연했을 경우에는 단 몇 시간 촬영한 분량을 억지로 늘려서 2회 이상 편성하는 예능 프로그램들을 심심찮게 찾아볼 수 있다. 이와 같은 무기력한 창의성과 세으른 기획력으로는 날수록 높아지는 시청자늘의 눈높이를 만족시킬 수 없다.

<무한도전>은 장기 프로젝트를 통해 예능 프로그램 제작 방식의 고정관념을 깼다. 보통의 예능 프로그램은 한 주 찍고, 한 주 방송하는 식의

직선적인 패턴으로 제작되지만, <무한도전>은 동시다발적으로 여러 아이템을 촬영하고 방송하는 식의 입체적인 패턴으로 제작된다. 쉽게 말해, <무한도전>은 엄청난 창의력과 살인적인 스케줄이 요구되는 방식으로 만들어지고 있다. 예를 들면, 일 년이 소요되는 장기 프로젝트 A와 세 달이 소요되는 장기 프로젝트 B, 그리고 단 하루 만에 촬영이 종료되는 단기 프로젝트 C가 한 주 안에 모두 촬영된다는 뜻이다. 장기 프로젝트의 경우 사전 제작으로 만들어지며, 프로젝트가 종료되는 시점 혹은 중간 지점에서 특집으로 편성된다. 단기 프로젝트는 장기 프로젝트 사이에 편성되면서 제작진과 멤버들에게 시간적 여유를 확보해주는 역할을 한다. 즉, <무한도전>은 단기 프로젝트 중심이 아닌, 장기 프로젝트 중심으로 제작 패러다임을 바꾼 최초의 예능 프로그램이다.

<무한도전>에서 장기 프로젝트의 비율은 갈수록 높아지고 있다. 2009년 5월부터 2010년 6월까지 방송된 총 54회분을 대상으로 살펴보았을 때, 최소한 장기 프로젝트로 제작되었다고 판단할 수 있는 편이 약 23회로 전체의 절반 가까운 수를 차지했다. 방송된 횟수가 아닌 아이템별로 따져보면 '올림픽대로 듀엣가요제 특집, 2010 달력 만들기 특집, 벼농사 특집, 식객 특집, 복싱 특집, 다이어트 특집, 오마이텐트 특집, 도전 달력모델 특집' 총 8개의 장기 프로젝트가 진행된 것을 볼 수 있다.

그 중에서도 장기 프로젝트의 특징을 가장 잘 보여주는 편으로는 '달력 만들기 특집' 편과 '벼농사 특집' 편을 꼽을 수 있다. '달력 만들기 특집' 편의 경우, 매월 한 번씩 정기적으로 촬영이 이뤄지며 월마다 다른 콘셉트를 정하여 멤버들이 직접 달력사진을 촬영한다. 하지만 방송분에는 총 12개월의 시간이 한꺼번에 나타나기 때문에, 시청자들은 시시각각 변하는 계절과 멤버들의 의상을 감상할 수 있다. '벼농사 특집' 편은 멤버들이 1년 동안

직접 벼농사를 짓는 과정을 보여준, 그야말로 장기 프로젝트의 진수라고 평가할 수 있다. 논갈기, 퇴비 뿌리기, 볍씨 뿌리기, 모내기, 추수까지 1년의 시간을 담은 '벼농사 특집' 편은 단순한 일일 체험식의 접근이 아닌 1년 농사라는 큰 스케일을 보여주었다.

이처럼 <무한도전>은 장기 프로젝트를 통해 예능 프로그램의 새로운 가능성을 제시하고 있다. 시청자들에게 일회적인 웃음이 아닌 오랜 시간 공이 들어간 땀이 깃든 웃음을 선사했고, 다양하고 입체적인 시간을 경험하게 해주었다. <무한도전>이 장기 프로젝트를 위해 도입한 사전 제작 시스템은 완성도 높은 예능을 만들기 위한 제작 방식의 전범을 제시했고, 장기적 안목의 기획접근 방식은 예능계 전반의 소재 확장에 영향을 미치고 있다.

## 4. 상호 소통을 통한 雙方向性의 진화

웹 2.0 시대가 개막된 이후 우리나라 방송계도 시청자들과의 雙方向性을 중요시하기 시작했다. 하지만 대부분의 프로그램들이 수박 겉핥기식의 접근에 그치면서, 발전적인 방향으로 시청자의 참여를 이끌어낸 사례는 거의 찾아보기 힘들다. 그런 의미에서 <무한도전>이 보여주고 있는 시청자들과의 적극적인 소통은 시사하는 바가 크다. <무한도전>은 시청자들과의 소통을 통해 동시대의 사회문화적 맥락을 읽고, 그것을 방송에 적극적으로 반영한다. 시청자들의 의견을 수렴하여 아이템으로 재택하기노 하고, 반대로 시청자들에게 역할을 부여해 제작에 참여시키기도 한다. <무한도전>은 시청자들과 함께 만들어나가는 참여 방송의 가능성을 제시하고 있다.

<무한도전>과 시청자들의 상호 소통에 관한 상징적인 사건으로는 올해 초 화제가 된 '사과송'을 들 수 있다. '식객 특집' 편이 방송된 이후 정준하의 무례한 행동에 대해 시청자들의 비판 여론이 일자, 제작진은 바로 그 다음주 방송에 멤버들이 직접 부른 '사과송'을 내보냈다. 당시 이를 본 시청자들은 <무한도전>의 즉각적인 대응에 만족을 표하며 오히려 격려하는 모습을 보여주었다. 소통을 통해 여론을 반전시킨 것이다. 당시 이 사건은 사회적 물의를 일으키고도 시청자들의 비판을 외면했던 다른 프로그램들의 무성의 한 대응과 대비되어 언론에 소개되기도 했다.

또한, <무한도전>은 시청자들과의 소통을 통해 공익적 성격의 캠페인을 만들어냈다. 한 해 동안 활동하면서 제작한 달력, 음반, 사진 등의 판매 수익금을 기부하는 캠페인을 팬들과 함께 몇 년째 이어가고 있다. 이 캠페인은 팬들의 적극적인 지지와 참여로 해마다 더욱 활성화되면서 <무한도전>의 전통으로 자리매김했다. 이것은 예능이 단순히 웃고 즐기는 프로그램이라는 고정관념에서 한 발 더 나아가, 사회에 긍정적인 영향을 미칠 수 있다는 것을 증명한 예로 볼 수 있다.

이와 같은 시청자들과의 상호 소통뿐만 아니라, 프로그램 내부에서 이뤄지는 상호 소통 또한 주목해볼 만하다. 다른 예능 프로그램과 비교해 유독 <무한도전>에서는 멤버들끼리 기획회의를 하는 장면이 많이 방송된다. 이는 제작진과 출연진의 경계를 허물고 다 같이 참여하여 프로그램을 만든다는 것을 의미한다. 2009년 5월에는 박명수가 직접 기획한 '박명수의 기습공격 특집' 편이 한 회로 방송되기도 했다. 또한 2010년 6월에 방송된 '자리분양 특집' 편에서는 멤버들끼리 자리의 위치를 새롭게 정하며, 메인 MC인 유재석 위주로 방송되어야 한다는 고정관념을 깨기도 했다.

## 5. 에필로그

오늘날 다양화된 매체 환경과 콘텐츠의 홍수 속에서 방송 프로그램의 생명력이 갈수록 짧아지고 있다. 어떤 프로그램이든지 변화를 게을리하거나 독창적인 스타일을 개발하지 못하면 시청자들은 금방 외면해버린다. 리얼 버라이어티 역시 마찬가지다. 창조적 진화 없이 자극적인 소재로만 승부하거나 상투적인 진행만을 반복하는 지금의 모습으로는 오랫동안 시청자들에게 사랑받을 수 없다. 리얼 버라이어티가 앞으로도 지속적으로 사랑받기 위해서는 매너리즘을 뛰어넘어 이제까지 시도되지 않았던 새로운 영역과 장르에 도전해야 한다.

그런 의미에서 <무한도전>이 지난 1년 동안 보여준 변화와 시도는 한국형 리얼 버라이어티가 앞으로 나아가야 할 방향의 좋은 예로 볼 수 있다. <무한도전>은 하이브리드적 사고방식을 통해 리얼 버라이어티의 장르적 외연을 넓혔고, 장기 프로젝트를 도입하여 제작 방식의 패러다임을 전환했으며, 개방적 소통을 통해 프로그램 내외부적으로 쌍방향성을 증진시켰다. 즉, 제작 방식, 포맷, 아이템과 같은 제작 전 분야에 걸쳐 새롭고 독창적인 자신만의 브랜드를 개발해낸 것이다.

"이 작품에 대한 최고의 비평은 바로 다음 작품이다." 다시 잭슨 폴록의 말로 돌아와보자. 예술 작품이든 혹은 방송 프로그램이든 현재로서 완벽한 것은 존재하지 않는다. 다만, 미래적이고 생산적인 관점으로 끊임없이 자신의 한계에 도전해나갈 뿐이다. <무한노선>의 지난 1년의 노력에 박수를 보내며, 앞으로 한국형 리얼 버라이어티가 더욱 발전할 수 있기를 기대해본다.

# 진실은 언제나 이렇게 웃음과 함께
MBC 일일 시트콤 <지붕 뚫고 하이킥>

박상린


<지붕 뚫고 하이킥>(이하 <지킥>)이 우리에게 새롭거나 생소하게 느껴진다면, 아니 심지어 획기적일 정도로 감동적이고 성숙하게 느껴진다면 그것은 <지킥>이 계급과 빈부와 세대의 격차에서 비롯된 이 시대 범인들의 비참하고 비루한 삶을 적나라하고 가감 없이 드러냈기 때문이 아니라 그것들을 말하고 표현하는 방식과 태도가 특별했기 때문이다. 우리는 <지킥>에서 이제까지의 방송에서는 체험할 수 없었던 전혀 다른 분위기, 대중을 대하는 전혀 다른 태도와 화법을 만날 수 있었다. 결론부터 말하자면 <지킥>은 방송이라는 특정한 소통 방식이 도달할 수 있는 이상적인 수준 또는 어떤 궁극의 지점에 가장 근접한 작품이라고 감히 규정하고 싶다. <지킥>이 새삼스럽게 우리에게 일깨우고 있는 것은 모든 이상적인 소통이란 결국 살아 있는 인간 대 인간의 동등하고 호혜적이고 자유로운 대화, 그 이상도 이하도 아니라는 사실이다. 우리는 방송에서, 그리고 하나의 프로그램에서 삶과 대중에 대한 이보다 더 겸손하고 격의 없는 태도, 이보다 더 바람직한 윤리 의식과 이보다 더 성숙한 정치적 태도를 바랄 수는 없을

것이다.

<지킥>이 매회 이 시대의 사회적 모순과 거기에서 개인이 느끼는 크고 작은 고통을, 바로 그들이 체험하는 방식으로 그려냄으로써 대중으로부터 예외적인 호응을 얻는 사이, <지킥>만큼이나 현실에 대해 직접 발언함으로써 매주 비상한 관심을 끌고 있는 사람이 있다. 바로 '동혁이 형'이다. <개그콘서트>(KBS2)의 다른 코너들이 웃음을 유발하기 위해 허구적 서사나 일상의 소소한 제스처와 사건을 이용하는 데 비해 '동혁이 형'은 웃음과는 거리가 멀어 보이는 심각한 이슈에 대한 자신의 견해를 대중에게 직접 주장함으로써 정치적 웅변과 자기 장르를 동시에 비틀고 있다. 극도로 엄격한 격식과 세심한 균형 감각을 바탕으로 한 정치인의 수사학을 전혀 고려하지 않는 그의 파격적인 화법은 매번 신선하고 통쾌한 웃음을 선사하기는 하지만 일부 사람들에게는 은근히 불쾌감을 주기도 한다. 그래서 그는 칭찬받는 만큼 한편으로는 비난을 받기도 하고, 항상 거침없이 말하는 듯하지만 자의든 타의든 어떤 검열에서 자유로울 수 없는 것이다.

반면에 <지킥>은 '동혁이 형'이 말할 수 없는 것, 그가 말한 것보다 더 민감하고 더 잔인한 세태를 아무런 거리낌 없이 표현하고 있다. 그것이 가능한 것은 용기나 정치적 입장의 차이 때문이 아니라 그 화법의 차이 때문이다. '동혁이 형'이 연극, 영화, 드라마 그리고 모든 쇼와 뉴스 양식을 포괄적으로 규정할 수 있는 '무대 위에서의 독백'이라는 방식을 극단적으로 단순화해서 말하는 데 비해 <지킥>은 다원적이고 다층적이며 다성적인 화법을 구사하고 있나. 미하일 바흐친(Mikhail Bakhtin)은 이런 식의 화법을 '축제적'이라고 규정하고 그것이 바로 인간 사회의 완전하고 참다운 소통 방식이라고 말한다. '동혁이 형'의 화법은 무대라는 고래의 지배적인 양식 요구 때문에 항상 단일한 자기와 복수적인 타자를 구분할 수밖에 없고,

말하기만 하고 듣지는 않기 때문에 불가피하게 편을 가를 수밖에 없으며, 기필코 누군가를 공격하지 않으면 절대로 열정적인 지지도 웃음도 끌어낼 수 없다. 이것은 또한 이제까지 방송과 현실 정치에서 지배적으로 사용되어 온 화법이며 수사학이기도 하다. 하지만 <지킥>의 말하는 방식은 단일한 화자, 단일한 주인공에 의해 일방적으로 진행되지도 않을뿐더러 인물과 인물, 화자와 청자 사이에 어떠한 위계도 가정하지 않기 때문에 지극히 민주적인 소통 방식이라고 할 수 있다. 모든 인물은 이야기 속에서 거의 동등한 가치, 서로 다른 존재 이유를 가지며 각자의 목소리를 내고 있다. 그것은 너의 목소리이며 동시에 나의 목소리이기도 한 것이다. 그들이 번갈아가며 맡고 있는 보이스 오버 내레이션은 '작가'의 전언을 직접적으로 전달할 뿐만 아니라 모든 계급과 지위와 세대와 취향의 목소리를 대신하며 허구적 서사를 소격하고 도구화하고 있다. '동혁이 형'은 현실에 대해서 직접적으로 말하기 위해 서사를 포기했다. 하지만 그가 서 있는 무대 자체를 극복하지 못했기 때문에 항상 일방적으로 말하고, 말하고 싶은 것만 말하는 데 비해 <지킥>은 가능한 모든 현실의 양상을 숨김없이 무대에 올려놓고 다양한 목소리로 그 무대 자체를 둘러쌈으로써 우리의 주의를 무대의 허구 가 아니라 그것이 가리키는 시대의 총체적 현실로 돌리고 있다. 진지한 내용을 자유롭고 격의 없는 분위기 속에서 풀어내는 <지킥>의 화법은 단이 없는 원형의 공간에서 펼쳐지는 마당극의 정취를 연상시키며 더 가깝게는 카페와 주점과 광장과 시장에서 벌어지는, 때로는 진지하고 때로는 우스꽝스러운 일상적인 대화와 닮아 있다.

이런 점에서 '빵꾸똥꾸'를 둘러싼 논란은 시사하는 바가 크다. 해리가 애용하는 그 단어를 사랑하든 비난하든 대부분의 주장은 사태의 수사학적 본질에 다가가지는 못하고 있는데 그것은 <지킥>의 축제적 화법을 우리가 본능적으로 즐기면서도 정작 어떤 비평적인 관점을 취할 때는 논증적이고 일방적인 화법으로 말할 수밖에 없기 때문이다. 그것은 장르와 범주를 엄격히 구분하는 근대성의 관성이며 그것이 유발하는 일종의 실어증이기도 하다. 이런 담론의 근본적인 차이를 알 리 없는 한 국회의원은 해리를 정신분열증으로 규정했고 방송통신심의위원회는 <지킥>에 대해서 권고 조치를 내렸으며 이 소식을 전하던 한 앵커는 웃음을 참지 못해 방송 사고를 내야 했다. 바로 그 웃음만큼 우리가 이제까지 당연하게 받아들여온 소통 방식의 경직성과 한계를 남김없이 폭로하는 예가 있을까. 앙리 베르그송 (Henri Bergson)은 웃음의 원천이 '생명적인 것에 덧붙여진 기계적인 것'에 있다고 말한다. 여기서 생명이란 우리의 신체일 수도 있고, 언어일 수도 있으며, 삶 전체일 수도 있다. 그런 생명적인 것이 우리의 주의를 벗어나 자동화되고 경화되고 물질화될 때 우리는 웃음으로써 거기에 담긴 기계주의를 교정한다. <지킥>은 인간 본연의 살아 있는 화법을 통해서 지배적이지만 편협하기 짝이 없는 근대적 담론 자체에 의문을 제기하고 그 경직성을 근본적으로 타파하고 있다.

'빵꾸똥꾸'란 무엇인가. 위키백과는 벌써 그 어원과 관련된 소극들을 소개하고 있지만 그것이 도대체 무엇인지 정의하지는 못한다. 사전은 '꽃' 을 '종자식물의 번식기관'이라고 정의한다. 하지만 같은 방식으로 '빵꾸똥 꾸'를 정의할 수 있는 다른 기표가 없기 때문에 우리는 그것이 무엇인지 말할 수 없다. 그런데 해리가 그것을 말하는 순간 그것이 무엇을 뜻하는지 모르는 사람은 아마 아무도 없을 것이다. 그것은 해리가 창안한 자기 심상에 대한 고유한 표현이며 지시대명사이다. 그것은 특정한 순간의 특정한 대상을 가리키는 동시에 그 대상이 해리의 정신에 촉발한 특정한 정념을 가리킨다. 여기서 중요한 것은 해리라는 주체와 타자 그리고 그의 마음에 떠오른 규정할 수 없는 정념의 현존이다. '빵꾸똥꾸'는 이와 같이 기존의 언어로는 표현할 수 없는 현존하는 사태, 현존하는 실체에 대해서만 기능하고 그러한 현존의 대상이 없을 때는 무의미한 단어가 된다. 해리의 이런 화법은 비단 아직 자신의 사고와 감정을 표현할 단어를 충분히 알지 못하는 어린 아이의 언어에 대한 풍자가 아니라 사실상 <지킥>의 전편을 관통하는 수사학의 본질이 되고 있다. <지킥>에 사용된 모든 언어, 이미지, 상황들은 어느 것 하나 그 자체로 새로운 것은 없다. 그 때문에 작품의 표면적인 의미는 흔히 볼 수 있는 시트콤의 한계 내에 있다. 하지만 그 모든 소재와 형식과 기호들이 현존하는 특수한 사태, 지금 한국 사회의 특수한 상황을 직접적으로 지시하는 데 이바지함으로써 기존의 어떠한 프로그램도 능가하는 리얼리티를 담아내고 있는 것이다.

<지킥>의 모든 인물이 처한 개별적이지만 공통된 고뇌의 근원은 이미 편협하게 확립된 담론과 현존하는 사태 자체 사이의 균열과 간극에 있다. 이와 같은 이름과 실체, 경화된 이해의 방식과 유동적인 사태 간의 괴리를 가장 충격적으로 보여주는 에피소드는 정음의 학력을 둘러싸고 벌어지는 일들로 구성되어 있다. 그야말로 명실상부 한국 최고의 대학인 서울대, 한국 사회에서 모든 권력의 보증수표라고 할 수 있는, 그 서울대 출신의 의사인 지훈은 그의 여자 친구 정음이 사무실에서 기합받는 모습을 보고 분노한다. 모든 삼류대의 비유적 이름인 '서운대', 그 가상의 대학 소속인 정음은 객관적으로 증명할 수 있는 실력이 형편없기 때문에 자신을 뽑아준 회사에서 할당된 물량을 팔지 못해 혼쭐이 나면서도 그저 취직을 했다는 사실을 감사하게 여기고 있는 참이다. 사나이의 충동과 서울대의 논리에 힘입은 지훈이 이런 정음을 당차게 끌고 나오면서 말한다. "그동안 이렇게 쓰레기 같은 회사 다닌다고 그렇게 신나는 척했던 거예요?" 그러자 정음이

쏘아보며 하는 말. "쓰레기? 그래요 나 같은 거 받아주는 데라고는 저런 쓰레기 회사밖에 없어요. 원서 백 군데나 넘게 넣어도 나 받아주는 데는 여기 하나뿐이라고요… 그래요. 나도 쪽팔리고 창피해서 죽을 것 같아요. 그래도 지훈 씨같이 잘난 사람은 죽었다 깨어나도 모르겠지만 여기가 제 첫 직장이에요. 이 수많은 건물들 중 그래도 제 자리 하나를 준 제 첫 직장이라고요."(89회)

이런 장면은 그야말로 잔인하다고밖에는 말할 수 없을 것 같다. 여기에 나타난, 그리고 매회에 주춧돌처럼 박혀 있는 무서울 정도로 정확한 현실 인식은 TV 영상의 존재 양식에 내포된 근본적인 기만성을 단번에 불식하고 시트콤이라는 장르의 한계를 훌쩍 뛰어넘고 있다. 이와 같은 냉철한 현실 인식을 우리가 놀랍고 생소하게 느낀다면 그것은 전혀 웃을 수 없는 사회적 진실이 슬랩스틱 코미디와 말장난 사이에서 제시되기 때문이 아니라 이런 식의 총체적이고 완전한 현실 인식 자체를 우리가 이전에는 어디에서도 체험해본 적이 없기 때문이다. 간단히 현재 방영되고 있는 <자이언 트>(SBS)의 9회 그리고 <제빵왕 김탁구>(KBS2)의 6회와 비교해보자. 강모 - 정연, 유경 - 마준의 계급적·신분적 차이와 성적 대결의 도식은 정음과 지훈이 벌이고 있는 애증의 투쟁과 다르지 않다. 하지만 정통 드라마에서는 진부하게 받아들여질 수 있는 남녀 간의 치고받는 화법의 글리세가 <지 킥>에서는 압도적인 현실감의 지지를 받고 있으며 동시에 따분할 수도 있는 학벌, 계급, 청년실업 문제가 거의 멜로 드라마에 버금가는 파토스를 통해서 제시되고 있는 것이다. 서울대가 서운대의 삶을 경멸하자 서운대가 서울대의 오만한 판단을 꾸짖는다. 실명인 서울대는 우리 사회에서 권력의 상징이므로 하나의 비유적 보통명사일 수 있고 '서운대'는 분명 허명이지만 정음이가 학교 광고에 나온 자신의 얼굴을 성실하게 지워야 하듯이 우리

사회에서 부끄러워 말할 수 없는 모든 이름, 보잘것없는 학교와 지역과 직장과 집안과 아버지와 의복과 자동차의 고유명사를 대신하는 사실상의 실명이라고 할 수 있다. 이렇게 허구는 현실이 되고 현실은 허구에 직접적으로 파고 든다. 어떤 상징은 현실에 폭군처럼 군림하지만 현실은 그와 같은 상징이 없으면 견딜 수 없다. 그 때문에 우리는 어디까지가 허구이고 어디까지가 현실인지 알 수 없고 어디서부터 상징을 거부해야 하는지 아니면 어떤 순간에 상징을 요청해야 하는지 알 수 없는데 사실은 그것이 현실의 참모습이다. 우리는 상징과 기호와 이미지와 현실과 개인의 욕망이 착종된 상황을 이토록 완전하고 구체적으로 재현해낸 경우를 TV에서든 영화에서 든 진정 본 적이 있는가. <지킥>의 조악한 드라마가 유쾌하게 담아내고 있는 삶의 디테일은 사실상 이제까지의 어떤 작품보다 우리 삶의 진상에 근접한 것이다.

　"진실은 구체적이다."(발터 벤야민 Walter Benjamin) 하나의 작품이 인간 심성의 초역사적인 동일성에 호소할수록 살아 있는 인간의 생의 조건이 되는 시공간의 구체적 진실은 탈각될 수밖에 없다. 첨단 테크놀로지에 대한 집착과 잡종적인 판타지의 추구는 어쩌면 그러한 진실의 힘이 결여되는 정도에 따라 증대되고 있는지도 모른다. <아바타>(20세기폭스)와 <로스트>(ABC)의 성공이 반증하는 것은 바로 이런 인식의 근본적인 딜레마인 것이다. 두 작품은 전 세계적으로 엄청난 수익을 냈을지 모르지만 정작 미국 사회의 현실에 대해서는 완전히 눈 감고 있다. 거기에 나타난 판타지와 모험은 분명 감동적이고 흥미롭지만 또한 유치한 것이기도 한다. 단언컨대 <지킥>에서 주인집의 제왕처럼 군림하는 초등학생 해리가 빌어먹고 사는 또래의 신애에게 자기 걸 훔쳐 먹는다고 올려붙인 따귀는 <아바타>의 제이크가 감행한 모든 공격보다 강력하고, 해리의 인형이 사라졌을 때

주인집 식구들이 신애에게 던진 의심의 눈초리나 멍청한 보석이 똑똑한 세경에게 걸레질이나 하는 너의 처지를 생각하라는 발언에는 기득권자의 편협한 의식이 섬뜩할 정도로 정확하게 포착되어 있다. 해리 같은 폭군을 울릴 수 있는 것은 모든 번잡한 비극이 아니라 신애가 쓴 '애기똥' 이야기(27회)라는 점을 누가 부정할 수 있을까. 자옥을 위한 순재의 종이학 접기에 외국인과 북한 노동자가 동원되는 현상과 구조를 피라미드와 모자이크로 보여주면서 평생 식모로 살 거라는 해리의 경멸적 예언에도 아랑곳하지 않고 가능한 모든 꿈을 가늠해보는 신애의 상상을 교차적으로 편집한 39회는 리얼리티란 기술이나 장르나 자본의 문제가 아니라 바로 의식의 문제라는 점을 그대로 증명하고 있다. 나비족이 당하는 어떠한 고난도, 빚쟁이들에 쫓겨 서울에서 거지처럼 박스를 덮고 자고 구걸을 하며 남의 집 식모살이를 하는 가운데 온갖 수모를 당하고 동생 학용품 살 돈이 없어서 샌드위치 먹기 대회에 나가 미친 듯이 터지도록 배를 채워야 하는 스물두 살 세경의 삶보다 절박하고 절실하게 느껴지지는 않는다. 구체적 현실 인식이란 이런 것이다. 그것은 비극적 드라마를 한순간에 웃음거리로 만들며 반대로 아무리 허술하고 조악한 허구라도 죽음만큼이나 중대한 것으로 만들 수 있는 것이다. <지킬>에 어떤 독보적이고 획기적인 성취가 있다면 그것은 이전의 어떤 드라마도 완전히 그려내지 못했고 어떤 뉴스도 거기에 담긴 인간적 의미를 포착하지 못했으며 그리고 심지어 어떤 실제의 체험으로도 파악될 수 없었던 지금 여기 한국 사회의 진실, 그 진실의 구조와 복잡성을 온전하게 담아냈다는 짐일 것이다.

　세경과 지훈의 죽음으로 채워진 엔딩은 많은 논란을 불러일으켰다. 사람들은 장르에 걸맞은 결말을 요구했다. 마치 <지킬>이 특정한 장르를 목적으로 만들어진 것처럼. 그리고 그 죽음의 정당성을 요구했다. 마치 정당한 죽음이라는 게 있기라도 한 것처럼. 그런데 그러한 황망한 종결이 근본적으로 도전하고 있는 것은 바로 익숙한 장르의 관습에 내포된 사회적 결정론이다. 남태평양의 섬 따위는 애초부터 존재하지 않았다. 그것은 환상이며 허구일 뿐이다. 모든 사회적 굴레와 고난과 소외로부터 해방된 채, 달콤한 첫사랑의 아픔만을 간직하고 영원한 향유 속에서 살아갈 수 있는 섬은 말 그대로 허구적 유토피아인 것이다. 그러니 세경의 선택은 섬이냐 아니면 사랑이냐에 있는 것이 아니다. 그에게 선택의 자유는 처음부터 주어지지 않았다. 그가 지금 여기에서 감내해야 할 영원한 신분적 구속, 그 바깥은 없다. 그런데 떠나야 할 이유도 떠나지 말아야 할 이유도 반반이라 며 떠나는 세경은 어디로 가고 있는가. 그의 자유와 해방은 곧 야만이며 우연이며 죽음이다. 그것은 운명이 아니다. 운명은 자연적 결정론을 신화적 으로 반복한 것에 불과하다. 비극은 운명에 저항함으로써 사회적 결정론을 강화하는 이데올로기의 도구일 뿐이다. 그러니 비극의 파토스는 다시 변함 없는 삶으로 돌아왔다는 안도의 탄식이다. 마찬가지의 결정론적 사유가 모든 갈등과 대립을 화해와 반성으로 끝내는 희극을 관통한다. 반면에 <지킥>의 엔딩은 장르의 모든 법칙을 배반함으로써 대중의 의식을 암묵적 으로 지배하고 있는 사회적 결정론에 저항하려는 절박한 제스처이다. 세경 과 지훈은 교통사고를 당한다. 거기에는 아무런 동기도 아무런 이유도 없다. 그것은 자연적 현상이며 무의미한 사건이다. 그것은 항상 문명과 일상을 위협하는 우연의 결과이며 모든 인간을 동등한 지평에 올려놓는 절대적 자유로서의 죽음이다. 김병욱 PD가 세경의 희생을 통해서 증명하고 싶었던 것, 그것은 자유란 어떤 경우에도 결국엔 생사를 건 투쟁이라는 사실이 아닐까.

# 미실의 탄생

MBC 월화 드라마 <선덕여왕>의 미실을 통해 본
한국 드라마 악역의 계보

김창훈

영국의 작가 올더스 헉슬리(Aldous Huxley)는 인간의 경험에 대해 다음과
같은 말을 남겼다. "경험이란 당신에게 일어난 사건을 말하는 것이 아니다.
당신이 그 일을 가지고 무엇을 했느냐이다." 인간의 의지가 전혀 개입되지
않는 사건이란 우연 이상의 의미를 가지지 못한다. 무언가를 의미 있게
해석하고 경험과 추억으로 만들어내는 것은 바로 사건을 마주하는 우리의
가치관과 행동이다. 이것이 인생살이에서 정신력이 중요하고 스토리 속에
서 캐릭터의 성격이 중요한 이유다. 스토리 속에서 벌어지는 어떤 사건은
사람들의 호기심과 흥미를 불러일으킨다. 그러나 인물이 배제된 사건은
자체적으로는 별다른 감동을 주지 못한다. 우리가 그 사건에 호기심과
흥미를 가지는 이유는 대부분, 결국 등장인물의 반응을 보기 위함이다.
강렬한 매력을 가진 캐릭터가 있을 때 사람들은 결말을 알면서도 이야기에
열광한다.

요즘 한국 드라마에서도 종종 등장하는 이른바 '매력적인 악역'들은 이러한 캐릭터의 힘을 가장 잘 보여준다. 웬만한 이야기 속에서 악역들은 비극적인 최후를 예약해두고 있다. 사람들은 드라마를 보면서 아무리 뛰어난 인물이라 해도 악역이 최후의 승자가 될 것이라고 생각하지 않는다. 인물의 최후가 비교적 뻔한 상황인데도 그 인물에게 주인공의 자리를 부여하고 큰 인기를 끄는 드라마가 점점 늘고 있다.

지난 1년을 통틀어 가장 화제작이었다고 해도 과언이 아닐 MBC 월화 드라마 <선덕여왕>이 그 대표적인 경우다. <선덕여왕>을 보면서 왕위를 놓고 벌어지는 권력 쟁탈전의 승자를 궁금해한 사람은 없었다. 덕만이 왕위에 올랐다는 것은 역사적 사실이며, 드라마는 제목에서부터 이 결론을 그냥 공개해버렸다. 사람들의 이목을 집중시킨 <선덕여왕>의 힘은 덕만의 성공 스토리보다도 결국 패배자가 된 미실의 캐릭터에서 나온 것이었다. 미실은 악역이며 패배자이지만 드라마의 성공을 견인한 실질적 주인공이었다. 이와 같은 캐릭터는 원래 우리나라 드라마에서 보기 힘든 캐릭터였지만 최근에는 꽤 자주 등장하며 대부분 시청자들에게 사랑을 받고 있다. 주인공을 빛나게 해주기 위한 다소 기능적인 조연에 머물렀던 전통적 악역과 달리 새롭게 등장한 악역들은 드라마 내에서 충분한 자기표현의 기회를 갖는다. 좀 더 현실적이고 입체적으로 직조된 이들 캐릭터는 기존 악역들뿐 아니라 주인공들과도 차별성을 가지면서 시청자들에게 신선하게 다가갈 수 있었다.

## 미실이 탄생하기까지 1: 사회 통념의 진화

대중매체 속 캐릭터는 시대에 따라 필연적으로 변화한다. 악역 캐릭터가 정형화 전략에서 입체화 전략의 대상으로 바뀌며 조연의 자리까지도 박차고 나와 실질적 주인공의 역할을 하기 시작했다는 것은 대중의 윤리관이 변화했다는 것을 뜻한다. 가장 큰 변화는 이른바 '운명론적'인 세계관의 변화이다. 한국 드라마에서 전통적으로 스토리의 목표로 설정되는 것은 흔히 부, 사랑, 명예, 권력 등을 획득하는 것이며, 캐릭터들은 그 시합의 선수들이다. 거기에서 주로 승리해온 선한 주인공들은 대략 비슷한 특징을 지니고 있다. 근면 성실한 태도, 밝고 긍정적인 성격 등. 그러나 개인적인 야망이나 욕심과 무관하게 이타적이고 윤리적인 동기에 의해 움직이는 동선이야말로 주인공들의 가장 큰 특징이다. 이와 반대로 악역들은 언제나 자기 본위의 삶을 사는 것으로 묘사되며 자신이 원하는 것을 갖기 위해 온갖 권모술수에 범죄까지 서슴지 않는 경우가 많다. 선한 주인공들이 개인적인 꿈을 이루기 위해 노력하는 모습이 묘사된다고 해도, 이는 시청자들에게 주인공 캐릭터 자체를 투명하게 보여주기 위한 것이라기보다 악역과 대비되는 건강하고 옳은 삶의 방식을 각인시키려는 의도가 크다. 이렇게 자기 본위성이 떨어지는데도 결국 특유의 재능과 도덕성을 인정받아 사랑과 부를 획득하는 주인공의 이야기를 구성하기 위해서는 우연이 자주 개입할 수밖에 없고 결국 이는 드라마 전체를 운명론적이고 결과론적으로 만들어버리곤 한다. 한국 드라마에 유독 '출생의 비밀'이 많이 나오는 것도 이 때문이다. 현실감 없는 우연의 연속에 필연성을 부여하기 위해 '원래 태생이 그렇다'는 벗어날 수 없는 꼬리표를 이용하는 것이다.

그러나 운명에 대한 순응보다는 경쟁 사회에서의 쟁취가 더 강조되는 사회 분위기가 지속되자 시정자늘의 기호도 달라셨다. 느라마뿐 아니라 각종 자기계발서나 가요의 제목에서도 '나쁜 남자', '나쁜 여자'라는 표현은 이제 옛날과 사뭇 다르게 쓰인다. 현대적 용법에서 '나쁘다'는 형용사에는 자신이 원하는 것을 달성할 수 있을 만큼 적극적이고 당당하며 유능하다는 의미가 포함되어 있다. 사람들이 선한 주인공보다도 더 열광하는 드라마의 악역들은 바로 '나쁘다'의 현대적 의미에 중점을 두고 직조된 이들이다. 이들은 일면적으로만 묘사되었던 '나쁜' 행위들 속에 존재하는 아이러니를 끌어내면서 드라마에 역동성과 섬세함을 부여할 뿐만 아니라, 실제 아이러니로 가득 찬 현실을 살아가는 시청자들에게 강한 공감대를 끌어낸다.

<선덕여왕>의 미실은 태생적으로 왕이 될 수 없는 신분이다. 미실은 신라의 실권을 쥐고 있고 실질적 권력자가 될 만한 지략과 카리스마를 모두 갖추고 있지만 명목상의 왕만큼은 될 수가 없다. 전통적으로 이렇게 태생적으로 '되지 않는 것'을 이루기 위해 온갖 지략을 펼치는 캐릭터는 시청자들에게 욕을 먹기 위해 만들어지는 것이 관례였다. 시청자들에게 욕을 먹고 최종적으로는 스토리 내에서도 벌을 받음으로써 '권선징악'의 교훈을 보여주기 위한 역할에 머물렀던 것이다. 그러나 미실이 보여주는 뛰어난 능력은 시청자들로 하여금 미실의 꿈이 '되지 않는 것'에 머무를 수밖에 없는 신라의 체제가 후진적이라고 느끼게 만든다. 미실은 '되어야 마땅한', 그러나 '되지 않는 것'을 지속적으로 추구하고, 또 거의 가질 뻔함으로써 무한경쟁 시대에 사람들이 꿈꾸는 이상적인 철인상을 보여주었다. 이러한 악역은 사람들이 턱없이 모자라는 자기 본위성에도 불구하고 '저절로' 성공하게 되는 선한 주인공들의 세계를 더 이상 믿지 않는다는 것을 드러낸다.


## 미실이 탄생하기까지 2: 미실, 정난정과 장준혁을 뒤섞은 매력


미실처럼 악역이 드라마의 인기를 견인한 사례는 <선덕여왕>이 처음은 아니다. 미실의 캐릭터는 2001년에 큰 인기를 끌며 연장 방송을 거듭했던

SBS 월화 드라마 <여인천하>의 정난정과 2007년에 역시 신드롬을 일으키며 화려한 막을 내렸던 MBC 월화 드라마 <하얀 거탑>의 장준혁을 섞어놓은 것 같은 매력을 지니고 있다.

<여인천하>의 정난정은 스스로의 지략으로 비천한 신분을 벗어나려는 인물로, 시청자들에게 그 놀라운 능력과 카리스마를 성공적으로 보여준 악역이었다. 그러나 회를 거듭할수록 보편적으로 이해하기 힘든 개인적 욕심의 확장이 지나치게 묘사되었고, 무엇보다 애초부터 정난정의 존재감을 기존 드라마들의 공식인 '출생의 비밀'(정난정은 사실 억울하게 모함당한 양반 집안의 여식이었다는 설정)에 기대고 있었기 때문에 주인공에 걸맞은 존엄성을 끝까지 유지하지는 못했다. 정난정에게는 개인적 매력 외에 시청자들이 두루 공감할 만한 어떤 철학이나 카타르시스가 부재했다. 이렇게 정난정 개인의 매우 특정한 상황에만 매몰된 탓에 <여인천하>는 다양한 시청자층에 어필하지는 못했고, 주인공에게 감정이입이 가장 쉬웠을 비슷한 연령대의 주부들에게 편향된 인기를 얻었다.

<하얀 거탑>의 장준혁은 현대극의 주인공답게 결국 자신이 원하던 모든 것을 외형적으로는 달성하나, 인간의 힘으로 어찌할 도리가 없는 불치병과 인생무상의 쓸쓸함을 안고 최후를 맞는 안티 히어로였다. 부도덕적으로 보이는 여러 행동에도 불구하고 장준혁이 그토록 열광적인 지지를 끌어낼 수 있었던 이유는 그의 신분 상승을 향한 야심이 <여인천하>의 정난정과는 달리 대중에게 어필할 만큼 보편적으로 그려졌기 때문이다. 최도영을 향해 '너처럼 의사 집안에서 태어난 놈은 내 심성을 모른나'고 말하던 장준혁을 화려하면서도 동시에 쓸쓸하게 묘사하는 데 성공적이었던 <하얀 거탑>은 그래서 남성층과 젊은층에서도 인기를 끌 수 있었다.

<선덕여왕>의 미실은 두 드라마의 주인공이 가진 강점이 혼합된 캐릭

터이다. <선덕여왕>은 미실에게 정난정이 보여주었던 여성적 매력과 장준혁이 보여주었던 남성적 카리스마를 모두 부여함으로써 외형적으로 매우 큰 존재감을 완성했다. 또한 아들까지 버려야 했던 상황을 씁쓸하게 그렸다는 점에서는 <하얀 거탑>의 양면적 조명을 닮아 있으면서, 결국 물리적으로는 태생의 벽을 넘지 못한다는 점에서 <여인천하>가 의도했던 장렬한 고전적 비극의 미학도 살리고 있다.

그러나 두 캐릭터를 넘어서 미실만이 보여주는 진일보한 매력이야말로 <선덕여왕>의 독창성을 보여준다. 미실은 개인적 야심도 투철하지만 그 야심이 신라를 향한 애정과 통치관에 철학적으로 결합되어 있다는 점에서 ―그 애정과 통치관이 모두가 동의할 만한 것인가와는 별개로― 정난정은 물론 장준혁보다도 더 철학적으로 무장이 잘 되어 있는 캐릭터이다. 이러한 철학적 완결성은 대부분의 드라마에서 선한 역할에만 허락되어왔던 부분이다. 정난정과 장준혁은 자신들의 행동이 생존 본능상 '어쩔 수 없다'고 항변해야 하는 위치에 있는 캐릭터들이었기 때문에 그러한 부분을 보여줄 수 없었지만, 미실은 이들과 달리 뜨거운 본능보다 냉정한 철학으로 움직이는 캐릭터였다. 자신만의 세계관에 굳건히 뿌리를 두고 있는 철학으로 인해 미실은 동정의 대상이 아닌 경외의 대상으로 그려질 수 있었다.

미실의 철학적 완결성은 단지 미실의 캐릭터뿐 아니라 다른 캐릭터를 부각시키는 효과도 낳았다. <하얀 거탑>은 장준혁 중심의 모노 드라마로서는 매우 성공적이었지만 그의 인간적 가련함을 지나치게 감정적으로 강조하는 바람에 최도영과 같은 캐릭터들을 허수아비처럼 만드는 효과를 가져왔다. 보편적 도덕성을 중요시하는 최도영이 장준혁과 쌍벽을 이루는 인물이 되기보다는 '입바른 소리'나 하는 캐릭터로 주변화되어버린 것이다. 그러나 <선덕여왕>에서 미실의 투쟁 상대인 덕만은 최도영에 비하면 상당한 진정성과 존재감을 부여받았다. 이는 미실과 덕만의 상이한 국가 통치철학이 그 나름대로 대등한 경쟁을 펼칠 만하게끔 균형적으로 그려졌기 때문이었다. 만약 이러한 부분이 소홀히 그려졌다면 <선덕여왕>에서 덕만의 캐릭터는 크게 약화되었을 것이고 어쩌면 덕만이 가진 '출생의 비밀'에 기댄 싱거운 드라마가 되었을지도 모를 일이다.

## 정난정, 장준혁, 미실, 그리고 그 다음은?

새로운 악역들은 한국 드라마에 매우 신선한 재미를 주고 있다. 캐릭터의 입체화는 좀 더 풍부한 세계관을 반영할 수 있게 해주기 때문에 단순한 재미뿐 아니라 작품성을 향상시키기을 위해서도 매우 중요한 부분이다. 그렇다면 정난정, 장준혁, 미실 등이 보여준 캐릭터 너머에 더 새로운 악역도 존재할 수 있을까? 당연히 있을 것이다. 앞에서 한 번 언급했듯이 한국 드라마는 대부분 부, 사랑, 명예, 권력 등의 목표를 놓고 벌이는 시합처럼 진행된다. 캐릭터들은 악하든 선하든 그 시합의 선수들이다. 정난정, 장준혁, 미실도 모두 그로부터 벗어나지 못했다. 이들은 기존의 선한 주인공과도, 전형적인 악역들과도 달랐지만, 모두가 같은 것을 원했기 때문에 필연적으로 누군가는 패자가 될 수밖에 없는 시합에 참가했다는 점에서 똑같았다. 같은 목표를 두고 다른 방식으로 달려가는 인물들의 이야기가 참신했던 만큼, 이제는 아예 다른 목표를 두고 살아가는 인물들의 이야기도 시도해볼 만하지 않을까? 남들과 다른 방식으로 뛰는 인물들노 시청사들에세 신신함을 주겠지만 남들과 전혀 다른 욕망을 가진 인물들이 주는 재미와 카타르시스는 그보다 더 클 것이다.

# 연옥의 코미디
MBC 일일 시트콤 <지붕 뚫고 하이킥>에 관한 몇 개의 노트

한재연

## 1. 장르의 파괴

누구도 예상하지 못한 결말이었다. 거의 모든 시청자들이 어리둥절해했다. 시트콤이라는 장르의 기반이 무너져버린 것처럼 보였다. 마지막 순간에 <지붕 뚫고 하이킥>(이하 <지붕킥>)은 정말로 시트콤이라는 장르의 지붕을 뚫고 하이킥을 날렸다. 이 갑작스런 발차기는 결코 누구에게도 유쾌할 수 없는 것이었다.

마지막회가 끝나자마자 시청자 게시판에는 경악, 분노, 저주의 글이 동시다발적으로 올라왔다. 호의적인 감상평을 올린 몇몇 시청자는 인정머리 없는 사람으로 매도당했다. <지붕킥>을 빠짐없이 시청한 '<지붕킥> 마니아'일수록 더욱 심하게 격한 감정을 드러냈다.

모든 사태는 시간이 흐른 뒤에 더 또렷하게 보인다. 세경과 지훈은 봄에 떠났고, 지금은 여름이다. 이제는 좀 더 차분하게 <지붕킥>의 운명에 관해서 이야기할 수 있을 것이다.

## 2. 동어반복에서 벗어나기

<지붕킥>은 여러 미디어를 통해 노년의 사랑, 학벌주의, 교육문제, 대화 없는 가족, 빈곤문제, '88만원 세대'의 고통 등 한국 사회의 다양한 이슈를 솜씨 있게 버무린 텍스트로 소개되었다. 그런데 이런 비평적 저널리즘은 텍스트에 대한 깊이 있는 독해보다는 텍스트에 대한 대중적 호응 이후에 사후 확인의 절차를 밟고 있다는 점에서 그 한계를 뚜렷하게 드러낸다. 더구나 전체 텍스트가 완결되기 전에 나온 논의들은 마지막회의 충격적 결말을 전혀 반영할 수 없었다는 점에서 불충분하고, 종영과 동시에 시청자들의 어리둥절함을 보상하는 논평들은 속류 사회학적 해석에 그치고 있다. 이를테면 현실을 잘 반영했기 때문에 <지붕킥>이 높은 인기를 누렸다는 해석이 그렇다.

여러 미디어 저널리즘이 TV 프로그램을 다루는 방식에는 동어반복적인 모순이 있다. 높은 시청률을 올리고 인기를 끄는 프로그램을 발견하면 미디어들은 대개 그 이유를 텍스트 바깥에서 찾는다. <지붕킥>에서 예를 들어보면, 학력 차별과 청년 실업의 아픔을 체현하고 있는 황정음이라는 캐릭터에 시청자들이 깊은 공감을 표하는데, 그 이유는 텍스트 바깥에 실제로 그런 아픔을 지닌 젊은이들이 있기 때문이라는 식이다. 이런 설명은 동어반복과 사후 확인에 불과하다. 또한 어떤 텍스트가 현실을 반영한다고 해서 그것이 대중의 호응을 자동적으로 얻는 것은 아니다. 그래서 아주 손쉽게 현실을 '잘' 반영했다고 한 음절을 추가하는 경우가 많다. 현실을 잘 반영했다는 것은 무슨 뜻인가? 속류 사회학적 해석과 동어반복을 벗어나서

<지붕킥>으로 들어가보자.

## 3. 텍스트와 현실의 진검 승부

<지붕킥>이라는 텍스트를 논하면서 장르에 관해 논의하는 이유는 자명하다. 방송 프로그램에서 장르의 문법을 준수하는 것은 필수적이기 때문이다. <지붕킥>의 제작자와 시청자는 모두 시트콤이라는 공통의 코드를 갖고 게임을 벌인다. <지붕킥>의 마지막회를 본 시청자들이 경악을 금치 못했던 이유는 바로 이 코드를 제작자들이 일방적으로 파기해버렸기 때문이다. 그것은 '일탈적 사건'이었다.

그러나 TV 방송 프로그램의 장르적 계열에서 시트콤은 여러 장르의 사이에 위치한다. 여러 장르 사이에 위치한 시트콤은 후발 장르로서 주변 장르의 핵심적 요소들을 차용한다. 멜로 드라마, 뮤지컬, 홈드라마, TV쇼 등의 여러 장르를 자연스럽게 차용한 시트콤이 코미디만을 기반으로 한 시트콤보다 시청자들의 큰 호응을 얻을 가능성이 높다. TV 프로그램의 장르 혼합과 더불어 시청자들의 감식안도 진화하기 때문이다. 따라서 기존의 공식과 문법에만 의존하는 시트콤은 웃음의 코드가 너무나 익숙해서 오히려 흥미를 반감시키게 된다. 텍스트 생산자에게 장르의 규범을 준수하면서 동시에 파괴하는 이중적 작업이 요청되는 데에는 이러한 까닭이 있다.

총 126회에 달하는 <지붕킥>은 125회까지 코미디와 멜로 드라마 사이에서 절묘한 균형을 유지했다. 지훈을 향한 세경의 사랑이 안타깝게 그려지는 사이에 보석과 현경은 너무나 필사적이어서 희극적인 눈싸움을 하는 식이었다. 물론 <지붕킥>이 후반부로 갈수록 '이뤄질 수 없는 사랑'에 몰두한 것은 사실이다. 그러나 이 시트콤의 멜로 드라마적 상황은 희극적인 전망을 품고 있었다. 여기까지 순순한 동의를 표한 시청자들은 <지붕킥>의 결말에서 멜로 드라마적 행복감을 맛볼 수 있기를 기대했다. 예컨대 세경이 검정고시를 치고 대학에 들어가서 준혁과 만날 수 있기를, 지훈이 고향에 내려간 정음을 찾아가서 프러포즈하고 둘의 사랑이 지속될 수 있기를, 신애와 해리는 각자의 가족으로 돌아가 '식모 동생'이나 '주인집 딸'에서 벗어나 진짜 친구가 될 수 있기를.

시청자들은 지훈을 향한 세경의 사랑과 세경을 향한 준혁의 사랑이 실패할 것이라는 사실을 이성적으로 너무나 잘 받아들인다. 그것이 현실이기 때문이다. 그렇지만 시트콤이라는 장르 안에서 그들의 사랑이 아름다운 구원을 얻기를 소망한다. 적어도 <지붕킥>이 끝날 때, 그것을 지금까지 지켜본 자신이 절망하지 않기를 바란다. 그런데 <지붕킥>은 예정된 멜로 드라마적 결말을 거부한다. 즉, 죽음이나 파멸로부터의 구출이 아니라 죽음으로 끝을 맺는 것이다. 시청자에게 이러한 결말은 너무나 뜻밖이고 충격적일 수밖에 없다. 그것은 마치 스테이크를 먹으러 온 사람에게 소를 도살하는 장면을 보여주는 것과 같다. 소를 죽이고 나서야 스테이크를 얻을 수 있다는 사실을 부정하는 사람은 없다. 그러나 쇠고기의 섭취와 도살 장면의 목격을 동시에 수행하고 싶은 사람도 찾기 어려울 것이다. 누구나 알고 있지만 굳이 말하지 않는 것, 누구나 상상하고 있지만 구태여 그것의 실재를 확인하고자 하지 않는 것, <지붕킥>은 바로 그것을 텍스트의 표면으로 끌어올린다. 시청자들은 당연히 정신적 외상을 입었을 수 있다. 정신적 외상을 치유하려면 병의 원인이 되는 지점으로 돌아가서 사태를 언어화해야 한다. 마지막 장면의 당혹감을 언어적으로 재구조화할 필요가 여기에 있다. 시청자들은 무엇을 기대하고 있었고 그 기대는 어떻게 무너졌는가.

시청자들은 가족 시트콤이라는 장르 안에서 가족이 재결합되기를 바랐고, 멜로 드라마적 변형을 맛본 뒤로는 등장인물들이 사랑으로 구원을 얻기를 희망했다. 그 두 기대는 여지없이 무너졌다. 이 지점에서 <지붕킥>이 마지막회에 한해서가 아니라 방영되는 내내 텍스트와 현실 사이의 진검 승부를 벌였다는 사실을 떠올릴 필요가 있다.

## 4. 가족의 재결합이라는 환상

<지붕킥>은 "세경과 신애가 다시 아빠를 만나 함께 살 수 있을까?"라는 질문을 첫회에 던져두고 중간과 마지막에 이 질문에 대한 답을 내놓음으로써 전체 서사의 동맥을 확보한다. 물론 "순재와 자옥의 연애는 앞으로 어떻게 될 것인가?", "정음은 준혁의 반발에도 불구하고 과외선생 자리를 지킬 수 있을까?"도 초반 스토리를 구성하는 중요한 질문이지만 전체 서사를 관통하는 질문은 아니다. "세경과 신애가 아빠를 만나 함께 살게 될 것인가"라는 질문은 첫회에 제출되고 마지막회에 가서야 최종적인 답을 얻는다는 점에서 <지붕킥> 서사의 근간이라 할 수 있다.

'가족의 재결합'이라는 서사적 주제가 세경과 신애 가족에게만 국한되는 것은 아니다. <지붕킥>에 등장하는 거의 모든 등장인물은 가족의 일원으로서 행복하지 못한 상황에 놓여 있다. 순재네 가족은 경제적 어려움은 없지만 상호 간의 무관심 속에 있다. 이 무관심을 희극적으로 활용한 예는 58회에서 찾아볼 수 있다.

순재는 자신에 대한 가족들의 무관심을 질타하면서 '이순재 고사'를 실시하겠다고 선언한다. '이순재 고사'의 시험 범위는 순재의 자서전『밥상은 넓고 반찬은 많다』전체이다. 물론 대부분의 가족 구성원은 이 시험에 시큰둥한 반응을 보이는데 단 두 사람은 예외이다. 사위 보석은 장인에게 인정받을 수 있는 절호의 기회라 여기고, 세경은 일등 상금 50만 원을 꼭 타겠다고 결심한다. 결국 세경이 보석보다 한 문제를 더 맞혀서 '이순재 고사'에서 일등을 차지한다. 겉보기에 단란한 중산층 가족인 순재네에 대한 이보다 더 잔혹한 풍자를 찾기는 어렵다. 세경의 가족은 경제적 어려움을 극복하면 곧바로 회복될 수 있지만 순재네는 무관심이라는 더 큰 벽을 넘어야 한다.

순재의 애인 자옥은 60대인데 아직 독신이다. 그녀에게는 한옥집 식구들이 대안적 가족으로 존재하지만 현실적으로는 순재와의 결혼을 통해 순재네 가족으로 편입되어야 전통적 의미의 가족 구성원이 된다. 시청자들은 자옥의 이런 위치 때문에 순재네와 한옥집을 가족의 형태로서 번갈아가면서 경험할 수 있다. 순재네가 지금은 매우 드문 전통적 대가족이라면 한옥집은 각자의 형편에 따라 이합집산할 수 있지만 잠정적으로는 한 공간에서 머무는 대안적 가족이라고 할 수 있다. 이 대안가족은 순재네와 비교해볼 때 대단히 평등한 관계이면서 더 많은 대화를 나눈다. 그들은 서로의 일상에 관심을 갖고 있고 일과가 끝난 후에는 자신에게 벌어진 일에 대해서 대화를 나누며 경제적 상호 부조를 보여주기도 한다.

<지붕킥>을 가족의 재결합이라는 측면에서 살펴보면 흥미로운 두 가지 결론을 얻는다. 첫째, 가족을 결합시키는 것은 '가족애'보다도 '돈'이다. 둘째, '돈'이 많다고 해서 '가족애'도 비례해서 증가하지는 않는다. 돈은 가족애의 필요조건이지만 충분조건은 아닌 셈이다. 철저하게 현실적인 설정이다.

세경과 신애가 아빠와 헤어져서 서울에 살고 있는 이유는 함께 살 수 없을 정도로 가난하기 때문이다. 아무리 가족애가 넘쳐도 가정을 꾸리려면 그 사회가 최소한도로 요구하는 부를 획득해야 한다. 마지막회에서 세경의

가족이 결국 한국을 떠나 타히티로 가게 된다는 설정은 그래서 이들의 자발적 선택이 아닌 것처럼 보인다. 그들은 한국 사회로부터 방출을 명령받은 것 같다. 순재의 가족을 결합시키고 있는 것 역시 돈이다. 이것은 순재가 보석에게 사장 자리를 약속하면서 가족애적인 장면을 연출하고 있는 것을 보면 알 수 있다. 상속과 증여에 의해서 가족은 서로의 사랑을 확인한다. 한옥집 식구들이 월세를 통해서 잠정적인 가족 형태를 유지하는 것을 보라. 월세를 올린다는 정보는 이 대안적 가족에게 불화를 가져온다. <지붕킥>을 살펴보면 모든 가족은 영구히 존속될 것처럼 보이지만 잠정적으로 유지되고 있으며 따라서 가족의 재결합은 모든 가족의 환상에 불과하다는 사실을 알 수 있다. 이것은 웃음 뒤에 이어진 씁쓸한 현실 인식이다.

## 5. 사랑의 불가능성

앞서 말한 대로 <지붕킥>은 코미디와 멜로 드라마 사이를 오가다가 종국에는 멜로 드라마로 치닫는다. 가족의 문제와 더불어 사랑은 <지붕킥>을 이루는 양대 축이라 할 수 있다.

먼저 세경의 경우를 살펴보자. 그녀는 지훈을 사랑한다. 지훈에 대한 세경의 사랑이 앞으로 어찌 될 것인지는 <지붕킥> 49회에서 비극적으로 암시되어 있다. 세경은 사랑니 때문에 치통이 심하다. 그것을 알아차린 지훈은 자신이 아는 치과에 세경을 데려간다. 둘은 치과 근처의 커피 전문점에서 만나 함께 치과를 가기로 하는데 불청객이 끼어든다. 지훈의 의과대학 동기이자 옛 병원 동료인 소정이 나타난 것이다. 둘은 세경을 앉혀두고 의학 논문에 대한 대화를 나눈다. 세경은 자리에서 일어나 가을비가 쏟아지는 거리로 뛰어나간다. 그리고 혼자 치과에 가서 사랑니를 뽑는다. 그 장면을 보면서 사랑니 때문에 아파하는 세경에게 던진 지훈의 농담을 떠올릴 필요가 있다. "너 누구 좋아하니?" 이 관습화된 농담에 대해 세경은 진지하게 그리고 애써 진심을 감추면서 "아니요"라고 대답한다. 서울에 처음 올라왔을 때 정말로 코가 베인 것처럼 세경은 지훈을 사랑하기 때문에 사랑니가 났다. 지훈에 대한 세경의 사랑은 사랑니처럼 뽑아내야만 하는 고통인 것이다.

지훈과 정음의 사랑은 별다른 무리 없이 진행되고 많은 시청자들의 공감을 얻는다. 그러나 둘의 연애에도 몇 가지 장애물이 있다. 이것을 총체적으로 표현하면 '한쪽이 너무 기울었다'고 할 수 있을 것이다. 지훈의 변함없는 사랑에도 불구하고 정음이 도망가는 것은 바로 이 '기울기'를 스스로 견디지 못했기 때문이다. 특히 정음은 사회에 진출한 이후에 지훈과 자신의 거리를 절감하게 된다. 구체적으로 말하면, 취업 실패와 아버지의 부도 때문에 정음은 지훈과의 연애를 지속할 수 없다는 판단을 내리게 된다. 물론 이것은 정음의 독자적인 판단일 뿐이지만 시청자들은 이 판단에 공감할 뿐만 아니라 그런 판단을 내린 정음이 성숙했다고 느낀다. 지훈과 정음이 잘 되기를 바란다는 시청자들의 바람과 정음의 결단을 이해하는 시청자들의 인식은 상호 모순적이면서 동시에 존재한다.

준혁의 세경을 향한 사랑은 계급적 관점이 배제되어 있기 때문에 가장 순수한 형태라 할 수 있다. 세호가 세경에게 고백하지 못하는 준혁을 향해 던지는 조언—"세경이 누나 입장에서 너를 거절할 리가 없잖아."—은 이 점을 더 극명하게 드러낸다. 준혁에게는 세호 같은 계산이 없다. 심지어 세경이 지훈을 좋아하다는 사실을 알면서도 준혁의 사랑은 멈춰지지 않는다. 시청자들은 준혁의 순수함을 알고 있기 때문에 이 사랑이 가슴 아프지만 결코 이뤄지지 않을 것이라는 사실을 믿어 의심치 않는다.

따지고 보면 시청자들은 마지막회에서 놀랄 것이 아니라 매회 놀랐어야 한다. <지붕킥>에서 장르의 관습은 단 한 번도 현실의 법칙을 이긴 적이 없기 때문이다. 세경, 지훈, 정음, 준혁의 엇갈린 사랑에 대해서, 그 사랑의 불가능성에 대해서 <지붕킥>은 시종일관 비관적이었다.

## 6. 연옥의 코미디

시트콤이 희극의 범주에 속하는 이상, 대개의 경우 주인공은 우여곡절 끝에 사랑을 얻고 가족을 되찾는다. 그런데 <지붕킥>에서 사랑은 그대로 엇갈린 채 끝나고 가족은 재결합하지 못했다. 무엇 때문에 그렇게 된 것일까?

막막한 현실 앞에서 단 한 번이라도 크게 웃을 수 있는 기회를 갖는다는 것은 소중하다. 희극의 가치는 그것에 있다. 그러나 마지막 순간까지 웃는 희극이 있는가 하면 웃은 다음에 고민에 빠지는 희극도 있다. <지붕킥>은 후자다. 후자를 택함으로써 <지붕킥>은 오랫동안 기억에 남기를 원했다. 웃음은 망각의 친구이고, 고통은 기억의 간수이므로.

지옥에는 희극이 존재할 자리가 없다. 천국 역시 마찬가지다. 오직 연옥에 서만 지옥을 벗어난 것을 기뻐하고 천국의 문이 열리기를 바라며 웃을 수 있다. 단테(Dante)의 『신곡』의 원제가 'Comedia', 즉 희극이었다는 점은 의미심장하다. 인간이 모든 고통을 체험한 뒤에 신에게 귀의하는 것은 그 무엇보다도 '기쁜' 일이다. 그러므로 단테는 자신의 서사시를 '희극'이라 불렀을 것이다. 그런 의미에서 <지붕킥>은 희극이다. 지옥의 고통을 잊지 않고, 천국에 대한 희망을 간직한 연옥의 코미디이다. 시청자들은 웃고 즐기다가 마지막에 뒤통수를 얻어맞은 것이 아니다. 오히려 우리가 살고 있는 이 세계, 다시 말해서 연옥을 새삼 생각해볼 기쁜 기회를 얻은 것이다.

# 무릎팍 도사님, 진로에 고민이 있어 찾아왔습니다

김승환

"나중에 뭐 먹고 살지?"부터 "난 어떤 것을 잘할 수 있을까?"처럼 내 나이 즈음이면 모두들 진로에 대한 고민을 하기 마련이다. 물론 대학교를 다니면서 결정이 되겠지만, 고등학교 때 많은 고민을 해야 한다. 문제는 그 고민이 추상적인 수준에 머무른 채로 이뤄지기 쉽다는 것이다. 북유럽에서는 고등학교 2학년을 끝내고 1년 동안 실질적인 직업 체험을 하면서 학교를 계속 다닐 것인가라는 선택의 기회를 갖게 된다. 이 얼마나 자신의 인생에 대해 본질적인 질문을 던질 수 있으면서도 실패를 예방할 수 있는 방법인가. 그에 비해 대학을 가는 학생과 가지 않는 학생, 서울 4년제 대학과 그 밖이라는 단순 무식한 구분이 어떤 학과에서 얼마나 재미있게 공부했느냐보다 우선되는 것이 우리가 처한 현실임을 대한민국 국민이라면 누구나 알고 있다. 학교에서도 최대한 알려주려고 하지만, 학과명과 관련된 직업을 그물망처럼 표기한 교본을 통해서는 아무래도 현장에 대해 알 수 없다. 결국 학교와 학과가 가급적 취업이 잘 되는 조합을 이뤄야 한다는 것이 대한민국 학생들이 입시에 대비하는 첫 번째 원칙으로 군림하게 된다.

　이처럼 너무나도 열악한 상황에서 진로에 대한 고민을 하는 학생들에게 그 나름대로 의미 있는 조언을 해주는 TV 프로그램이 있으니, 이것은 교육 방송도 아니고, 수요일 밤이면 MBC에서 <황금어장>의 하위 코너로 강림하시는 <무릎팍 도사> 님이시다. 이 프로그램은 내가 중학교 1학년이던 2006년에 시작했는데, 이 프로그램의 첫 방송을 보고 흥행에 실패할 것이라고 예상했다. 작두나 타고 비싼 부적이나 팔아먹는 이미지가 강해 미신이라고 천대받아온 무속 신앙인을 콘셉트로 잡았기 때문이다. 그러나 타 종교인들에게 지탄을 받거나 옛날에 유행했다는 '부채도사'처럼 엉뚱한 이야기나 하다 강호동의 이미지만 나빠질 것 같다는 우려는 기우에 불과했다. <천생연분>(KBS2)을 통해 중매쟁이 콘셉트의 MC를 톡톡히 해낸 바 있는 강호동은 이제 MBC에서 <성공시대>(MBC)를 잇는 전 국민의 성공 전도사로, 또 인터넷 세상의 과도한 정보 공개와 악플, 루머 등으로 고통받는 스타들을 어루만져주는 연예계의 대부로 발돋움했다. 그래서인지 "여기가 무릎이 닿기도 전에…"라며 들어오는 출연자의 눈망울에서는 다른 토크쇼에서 볼 수 없는 기대감과 긴장이 역력했다. <무릎팍 도사>의 가장 특징적인 점은 출연자들이 가져온 고민에 대해 소심한 답변이나 회피하는 법을 내놓기보다는 출연자가 가지고 있는 모든 영광과 고통을 낱낱이 파헤치고, 아직도 끝이 아니니 더 부딪치라고 말한다는 것이다. 그래서 비뚤게 본다면 "엄살 피우지 마라"는 것처럼 들릴 수 있지만, 사실은 세상의 모든 일이 다 힘든 만큼 자신이 정말 열정이 있다면 만족할 만한, 혹은 그 이상의 성과를 낼 수 있다는 통찰을 보여준다.

## 강호동, 그는 누구인가

<무릎팍 도사>를 비평하기 위해서는 출연자, 구성, 메시지를 알아볼 필요가 있는데, 그 중에서도 가장 큰 비중을 차지하는 것은 섭외력과 고정 출연자가 될 것이다. 특히 매회 바뀌는 주인공만큼이나 중요한 메인 MC 강호동이 어떤 사람인지가 나 같은 학생들에게는 굉장한 의미로 다가온다.

강호동은 일반 연예인들과 걸어온 길이 굉장히 다르다. 그는 19세의 어린 나이로 당시 씨름판의 최강자인 이만기를 쓰러뜨리고 천하장사에 등극한 샛별이었다. 그 후 그는 4년간 무적으로 군림하다 1993년 MBC에 특채 개그맨으로 입사해 약간 모자란 비만아동 역할을 하며 이름을 알리기 시작했다. 예쁘고 날씬한 연예인들이 많은 방송국에서 '힘'으로 상징되던 그는 수많은 악성 루머를 몰고 다녔다. 조직 폭력배들을 거느리며 PD와 기자들을 통제한다는 소문부터 남자 연예인들을 폭행하고 여성 편력이 심하다는 등 윤리적으로 결코 가볍지 않은 이야기가 마치 사실인 양 붙어 다녔다. 그러나 그는 예능 감각을 인정받을 때까지 꿋꿋이 그런 소문들을 참아냈다. 그가 전직 운동선수이기 때문에 무식하고 먹는 것만 좋아할 것이라는 세간의 고정관념을 오히려 역으로 활용해 캐릭터를 만드는 데 활용했다. 그리고 SBS <야심만만>의 진행자가 되어 스타들의 인간적인 웃음과 눈물을 이끌어냈다. 그는 어록을 쏟아내는 김제동과 호감형 진행 선배인 박수홍에게 늘 배우는 자세로 임했고, 사람들은 '저 씨름 장사 출신에게도 로맨틱한 언변과 어린이 같은 순수함이 있구나'라며 그를 다시 보기 시작했다. 자신을 둘러쌌던 소문들에 대해 적절한 시기에 해명함으로써 개인적으로 짊어졌던 짐도 상당 부분 내려놓았고, 연애에 대한 진솔한 이야기를 하다가 많은 이들의 부러움 속에 결혼에도 골인했다. 건전하고

장래를 촉망받는 연예인, 나아가 전문 MC라는 직업이 그의 인생에 자리매김하는 순간이었다.

사람들은 강호동과 그의 라이벌 유재석을 비교할 때 "강호동은 강하다"라고 단순화하지만, 사실 두 사람의 카리스마의 원동력은 그 맥락이 비슷하다. 그것은 상대방을 충분히 배려하면서 분위기와 맥락에 따라 조금씩 이야기를 이끌어내는 자연스러움이다. 이는 얼굴이 덜 알려졌을 때 경험한 고생을 배움의 과정으로 받아들이며 좀 더 겸손하게, 그러나 치밀하게 대화하는 법을 스스로 체득했기 때문으로 보인다.

## 직업의 구체적인 특징을 집어내는 도사

그러므로 다양한 영역의 게스트들을 불러내 그들의 인생과 직업 특성을 들어주는 형식의 <무릎팍 도사>는 '강호동의 것'이라고 해도 과하지 않다. 강호동의 나이는 마흔이다. 마흔이라는 나이는 나라의 어려운 경제 사정을 감안할 때, 보통 회사원에게는 하산길의 시작이라고 한다. 그러나 그에게 마흔이라는 나이는 국민들에게 긍정의 힘을 주는 에너지를 발휘할 수 있는 최적의 연령대이다. 그의 상 앞에는 스포츠계의 선후배, 연예계의 선후배, 타 영역의 유명인사들이 비교적 균등한 비율로 찾아와 앉는다. 운동선수와 이야기할 때는 운동선수들의 미세한 근육 움직임을 감지해내서 이야기를 풀어가는 등 웬만한 연예인 출신 MC는 할 수 없는, 실감나는 진행 솜씨를 보여주었다. 작가나 원로 배우 앞에서는 머리를 조아리며 존경을 표했다. 그런 강호동이 굴욕적으로 보이지 않았던 이유는 그가 이미 한 영역에서 성공한 사람이었기 때문일 것이다. 자칫 성공한 사람들끼리의 대화로 보여 위화감을 조성할 수도 있는 상황을 불식시킬 만큼, 강호동의 겸손은 빛이

났다.

이 프로그램의 절묘함은 유세윤과 올밴 우승민의 존재에서도 찾아볼 수 있다. 유세윤은 <개그콘서트>(KBS2)에서 거의 무명 시절도 없이 최고 인기 개그맨으로 성장을 했고, 뻔뻔함과 건방짐을 오히려 일관되고 과장되게 캐릭터화한 경우다. 그랬기 때문에 그의 "뜨면 뻔뻔해도 된다"는 도식은 거부감을 주지 않았고, 사람들은 오히려 그를 귀여운 악동 이미지로 사랑해 주고 있다. 유세윤은 가끔 출연자들에게 너무 짓궂게 굴다가 무릎팍 도사에게 혼이 나기도 하는데, 이러한 균형 감각이 너무 교훈적으로 엇나갈 수 있는 분위기를 지루하지 않게 이끌어왔다. 올밴 우승민 역시 '나는 본업이 가수이므로 말을 많이 할 필요가 없다'는 식인데, 이는 서로 경쟁하는 MC 체제도, 말을 많이 하고 싶은데 보조 MC라서 답답해하는 상하 구도도 아닌, 새로운 모습을 제시한 것이다.

결국 <무릎팍 도사>는 각자의 위치에서 최선을 다하는 것이 어떤 것인지를 이야기한다. 무조건 땀을 많이 흘리는 것도, 실패했다고 이를 가는 것도, 즉흥적으로 일을 벌이는 것도 권장하지 않는다. 오히려 노력했는데도 잘 안 될 때가 있고, 가족의 소중함을 몰라 행복해지지 않았을 때는 직업적인 성공도 의미가 없을 수 있음을 출연자들이 스스로 토로하도록 유도한다. 그런가 하면 우연히 시작한 일, 때를 기다리며 조용히 지내던 시기에 대해서도 깎아내리려 하지 않는다. 그렇기 때문에 무릎팍 도사 앞에 앉은 모든 출연자는 인간 그 자체로 다가온다. 외부 환경에 대해 두려움과 기대감을 모두 가지고 서 있는 개인, 어른이기 이전에 어릴 때의 경험과 추억을 먹고 사는 사람으로 말이다.

그래서 출연자들은 "그 학과를 나와서 그 일을 하고 있다"는 말만 하지 않는다. "오히려 다른 쪽에 관심이 생겼다"라든지, "두 가지를 접목시켰다"

는 말도 한다. "너무나 긴, 외로운 싸움이었다"라며 눈물도 흘린다. 그 대표적인 인물이 '피겨 여왕' 김연아다. 우리는 많은 경기와 특집 방송을 통해 김연아를 접해왔지만, 그녀가 작정하고 자신을 둘러싼 소문에 대해 말하는 것을 들은 적은 없었다. 밴쿠버 올림픽이 끝나고 난 뒤 거취문제에 대해서도 말을 아껴온 김연아가 <무릎팍 도사>에 나와 적절한 수준으로 그 문제에 대해 이야기를 꺼낸 것은 그만큼 <무릎팍 도사>가 출연자의 직업적 고충을 잘 이해해주고 국민들에게 대표성 있게 전달해준다는 것을 방증한다.

## 못 만날 사람이 없다?

김홍신, 한비야, 박경철과 같이 대외 활동을 많이 하는 작가나 <아마존의 눈물> 팀과 김영희 PD 등 사회에 어떤 메시지를 주는 지식인층을 섭외한 것은 우선 교육적으로도 좋아 보였다. 한가위 특집으로 여성시대를 한 것이나 장한나, 김중만과 같은 예술가를 만날 수 있었던 것도 신선했다. 그러나 최근 1년간 출연한 48명의 게스트 중 18명이 연기자, 9명이 가수, 선수나 감독이 7명인 것은 그들이 각자 다른 개성과 교훈을 주고 있음에도, 다소 게스트의 직업군이 편중되어 있다는 느낌이 든다.

누구나 어릴 때 한 번쯤은 "가서 위인전 좀 읽어라" 하는 소리를 들어봤을 것이다. 그런데 그들은 대부분 나라를 지켜낸 장군들이거나 학자들이었다. 이는 '지배자가 되어야 훌륭한 사람'이라는 무언의 압력처럼 느껴지기도 했다.

<무릎팍 도사>를 보면서 이 프로가 마치 현대 미디어판 위인전 같다는 느낌이 들었다. 다행히 출연자가 동시대 사람들이기 때문에 접목할 수

있는 것도 많은 것 같고, 안철수 교수나 김영희 PD처럼 사회에 공헌하면서도 하이브리드(hybrid)적인 직업의식을 가진 분들로부터 성공과 인간성, 인문과학과 자연과학이 함께 갈 수 있음을 배운다. 그러나 더 많은 직업군의 사람들을 만나고 싶다. 그렇다고 갑자기 알지도 못하는 일반인이 섭외되어야 한다는 것은 아니고, 국제기구에서 일하는 외교관, 디자이너 등 우리가 만날 수 있는 직업군은 더 많을 수 있다고 본다. 그래서 <무릎팍 도사>가 미국의 <오프라 윈프리 쇼>처럼 못 만날 사람이 없는 토크쇼로 진화해주기를 조심스럽게 바란다.

그동안 <무릎팍 도사>를 보며 출연자들에 대한 고정관념이 없어지는 나 자신을 발견했는데, 모든 직업에는 그만한 가치가 있다는 것을 느꼈다. 앞으로 내 진로를 결정하는 데 많은 자료가 영향을 미치겠지만 <무릎팍 도사>에 출연한 이들의 다양한 경험담을 보면서 많은 생각을 할 수 있다는 것이 신기하다. 매주 수요일 밤, 도사님을 만나는 시간이 기다려진다.

# 스튜디오가 너무 뜨거우면 시청자는 차가워진다
### SBS <강심장> 비평

황인찬

"어제 OOO 봤어? 진짜 웃기지?"

오늘도 친구들은 전날 연예오락 프로그램을 이야기하며 아침 인사를 나눈다. 나는 원래 TV를 잘 보지 않고 연예인들의 일상에도 별로 관심이 없다. 그런데 점점 친구들의 대화에서 연예인들의 이야기가 많은 비중을 차지하게 되었다. 그 이야기는 스포츠 신문에서 읽은 것도 아니고 <연예가 중계>에서 본 것도 아니었다. 바로 SBS의 <강심장>이라는 '동시다발적 토크쇼'를 보고 쏟아낸 것들이었다. 이 프로그램은 정통 토크쇼를 표방한 SBS의 <박중훈쇼>가 처참하게 막을 내린 후 시작된 것이어서 더 주목을 받았다. 연예오락 프로그램의 시청자 중에서 10대와 20대의 비중이 점점 커지고 있다. 연예오락 프로그램 내용을 모르면 친구들과의 대화에 낄 수 없을 정도로 학생들과 연예오락 프로그램은 떼려야 뗄 수 없는 관계가 되어버렸다. 그 중에서 <강심장>은 시작부터 시청자들을 설레게 만들었다. <강심장>의 MC는 한국 최고의 MC라고 할 수 있는 강호동과 이미 가수와 연기자로서 큰 성공을 거두고 온 국민의 사랑을 받고 있는 이승기 콤비로, 가히 환상적인 조합이라고 할 수 있다. <1박 2일>(KBS2)에서 호흡을 맞춘 두 사람에게 해당 프로그램 멤버들도 부러움을 감추지 못할 만큼 <강심장>에 대한 기대는 컸다.

## 진화를 거듭한 토크쇼의 종착역?

그것은 강호동이 강한 이미지라면 이승기는 부드러운 이미지이기 때문에 상호 보완이 가능하다는 데에 있다. 또 매주 바뀌는 새롭고 다양한 출연자들은 시청자들에게 볼거리를 제공했으며 다른 프로그램에서는 볼 수 없었던 게스트들이 출연해 시청자들에게 신선함을 주었다. <강심장>이라는 프로그램은 어디서 본 듯한 느낌이 있다. 그것도 한두 개가 아니다. 먼저 <강심장>의 토크 형식은 2008년에 종영한 토크쇼 <야심만만>(SBS)과 매우 흡사하다. 스타들이 출연해서 자신의 경험담과 이야기를 하는 것이 공통점이고 늦은 밤에 한다는 것도 공통점이다. 다른 점으로는 <야심만만>에서는 메신저를 이용해 대규모 설문 조사를 하고 스타들이 그것을 알아맞히는 퀴즈 코너로부터 이야기를 풀어냈다면, <강심장>은 큰 주제 안에서 각자 자유로운 에피소드를 통해 가장 재미있는 이야기를 한 사람이 우승자가 된다는 것이다. 그리고 <강심장>의 특징 중 하나라고 말할 수 있는 다수의 게스트 출연 방식은 2005년에 막을 내린 <브레인 서바이버>(MBC)에서 처음 도입되었고 그 후에는 학생 프로그램인 <도전 골든벨>(KBS2)을 연예 프로그램 영역으로 바꾼 <스타 골든벨>(KBS2)과 <스타킹>(SBS) 등에서 드물게 등장했다. 이렇게 친근하고도 새로운 토크쇼인

<강심장>은 시작부터 두각을 드러냈다. 열흘 만에 시청률이 20%에 근접하면서 예능계의 새로운 강자로 도약하게 된 것이다. 그러나 회를 거듭할수록 <강심장>의 시청률은 점점 하락하고 있는 실정이다. <강심장>을 사랑하고 첫회부터 지켜봐온 애청자로서 정말 안타까운 마음이 들 뿐이다. 도대체 어떠한 요인들이 <강심장>을 쇠퇴의 길로 이끄는 것일까?

## 경쟁 사회와 닮은 스튜디오

먼저 <강심장>의 특징 중 하나인 20여 명 정도 되는 다수의 게스트 출연 방식을 꼽을 수 있다. 매주 바뀌는 다수의 게스트들은 새로움도 주었지만 정신없고 산만한 느낌도 주었다. 많은 게스트가 출연하지만 주어진 시간은 다른 토크쇼와 비슷하기 때문에 게스트들이 골고루 이야기할 수 없는 때가 많고 인기가 좋고 잘나가는 스타가 출연하면 그 스타를 중심으로 이야기가 뻗어 나가기 때문에 다른 게스트들은 자연스럽게 소외되고 만다. 심한 경우를 들면 가수 '비'가 출연한 27회와 28회에서는 비가 중심이 되어 많은 게스트들이 이른바 '병풍 게스트'로 전락하는 사태가 발생했다. 물론 인기 스타를 중심으로 방송을 진행하는 것이 시청률을 올리는 데에는 더 적합할지 모른다. 그러나 다른 게스트에게 눌려서 자기가 하고 싶은 이야기 한 번 제대로 못해보고 앉아 있는, 때로는 졸기도 하는 병풍 게스트들의 모습을 보면 사회의 냉혹함이 묻어 나오는 것 같아서 왠지 씁쓸한 느낌이 들었다. 또한 제한된 방송 시간 내에 한 번이라도 더 카메라에 나오고 싶어서 경쟁하는 게스트들의 모습은, 지금까지 경쟁 사회 속에서 살아왔고 대학이라는 이름하에 서로 성적 경쟁 중인 학생들의 입장에서 상당히 비참한 기분을 불러일으켰다. 소외된 병풍 게스트들은 반에서 소외된 아이들을 연상시켰다. 10대와 20대를 주 대상으로 하는 프로그램이 학생들에게 사회의 냉정한 모습이나 학교에서 지겹도록 보아온 경쟁의식을 보여줄 필요는 없을 것이다.

## 함께 어우러진 모습을 보고 싶다

이러한 문제점을 해결하기 위한 방법으로는 두 가지가 있다. 게스트들의 수를 과감히 줄여서 이왕 나온 김에 급하게 홍보만 할 것이 아니라 다양한 모습을 보여줄 수 있도록 하는 방법을 생각해볼 수 있겠고, 고정 게스트들의 비율을 늘려서 새로운 게스트들이 와도 어수선하지 않은 분위기에서 진행하는 방법이 있다.

특히 후자의 좋은 예로는 <세상을 바꾸는 퀴즈, 세바퀴>(MBC)를 들 수 있다. <세상을 바꾸는 퀴즈, 세바퀴>는 게스트들 중에서 고정 게스트들의 비율이 많은 프로그램이다. 고정 게스트들이 새로 출연한 게스트가 프로그램에 적응할 수 있도록 도와줌으로써 게스트가 많아서 생기는 산만한 분위기를 없앨 수 있다. 다수의 게스트가 출현함으로써 생기는 문제점을 보완하고 그것을 장점으로 승화시킨 좋은 예이다. 게다가 <세상을 바꾸는 퀴즈, 세바퀴>는 연예계 아줌마들의 숨겨진 모습들을 재발견하고 최근의 예능 트렌드와도 접목시켜서 시대를 초월한 예능이라는 평판을 얻었다. 무작위로 두 명씩 짝을 지어 상황극을 연출하는 모습은 왠지 모를 어설픔 때문에 오히려 더 편안하고 신선한 웃음을 주었다. 한때 욕을 일삼고 어싱 연예인들을 비하하는 발언으로 악명이 높았던 김구라가 이경실, 박미선 같은 누나들 사이에서 착한 MC로 거듭난 것도 큰 소득이다. 그야말로 '세상을 바꾼 퀴즈 프로그램'이 된 것이다. 여기서 중요한 것은 그들이

'왕년의 스타'로서 오히려 초라해 보일 수 있다는 우려를 불식시켰다는 것이다. MC들이 임예진을 공격하는 것을 보면 다소 기분이 나쁠 수도 있지만, 그들이 기본적인 예의와 사적인 친밀감을 적절하게 드러내고 있어 오히려 '친목회' 같은 분위기도 내고 있다. 그러다 보니 '깨방정'으로 유명해진 조권처럼 젊은 연예인도 오히려 자신의 캐릭터를 잘 살리며 어른들의 사랑을 받는 일석이조 효과를 누리게 되었다. <강심장>도 게스트들끼리 너무 경쟁하듯이 난립하는 것보다는 서로가 서로를 더 빛나게 해주는 분위기로 갈 때 지금보다 더 좋은 방송으로 도약할 수 있을 것이다.

그런 의미에서 <강심장>이 점점 이야기보다는 춤과 퍼포먼스 위주의 방송으로 가고 있는 것은 지속성 측면에서도 독이 될 수 있다. 회가 거듭할수록 게스트들의 춤이나 퍼포먼스가 증가하고 있다. 이것은 다시 말해서 게스트들이 이야기할 기회가 점점 줄고 있다는 것이다. 그러나 <강심장>이 좋은 평가를 받을 수 있었던 이유는 게스트들의 솔직하고도 담백한 이야기가 시청자들에게 공감대를 얻었고 그들의 이야기 속에서 스타들의 인간적인 모습이 드러나 편안한 시청 분위기를 유도했던 데에 있다. 하나의 예로 커밍아웃을 선언해서 사회적으로 눈총을 받아온 홍석천은 <강심장>에 출연해 자신이 2002년 한일월드컵 때 분투했던 일을 이야기했다. 동성애자로 따가운 시선을 받아왔던 홍석천이 아니라 인간 홍석천이 느껴진 순간이었고 그의 새로운 모습이 내 마음속에 자리 잡은 순간이었다. <강심장> 26회에 출연했던 하춘화 역시 그렇다. 사실 <강심장>에 나오기 전까지 나는 하춘화를 잘 알지 못했다. 그러나 그녀가 다른 게스트들과 대화하는 것과 그녀의 진솔한 이야기를 들으며 하춘화를 다시 아는 계기가 되었다. 이는 나뿐만 아니라 모든 학생들이 그렇게 느꼈을 것이다. 시대의 차이를 넘어서 학생들과 원로 가수를 연결시켜 준 것은 춤도 아니고 퍼포먼스도 아니었다. 얼마 전 인기 댄스그룹 슈퍼주니어의 일부 멤버들도 춤이 아닌 진솔한 이야기로 호평을 받았다. 그 중 하나가 다름 아닌 신동의 결혼 발표이다. 신동은 알려질 만큼 알려진 자신의 열애 이야기와 일부 오해에 대해 "이곳에서 발표하기 위해 침묵했다"라며 말을 이었다. 어린 나이에 아이돌 스타로서 부모님의 반대와 예비 신부의 거절에 힘들어했던 사연을 스포츠 신문의 '취중 토크'나 자신의 홈페이지가 아닌, 동료 연예인들이 편하게 모여 이야기를 쏟아내는 자리에서 허심탄회하게 털어놓은 것이다. "아직 어설프지만 지켜봐 달라"며 프러포즈하는 모습은 이 가수를 싫어하거나 그에게 관심이 없던 사람에게도, 혹은 나처럼 결혼 이야기는 잘 와닿지 않는 연령대의 시청자에게도 코끝이 찡할 만큼의 감동을 주었다.

물론 춤이나 퍼포먼스가 중요하지 않은 것은 아니다. 춤과 퍼포먼스 또한 <강심장>의 매력인 것은 틀림없는 사실이다. 그러나 아무리 우리나라 방송에서 토크쇼가 자리 잡기 어려워 보인다 해도 기본적으로 토크쇼를 표방하는 방송에서 가장 중요한 것은 결국 스토리텔링이고 시청자들은 출연자들의 이야기를 듣고 싶어 한다는 것을 다시 한 번 알아주었으면 좋겠다.

## 프로그램이 선정적인 광고판이 되어서는 안 된다

마지막으로 게스트들의 문구가 점점 선정적이고 상업성을 띠게 된다는 문제점이 있다. <강심장>은 밤 11시경에 하는 프로그램으로 시청사들은 <강심장>을 보면서 하루를 마무리하고는 한다. 10대, 20대 자녀들과 함께 부모님들이 <강심장>을 시청하는 경우도 상당히 많다. 우리 가족도 자주는 아니지만 나와 동생이 <강심장>을 보고 있으면 부모님도 어느새 같이 시청하신다. 게스트 앞에 놓인 보드에는 게스트가 할 이야기의 제목이 간단하게 써 있는데 그것을 통해 게스트가 하려는 이야기를 짐작할 수 있다. 그런데 이런 제목들이 점점 자극적이고 선정적으로 변해감에 따라 나를 비롯한 학생들의 눈살을 찌푸리게 만들었다. 일단 프로그램 자체가 '강심장'이라는 타이틀을 얻기 위해 이야기를 하기 때문에 출연자들은 경쟁을 하게 된다. 이런 경쟁 속에서 이야기의 내용과 문구가 시청자의 궁금증을 일으켜야 하는 것은 당연한 일이다. 그러나 <강심장>의 주 시청자는 10대, 20대로 학생이 대부분이다. 게다가 앞서 말했듯이 가족과 함께 보는 경우도 상당히 많다. 부모님과 함께 보다가 야하거나 자극적인 제목이 나오면 정말 민망하다. '바람난 여자', 'OO의 동거녀' 등과 같이 자극적인 제목이 넘쳐난다. 다행스럽게도 일단 이야기를 듣고 보면 비유적인 표현이었거나 심의 규정에 어긋나지 않는 범위 내에서 풀어나가는 것들이지만 시청자들까지 강(한)심장을 가지고 놀란 가슴을 쓰다듬어야 되겠는가.

선정성 못지않게 심각한 문제는 바로 상업성이다. <강심장>에 출연하는 게스트들의 목적이 금전적인 데에 있다는 것이다. 예를 들면 작년에 <강심장>에 얼굴을 비친 황혜영이 있다. 황혜영은 1990년대를 주름잡았던 혼성 그룹 '투투'의 여성 멤버로 오랜만에 방송에 출연했다. 이 날 황혜영은 과거에 자신이 당시 최고의 스타와 연인이었음을 밝혔다. 그러나 속 시원히 알려준 것도 아니고 알쏭달쏭한 궁금증을 자아내면서 단박에 주요 포털 사이트에서 이슈가 되었고, "그 사람은 아니고, 그 사람도 아니고" 식으로 며칠간 검색어를 '사유화'하기까지 했다. 그러면서 자연스럽게 사람들은 그녀가 수영복을 입은 사진이 실린 포털 사이트의 기사를 통해 그녀가 운영하는 쇼핑몰을 알게 되었다. 황혜영이 <강심장>을 다녀간 이유가 뭘까? 자신의 얼굴을 알려서 쇼핑몰을 활성화시키려는 게 목적은 아니었을까? 기본적으로 연예인들의 방송 출연이 자신의 작품을 홍보하는 시기에 이뤄지는 것은 정서적으로 허용될 수 있는 상업성이라고 본다. 그러나 학생의 입장에서도 시간 낭비라고 느껴지는 상업성을 띤 게스트들의 출연은 반갑지 않다. <강심장>의 이미지를 위해서라도 프로그램이 광고의 수단으로 활용되는 것은 지양해야 한다고 본다.

## 다시, 기대해본다

예능 프로그램이 점점 증가하고 서로 경쟁하는 양상을 띠고 있다. 물론 다양한 형태의 프로그램이 필요하다는 생각에는 기본적으로 동의한다. 그러나 경쟁의 속성이 공동의 목표 추구라는 데에서 드는 아쉬움은 어쩔 수가 없다. 연예인들이 파편화된 자기 이야기에 급급하지 말고 더 좋은 분위기와 멋진 메시지를 만들어낼 수는 없을까.

소외당하는 병풍 게스트들을 보면서 그들이 수업 시간에 흥미를 못 느끼고 자거나 다른 것을 하는 친구들과 비슷하다고 생각했다. 그들도 내 친구들처럼 하고 싶은 게 있을 것이다. 프로그램 이름부터 너무 강호동에게 기댄 듯한 <강심장>에서, <스타킹>에서와 똑같이 "큰 박수가 필요합니다!"라고 외치는 것보다는 보조 MC 이승기의 부드러움이 필요한 시점이기도 하다. 젊은 연예인들이 작가들이 써준 대본을 그대로 읽으면서 진짜 자신의 이야기를 하는 것처럼 '연기'하기보다는 마음속 깊은 곳에 있는 진솔함을 보여줄 때 <강심장>이 발전할 수 있을 거라고 생각한다. 지금은 하락세를 보이고 있지만, 애청자로서 <강심장>이 대한민국 토크쇼 역사에 큰 바람을 일으키기를 기대해본다.

# 가족 시트콤의 정치적 보수주의: 내밀한 작용, 모멸적 시선, 질식된 전망

MBC 일일 시트콤 <지붕 뚫고 하이킥> 비평

엄관식

## 1. 포용과 배제, 억압된 것과 억압되지 않은 것

사정이 뭐 워낙 딱하고, 도둑까지 잡아주었는데 모른 척할 수가 없어서 쓰는 거예요(<지붕 뚫고 하이킥> 10회, 극 중 현경의 대사).

월급? 뭘 한 게 있다고 월급을 타? 맨날 빈둥빈둥 놀면서 내 우유나 훔쳐 먹는 주제에(<지붕 뚫고 하이킥> 20회, 극 중 해리의 대사).

MBC 일일 시트콤 <지붕 뚫고 하이킥>에서, 식품회사 사장 순재(이순재)와 그 가족들은 매우 점잖은 이들로 비춰진다. 아버지의 빚 때문에 근거를 잃고 상경했다는 세경(신세경)과 신애(서신애)가 충분히 꺼려질 만함에도 그들을 모욕하거나 소외시키는 가족 구성원은 거의 없다. 가족들은 세경의 처지에 불편한 관심을 드러내지 않으며, 세경에게 딸린 동생 신애를 구박하지도 않는다.

그것은 가족들이 세경 자매와의 동거를, 가사 노동의 대가로 숙식과 약간의 급료를 제공하는 고용 계약의 결과로만 받아들임으로써 빚어진 타산이나 무신경함 때문만은 아니다. 실상 가정부로서의 세경을 탐탁찮게 여기던 순재의 딸 현경(오현경)이 마음을 바꾼 것은, 세경이 도둑을 잡은 공로에 대한 보답이라기보다는 그 일로 이들을 내보내기가 더욱 미안해졌기 때문이다. 생계와 주거의 대책이 절실한 소녀와 그가 부양해야 할 어린 동생에 대한, 상류층의 생활을 누리는 것으로 보이는 한 가족의 동정심이 이 시트콤의 극적 설정을 합리화한다.

그럼에도 이 가족들 가운데 세경 자매에 적대적이었던 순재의 외손녀 해리(진지희)의 존재는 눈에 띤다. 해리는 부모도 다루기 힘든 버릇없고 고집 센 악동으로 묘사되지만 신애와 세경을 향한 조롱과 위협, 무례하고 불손한 언행 밑에는 철없는 아이가 부리는 심술 이상의 정치적인 견해가 깔려 있는 것이다. 세경이 받은 첫 월급의 가치를 부정하고 몰래 자신의 우유를 마신 신애를 힐난할 때, 해리는 실질적인 노동의 수요가 아닌 시혜의 차원에서 이 가정에 편입된 자매의 열악한 지위를 노골적으로 지적하는 셈이다. 그리하여 해리는 외부인에 대한 가족 전반의 동정적이고 온정적인 윤리에 맞서는, 이기적이고 배타적인 독점 의지를 상징한다.

물론 이러한 해리의 태도가 다른 가족들 틈에서 표출될 경우 해리는 제지당한다. 해리의 언행은 도덕적인 차원에서 뿐만 아니라 시식과 교양, 재산을 갖춘 상류층이 그렇지 못한 계층을 대할 때 발휘해야 할 품위 — 너그러운 보살핌과 베풂의 자세 — 에서 벗어나 있기 때문이다. 하지만 가족들의 훈육은 어디까지나 해리의 과격성을 통제하는 데 목적이 있으며 해리가 가지고 있는, 또는 대변하는 사회적 관념에 대한 문제 제기와는 무관하다. 해리가 억압받는 부분은 그의 기질이지, 그의 사고는 아닌 것이다.

그리하여 온건한 시각과 강경한 시각, 포용과 배제라는 대립적인 논리는 어떠한 합의나 절충의 과정 없이 이 가족 안에 병존하고 있다. 감싸 안을 것인가, 몰아낼 것인가. 무엇이 사람들의 진심이며, 이 시트콤의 진심인가.

## 2. 통치의 기술: 계도하라, 그리고 보호하라

아저씨가 말한, 해리가 가지지 못하고 내가 가진 건 뭘까요? 아직은 잘 모르지만, 어쩐지 기분이 좋아집니다(<지붕 뚫고 하이킥> 22회, 극 중 신애의 내레이션).

아버지 엄마도 없이, 중학교 졸업하고 동생이랑 서울 와서 우리 집에서 가정부 하는 불쌍한 애야. 그러니까 가만 놔둬라(<지붕 뚫고 하이킥> 87회, 극 중 지훈의 대사).

앞서 보았듯 세경 자매는 동정적 맥락에서 상류층 가정에 포용되어 있다. 따라서 자립의 기반이 없는 자매의 의존적인 삶은 그 가족, 나아가 사회의 지배적 규범을 바탕으로 구획된다. 이 부분에서 순재의 아들인 외과 의사 지훈(최다니엘)은 중요한 기능을 담당한다.

해리가 아끼는 로이드 인형이 사라졌을 때, 지훈은 자신의 추리 과정과 증거를 제시하여 신애가 인형을 감추어두었다가 몰래 돌려놓았음을 자백받는다. "이 집에 있는 건 전부 해리 꺼고" 자신이 "가진 건 아무것도 없"다는 신애의 말은 물질적 소유에 대한 뚜렷한 욕망을 드러내는 것이다.

이에 대한 지훈의 대처는 두 갈래인데, 하나는 신애에게 다른 인형을 사주면서 "둘만의 비밀"이라는 형식으로 일을 불문에 부치는 것이며, 다른 하나는 "넌 해리가 안 가진 걸 더 많이 가지고 있다"며 신애를 위로하는 것이다. 앞서의 것이 신애의 감정적 반발을 누그러뜨리고 가족들로부터 이 자매가 용납받지 못하는 상황을 무마하려는 동정적 조치라면, 그 뒤의 것은 좀 더 이념적인 진술이다.

실제로 해리는 온전한 가족 구성과 그들의 경제적 지위를 바탕으로 물질적 풍요를 누리지만, 신애는 해체된 가족과 불안한 입지 탓에 그런 혜택을 바랄 수 없는 처지이다. 이것은 예컨대 정신적 가치 ─ 자매의 우애나 풍부한 인성 등 ─ 의 담지만으로는 보상받기 어려운 명백한 결여이다. 그럼에도 지훈은 그 시점에서 실현 불가능한 물질적 평등의 요구를 차단하고, 그 불평등이 잠재적이며 미래적인 가치의 우위로 상쇄될 수 있다고 암시하여 신애의 박탈감을 완화하는 데 성공한다. 말하자면 지훈은 이 여자아이가 직면한 현실의 경제적 대립을 이념적으로 교화 내지 계도하는 교사의 역할을 수행하는 셈이다.

신애의 문제에 대한 지훈의 대처가 예방적이고 교육적인 것이었다면, 세경에 대한 지훈의 태도에는 좀 더 적극적인 도덕률로서의 성격이 나타난다. 지훈이 병원에 심부름 오는 세경과의 교제를 주선해 달라는 동료 의사의 요청을 완강히 거절한 것은, 그가 세경을 "책임질" 뜻이 있지 않고 가벼운 연애나 유희의 감정으로 대해서는 안 될 "불쌍한" 소녀로 여기기에 가능하다.

이 대목에서 지훈은 자신과 같은 의사들, 곧 상대석으로 높은 사회적 지위를 인정받는 이들이 그렇지 못한 이들을 보호해야 한다는 하나의 도덕적 사명을 표출한다. "일단 소개시켜 주면 둘이 알아서" 할 일이라는 동료 의사의 말처럼 남녀의 교제는 남이 개입할 사안이 아니지만, 지훈은 그 과정에서 지위의 평등 여부를 문제시한다. 지훈의 판단에 따르면 세경은 상류층의 교제 대상으로 고려조차 불가능한 존재이다. 왜냐하면 지훈은 "(우리 집) 가정부"와 그의 동류(同類)들이 경제적으로나 사회적으로 평등하지 않으며, 동정의 대상인 세경이 그 불평등한 지위로 인해 피해받을 것을 우려하기 때문이다.

이처럼 사회적 약자인 세경 자매에 대한 지훈의 시각은 가능한 이들을 (보수주의적으로) 바르게 인도하고 보호하는 데 초점을 맞춘다. 여기에서 지훈의 입장은 어려운 사람을 구제하고 그들을 배려해야 한다는 동정적인 개입 내지는 간섭 의지이다. 세경 자매에 대한 지훈의 태도는 곧 그들의 삶에 대한 (선의의) 통제이자, 개인의 개인에 대한 통치인 것이다.

이념은 그 자체로 긍정적인 것도, 부정적인 것도 아니다. 그러나 이념이 인간의 삶의 조건을 규정하는 것은 사실이다. 중요한 것은 관점이다. 즉, <지붕 뚫고 하이킥>이 그 보수주의적 세계에 대해 어떤 견해를 가지며, 그것이 진지하고 창의적인 전망인지에 대한 확인이다.

## 3. 보수주의적인 세계, 혹은 보수주의적인 세계관

우리는 누군가를 조건 없이 사랑할 수도, 근거 없이 미워할 수도 있게 된다. 그것이 설령 잘못된 판단일지라도(<지붕 뚫고 하이킥> 24회, 극 중 인나의 내레이션).

자기가 뭘 알아서 해? 자기도 기간제 교사면서(<지붕 뚫고 하이킥> 54회, 극 중 현경의 대사).

세경 자매에 대한 순재 가족의 태도를, 낮은 지위의 인간에 대한 동정심과 그에 내재된 시혜적이며 차별적인 사고라고 요약할 수 있다면, 그것은 일종의 온정적 보수주의로 정의될 수 있다. 그렇다면 이 보수주의는 가족 단위 밖에서 어떻게 기능하는가. 또 그것은 세계의 본질인가, 하나의 관념인가.

한옥집 주인 자옥(김자옥)이, 그의 세입자인 광수(이광수)에게 갖는 편견을 그린 에피소드는 외견상 하나의 풍자로 읽힌다. 이때, 편견이 기존의 제도나 관습과 마찬가지로 보수주의가 존중하는 가치판단의 기준이라는 사실은 간과할 수 없다. 다시 말해 편견은 사물과 사상, 인간을 판별하는 보수주의적인 감각의 다른 이름인 것이다. 일단 불신과 혐오 때문에 광수를 몰아세우고 심지어 구타하기까지 하는 자옥의 행태는, 비합리적인 편견에 휘둘리는 인간의 어리석음을 상징하는 듯하다. 이 지점까지 시트콤은 잘못된 관행과 선입견, 그리고 그 토대가 되는 보수주의에 대해 저항하거나, 적어도 객관적인 시각에서 보수주의를 분석하는 것 같은 자세를 취한다. 광수에 대한 자옥의 편견이 비합리적임을 인정한다는 뜻이다.

20년 후, 요양 중인 자옥이 안부 차 다녀간 광수를 자신의 보석 머리핀을 훔친 절도범으로 신고한다는 구성에 이르러서야 보수주의에 대한 이 시트콤의 진심은 확인된다. 자옥이 잃어버렸다는 머리핀은 자신의 머리에 꽂혀 있지만 그의 섣부른 판단보다 두드러지는 것은 자옥이 지닌 편견에 대한 은밀한 승인, 즉 차별적이고 폭력적인 관행은 유지될 것이므로 그것의 옳고 그름에 대한 판단은 무의미하지 않느냐는 견해이다.

결국 이 에피소드의 함의는 개별적인 인간의 진실과 사회적 정의를 강고한 현실 논리로부터 사상(捨象)시킬 수 있으며, 사상된 가치는 다시 통합될 수 없다는 데 있다. 따라서 <지붕 뚫고 하이킥>이 제시하는 서사의 목적은 부조리한 현실에 대한 풍자가 아니라, 이처럼 보수주의적으로 작동하는 사회적 기제(機制)들이 움직일 수 없는 현실임을 강조하는 데 있다. 그렇다 해도, <지붕 뚫고 하이킥>이 단지 (보수주의적인) 세계를 충실히 반영하는 중립적 위치에 있다고 단언하기는 아직 이르다.

보수주의는 이상적인 목표를 향한 변화를 신뢰하지 않는다. 그러한 시도와 지향이란 대개 혼란—분열과 무질서—을 야기할 것이라 보기 때문이다. 중졸 학력의 세경이 한 고등학교 체육 교사(윤서현)로부터, 특기생 입학을 조건으로 새로 창단될 학교 소프트볼 팀 합류를 권유받는 에피소드에는 그러한 견해가 잘 나타난다.

세경은 체육 교사의 말에 따라 무작정 훈련부터 받다가 입학이 무산되는 데, 그 이유는 운동부 창단과 특기생 모집이라는 체육 교사의 계획이 학교 측의 일정과 예산 배정을 고려하지 않은 독단적인 구상이었기 때문이다. 이 회차의 서사에서 추출 가능한 현실적 요소, 다시 말해 학업을 이어가려는 세경의 꿈이 좌절된 까닭은 이것이 유일하다.

진학문제를 상담하는 세경에게 그 학교 교사인 현경이 특기생 입학의 절차를 의문시하는 것은 당연해 보인다. 그런데 입학을 제안한 교사를 신뢰할 뿐 그 내용은 잘 모른다는 세경의 답변에, 현경이 "기간제"라는 그 체육 교사의 지위를 거론하며 실현 가능성을 회의하는 부분은 극적 개연성 확보나 세태 반영을 위한 불가피한 설정—이 에피소드를 비롯한 극 중에서 기간제 교사 문제에 대한 재현이나 해석은 시도된 바 없다—으로는 보이지 않는다. 애당초 특기생 충원 수단으로서의 소프트볼 팀 창단을 학교 측이 검토한 바 없기에, 해당 교사의 지위—그가 설령 정식 교원이라도 —는 세경의 진학 실현 여부와 관련짓기 어렵다.

고로 이것은 분명한 편견이다. "기간제 교사"라는 표현은, "평생(의) 꿈" 에 부푼 나머지 학생들에게 불확실한 정보를 제공한 그 체육 교사가 자신의 고용조차 보장할 수 없는 임시직 근로자라는 약점을 지적하는 데 뜻이 있다. 이때 임시직 근로자는 주제를 모르고 허영에 들떠 있는 망상가로 자리매김된다. 보수주의적 관점에서, 그 체육 교사의 행동은 현실을 망각한 채 불필요한 혼란을 조성한 입학 소동의 진원으로 지목되는 것이다.

그에 따라 이 에피소드에는 가정부의 지위를 벗어날 수 없는 세경에게 헛된 꿈을 심은 기간제 교사에 대한 조소가 엿보인다. 더욱이 노동자의 지위에 대한 편견을 무기로, 새로운 것 ― 그것이 결코 정치적으로 위험한 일조차 아님에도 ― 을 시도하는 인물을 극히 저열(低劣)한 허풍쟁이로 희화화하는 이 시트콤은 스스로가 철저히 보수주의적인 관점 위에 서 있음을 시인하는 셈이다.

<지붕 뚫고 하이킥>의 세계는 냉엄한 현실로서의 보수주의적 세계인가. 물론 그렇지 않다. <지붕 뚫고 하이킥>의 세계는 오히려 그것이 가진 보수주의적인 세계관을 입증할 뿐이다. 여기서부터 인간관계의 양상과 사회질서에 대한 관점은 의미를 상실하거나, 적극적으로 포기된다. 관점은, 이미 무차별적으로 확산된 보수주의적 세계관, 바로 보수주의적 편견에 압도되어 버리기 때문이다.

결론적으로 이 시트콤은 보수주의적 세계관을 기반으로, 그것이 지닌 동정적인 맥락 속에서 사회적 약자 일부를 선택적으로 포용·통제하거나, 배제·축출하는 차별성을 내포하고 있다. 또한 그 보수주의적 세계관을 전복 불가능한 현실로 조작함으로써 이에 대한 순응을 유도하고 일체의 비판적 관점을 무의미한 시도로 치환한다. 이는 더 나아가 담론의 생산자로서의 방송이 스스로의 담론을 지배 이념화하려는 일방적이고 권위주의적인 성향을 보여주는 사례이기도 하다.

## 4. 오직, 이 행복한 세계 속에서

앞으로 어떤 시간들이 기다리고 있을지 모르지만 늘 지금 이 순간처럼 행복했으면 좋겠어요(<지붕 뚫고 하이킥> 126회, 극 중 세경의 대사).


세경의 이민 결정은, 자신이 연모한 지훈과의 이별이기 전에 타향에서 자신과 동생을 배려하고 인도해준, 세경의 일생에서 무엇보다 동정적이고 포용적이었던 보수주의적 가치와의 작별이다. 그러나 온정적인 (가족에 의한) 보수주의의 틀을 벗어나는 순간, 세경은 새로운 인생에 관한 전망보다 지훈의 존재로 대변되는 보살핌과 베풂의 추억에 더 기운다.

가정부와 주인의 아들이라는 계약적 관계가 끝났지만, 세경과 지훈은 동등하지 않다. "(신분의) 사다리를 죽기 살기로 올라"간다 해도 "또 다른 누군가 그 밑에 있"을 것과 같이 세경은 평등을 믿지 않으며, "(지위가 다른) 누군가를 좋아하는 일이 꼭 그 사람과 이뤄지지 않아도 좋"듯, 평등을 믿지 않음으로써 행복할 수 있다고 여기기 때문이다. 그러므로 세경이 사랑하는 것은 지훈이 아니라 그의 따뜻한 보호이며, 세경의 행복은 동등한 인간적 교류나 운명의 개척이 아니라 지훈이라는 보호자가 존재하는 시간―"지금 이 순간"―그 자체임을 <지붕 뚫고 하이킥>은 결코 숨기지 않는다.

어쩌면 세경은 그 온화한 보수주의의 세례인으로서, 이 세계의 보수주의자들로부터 사랑받을 것이다. 그리고 오직 방송이 채택하고 규정하는 현실 안에서 사랑할 것과 미워할 것을 분별하도록 요구받는 시청자 역시, 행복할 것이다.

# 어디에, 어떻게 '집중'할 것인가
KBS 제1라디오 <집중 인터뷰>를 위한 새로운 과제 설정

박석훈


## 잃어버린 '암묵지'를 찾아서: 한국에서 인터뷰 프로그램이 중요한 이유

암묵지(暗默知, tacit knowledge)란 것이 있다. 이것은 말이나 글로 설명하기 어려운 지식으로, '엄마의 손맛'이나 '장인의 솜씨' 등을 가리킨다. 반면, 우리가 일반적으로 지식이라 떠받들며 교과서 곳곳에 상술해둔 것은 명시지(明示知)가 되겠다. 당연히 두 가지 지식 모두 한 사회의 체계적 발전에 긴요한 역할을 맡는다. 그런데 언론학자 강준만은 명시지를 지나치게 우대하는 한국 문화를 꼬집으며 다음과 같이 말한다.

반면 암묵지는 어떤가? 암묵지의 중요성에도 불구하고, 암묵지에 대해 너무 무관심하다. 정부·공공기관 운영과 기업 경영의 방법은 명시지가 아니라 암묵지다. 그 방법을 다룬 책이 있을 리 없다. 그건 인터넷에도 없다.

그런 일을 담당했던 사람들로부터 직접 전수받아야 할 지식이다. 적어도 시행착오를 줄이기 위해서라도 그건 꼭 필요하다. 그러나 우리는 이런 일을 공식화하거나 체계화하지 않은 채 주먹구구식으로 해내고 있다. 업무 인수 인계를 하는 사람들끼리 배짱이 맞으면 많이 배우고, 배짱이 맞지 않으면 아무것도 배우지 않는 식으로 그때그때 따라 다르다.[1]

왜 그런가? 한국이 사적(私的) 사회인 까닭이다. 즉, "한국에선 공적인 건 의례성이 강하고 중요한 건 주로 사적 영역에서 이뤄진다. 공적(公的)인 것마저도 사적 용도로 전환되기 일쑤고 공사(公私) 구분 의식도 희박한 편이다."[2] 이런 사회에서는 암묵지란 공유해서는 안 될 배타적인 무기가 된다. 우리가 인맥에 '타는 목마름'을 느낄 수밖에 없는 이유다. 이래서는 곤란하다. '암묵지의 공유'를 유도해야 한다. 혈연·학연·지연으로 대표되는 사적 네트워크의 때 묻은 폐해를 청산하기 위해, 이 암묵지를 공적 무대로 옮겨 오는 일이 절실하다.

어떻게 할 것인가? 누가 '암묵지의 공유'라는 대의를 위해 솔선할 것인가? 우리는 '인터뷰 프로그램'에서 희망을 본다. 방송이란 공적인 매체다. 한편, 대화는 사적인 교류다. 그런 대화를 통해 사람들은 암묵지를 나눠왔다. 인터뷰가 대화의 한 형식인 이상, 인터뷰 프로그램은 (공적인 정보 전달에 주력하는 뉴스 프로그램과 구별되는) 공과 사를 아우르는 독특한 기능, 곧 명시지는 물론 암묵지를 대중에게 전파하는 역할을 해낼 수 있다. 이것이 KBS 제1라디오 <집중 인터뷰>를 비평하기 앞서 '공유'해야 할, 인터뷰 프로그램이 갖는 한국적 의미론이다.

---

1) 강준만, 『각개약진 공화국』(인물과사상사, 2008), 145쪽.
2) 같은 책, 146~147쪽.

## 참을 수 없는 "인물 속 뉴스"의 가벼움

필자가 <집중 인터뷰>를 비평하는 주된 관심은, 따라서 '본 방송이 암묵지의 공유에 얼마나 기여해왔는가, 또는 그러기 위해서는 어떠한 변화가 필요한가?'라는 질문으로 추려진다. 또 미리 언급할 것은, 이 프로그램의 전체 구성에 대한 비평은 무의미하다는 사실이다. '도입부(출연자에 관한 소개) - 본론(진행자의 질의와 출연자의 응답) - 마무리(이번 인터뷰의 의의)'로 이어지는 단순 명료한 얼개에 첨삭(添削)할 거리가 무엇이 있겠는가. 따라서 위 질문이 응접할 손님은, 프로그램의 구성 뒤에 놓인 제작진의 의도와 그 구성 자체가 가진 한계를 톺아보는 데 맞춰진다.

먼저 프로그램 이름에서 출발한다. <집중 인터뷰>에서 '집중'이란 30분가량의 짧은 방송 시간에 출연자를 둘러싼 다양한 정보를 집약적으로 제공하겠다는 의도를 나타낸다. 그렇다면 이는 뉴스 프로그램의 제작 의도와 별반 다를 바가 없다. <집중 인터뷰> 홈페이지 화면에 게재된 "뉴스 속의 인물을 만납니다. 인물 속의 뉴스를 읽습니다"라는 구호에서는 '명시지에의 의지'가 묻어난다. 뉴스 프로그램은 명시지를 대량 생산하는 공장으로 빗댈 수 있다. <집중 인터뷰>는 정녕 뉴스 프로그램이 되고 싶은 것일까?

<집중 인터뷰>는 인물 자체를 목적으로 부각하는 유형(2010년 5월 21일, '젊은 날의 깨달음 - 한국 승려 최초의 미국 대학교수 혜민 스님' 편)과 현안을 설명하기 위해 인물을 수단으로 빌려오는 유형(2010년 6월 17일, '님아공 월드컵을 계기로 본 아프리카인들의 삶 - ≪경향신문≫ 구정은 기자' 편)으로 대별되는데(물론 둘의 차이가 결정적이지는 않다), 둘 가운데 압도적인 비중을 차지하는 후자의 경우, 뉴스 프로그램과 진배없다. 이렇게 되면 암묵지의 공유는

일어나기 어려우며, 명시지의 나열이 주가 되고 마는 것이다.

'암묵지를 공유해야 한다'라는 대의에 공감한다면, <집중 인터뷰> 자체의 두 가지 한계도 묵과하기 어렵다. 요약하자면 '매일 방송되는 사전 제작 프로그램'. 먼저 토·일요일을 제외한 매일의 방송분을 제작하려면 출연자에 대한 면밀한 이해 및 준비가 물리적으로 부족할 수밖에 없다. 다시 말해, 전문 인터뷰어로 활약하는 지승호나 김혜리가 선보이는 (인터뷰이의 저술이나 경력에 대한 치밀한 조사를 바탕으로 한) 풍요로운 인터뷰 구성을, 애당초 제작진에게 기대하기란 어려운 일이다. 실제로 길지 않은 방송 시간임에도 뭉툭뭉툭한 질의응답으로 청취자의 집중이 쉬이 흐트러진다는 점은 차치하더라도, 이런 한계가 암묵지를 채취하는 데 난관으로 작용한다는 게 문제다. 잘 모르는 사람과의 대화는 지극히 '공적'일 수밖에 없지 않은가. 더불어 출연자들의 바쁜 일정에 맞춰 인터뷰를 진행하려면 생방송보다는 사전 녹음 방식에 기울 수밖에 없는데, 사적이며 우연적인 환경에서 잘 표출되는 암묵지의 특성상 녹음과 편집에 기댈수록 그것이 억압될 가능성이 불어난다.

공들인 인터뷰 준비를 바탕으로 진행되는 생방송이 '암묵지의 공유'라는 관점에서는 이상적이다. 그러나 이러한 한계는 매우 현실적인 것이므로 시정되기 어려울 것으로 보인다. 그렇다면 이를 전제로, "인물 속의 뉴스" 읽기를 넘어 '인물 속의 암묵지'를 공유할 방도를 살피는 편이 좋겠다.

## <집중 인터뷰>가 쏘아 올릴 작은 공: 암묵지의 공유

『과학혁명의 구조』를 번역한 김명자 교수는 토머스 쿤(Thomas S. Kuhn)이 주장하는 패러다임(paradigm)의 본질을 명확히 정의하는 일은 불가능하다며 이렇게 말한다.

패러다임은 이렇듯이 정의되기 힘든 개념인 까닭에 과학도들은 명문화된 규정으로부터 그것을 배우는 것이 아니라 교육 과정에서 은연중에 터득하게 된다. 특히 교육 과정에서는 과학 연구의 결과를 평가하는 그 분야 과학자 사회의 가치관에 대해서도 인식하게 된다. 그러므로 패러다임과 정상 과학의 본질을 이해하기 위해서는 과학자 사회에 대한 이해가 요구되며, 쿤의 과학 지식 이론에서는 과학자 사회에 대한 사회학적 고찰이 중요한 기능을 한다.[3]

왜 정의하기 어려운가? 패러다임이 암묵지인 까닭이다. 이처럼 정의하기 어려우나 "은연중에 터득"해나가는 암묵지는, 과학의 영역에서도 고갱이로 통한다. 그런데 앞서 밝힌 대로 한국 사회에서 암묵지는 사적인 경로를 통해서 주로 전수된다. 다시 말해 제한적으로 공유되고 있으며, 이것이 특권으로 고착되는 일이 잦아, 민주사회를 운용하는 데 차질이 인다. <집중인터뷰>가 새로이 설정할 패러다임이 암묵지의 공유에 '집중'되어야 하는 이유를 재차 확인한다.

어떻게 할 것인가? 앞서 프로그램의 구성 자체에 변화를 주는 일도, 구성의 한계를 극복하는 일도 어렵다는 비관적 평가를 내린 바 있다. 그러나 틈은 존재한다. 출연자로 하여금 암묵지를 적극적으로 쏟아내게끔 하려면, 무엇보다 프로그램의 분위기를 사적으로 쇄신할 필요가 있나. 물론 진행자의 역량이 부각된다. 출연자의 마음을 녹이고 입을 열게 할 수 있는 진행자의

---

3) 김명자, 「역자 해설」, 『과학혁명의 구조』(까치, 2010), 295~296쪽.

인품에 방점이 찍히는 것이다. 하지만 그보다 더 근본적인 수정은 이른바 '명암(明暗) 있는 질문'의 도입에 있다. <집중 인터뷰>는 공영방송이라는 자의식 때문인지 희멀건 질문들이 속출한다. 마치 "인물 속의 뉴스"만을 캐내면 그만이라는 듯, 질문이 공적인 수준, 그러니까 의례적인 내용에 머문다. 암묵지를 이끌어내기 위해서는, 그래서 출연자의 암묵지를 청취자가 제대로 공유하기 위해서는 출연자가 많이 말하게끔 해야 한다. '명암 있는 질문'이란 정치 편향을 담은 것이 아니라, 출연자에 대한 칭찬과 비판을 충분히 가미한 질문을 뜻한다. 어차피 진행자의 질문에 아귀가 맞는 답을 내놓는 출연자는 드물다. 이해(理解)의 부족이나 이해(利害)의 관계에 얽매여 수동적인 답변이 선호된다. 그러나 자신에 대한 칭찬이나 비판에 대해 사람들은 능동적으로 반응하기 마련이다. 예를 들어 프로그램 도입부에 소개된 약력에 대해 출연자의 자평을 들어본다거나, 출연자와 대척점에 선 인물들의 날선 평가를 인용하는 방식(이미 프로그램 말미에 자주 활용되고 있으나 좀 더 선명해질 필요가 있다)도 좋겠다. 칭찬과 비판은 사적인 분위기를 창출한다. 출연자가 진행자의 무미건조한 질문을 듣고 문제 풀 듯 답하는 데 그친다면, <집중 인터뷰>는 그야말로 명시지의 범람으로 그치고 만다. 그런 지식은 청취자 어느 누구라도 독서나 인터넷 검색을 통해 얻을 수 있다. 출연자가 질문을 넘어 말하게 해야 한다.

물론 출연자의 훌륭한 역량과 특유의 솔직함으로 암묵지의 공유가 훌륭하게 일어난 사례도 없지 않다. 2010년 3월 16일 방송('유라시안 필하모닉 오케스트라 감독 금난새' 편)이나 2010년 4월 1일 방송('미국 연방하원 3선 의원을 지낸 김창준' 편)이 대표적이다. 전자의 경우 조직을 혁신하는 리더가 견지할 구체적인 태도가, 후자의 경우는 권력욕에 대한 인간적인 고백이 잘 드러나 있다. 쉽게 접하기 어려운 지혜나 자주 은폐되어온 진실을 청취자와 공유할 수 있는 좋은 방송이었다. 그러나 이러한 효과가 지속적일 수 있으려면, 출연자를 독립변수로 여겨서는 곤란하다. 일반적인 방법론이 필요한 것이다. 특히 출연자에 대한 연구가 부족할 수밖에 없다는 조건을 시인할 때, 칭찬과 비판을 담은 질문이 자아내는 효과는 단출하지만 무시하기 어렵다. 암묵지는 그렇게 열린 사적인 지평 위에서 시나브로 전파될 것이기 때문이다.

<집중 인터뷰>의 출연자 선정 경향은 대체로 참신하다. TV 방송이 노출하기 힘든, 즉 대중의 전폭적인 조명을 받지 못하는 인물들도 거침없이 소개한다. 라디오 방송이 지닌 장점이다. 이를테면, 2010년 6월 3일 방송('대학 강사의 지위 회복을 위한 천막 농성 천 일째 넘긴 김동애 선생' 편)이나 2010년 3월 11일 방송('한국미혼모지원네트워크 권희정 코디네이터' 편)이 그러하다. 소수자를 위해 애면글면 노력하는 출연자들의 목소리는, 그러나 명시지의 형식으로는 온전히 전달되기 어렵다는 점을 끝으로 강조한다.

그동안 명시지에 경도된 한국 사회와 방송 문화에 경종을 울리고자 하는 것이, 본 비평의 소박한 바람이다. <집중 인터뷰>가 가진 과제는 방송이 가진 공적인 성격과 대화가 지닌 사적인 특성을 긴장감 있게 조합하여, 사적인 영역에 머물던 암묵지를 공적인 장으로 불러내는 데 있다. 인터뷰 프로그램이 갖는 긴장감이란 달리 표현하면 균형감이라 할 수 있다. 그동안 공적 영역에서 소외되었던 암묵지에 더 많은 무게가 실리기를 희망한다. KBS 제1라디오 <집중 인터뷰>가 그 가능성의 중심이 되었으면 한다.

# 한국형 최초 첩보 드라마 <아이리스>
솔직하지도 못하고 촌스럽기까지 한 아이리스

유지연

KBS2 월화 드라마 <아이리스>는 최초의 '한국형 첩보' 드라마를 지향했다. 이병헌, 김태희라는 화려한 캐스팅과 200억 원이라는 제작비는 또 다시 블록버스터급 대작 드라마에 대한 기대감을 갖게 하기에 충분했다. 평균 시청률 30%를 넘으며 결과적으로 '한국형 첩보액션 드라마'의 새 지평을 열었다고 평가받는 <아이리스>. 이 드라마는 우리나라의 오랜 숙원인 이념이라는 문제, 즉 같은 민족 간에 벌어진 길고 긴 대립이라는 한반도만의 독특한 갈등 구조를 다루며 많은 이야깃거리를 쏟아냈다. 그러나 <아이리스>가 대한민국 드라마의 새 지평을 열었다는 말은 틀렸다.

지나친 환상인가 현실적 고찰인가 : 2009년의 서울 한복판에서 핵폭발이 일어난다면?

<아이리스>에 대한 물음은 '서울 한복판에서 핵폭발이 일어난다면'에

서부터 시작해야 한다. 극의 가장 절정에 해당하는 '서울 한복판인 광화문 거리 핵폭발'이라는 전개가 갖는 의미는 북의 핵에 대한 지나친 '환상'에서 비롯된 것인가 아니면 우리 사회 한 켠에 자리 잡고 있는 북의 위협에 대한 '현실적 고찰'에서 비롯된 것인가.

만약 <아이리스>를 보면서 '혹시 서울 한복판에 핵폭발이 일어나면 어쩌지?'라는 걱정을 단 1분이라도 했다면 당신은 혹시 아이리스가 아닌지 의심해봐야 한다. <아이리스>는 북 핵폭발에 대한 지나친 환상이다. 남북 최정예 요원들로 구성된 국정원 내의 비밀 조직인 아이리스가 이런 테러를 계획한 이유는 지극히 단순하다. 그들의 환상은 남한으로의 흡수 통일이 싫어서다. 폭탄 테러로 남북의 두 정상을 모두 죽이면 전쟁이 일어날 테고 그 틈을 타 무력으로 한반도를 통일할 수 있다는 계산에서 시작된 것일까?

아니면 <아이리스>가 보여주고자 하는 것이 분단국가의 비애인 북 위협에 대한 현실적 고찰이었다면 이는 촌스럽기 짝이 없다. <아이리스>를 본 시청자들은 누구나 한 번쯤은 또 다른 첩보영화 <쉬리>를 떠올렸을 것이다. 사실 <아이리스>의 인물 구성이나 스토리 전개는 1999년 흥행을 거둔 첩보영화 <쉬리>와 크게 다르지 않다고 볼 수 있다. 그 말은 바로 극 속에서 갈등의 중점이라고 볼 수 있는 남과 북에 대한 인식, 즉 우리의 현실을 바라보는 시각이 1999년의 과거나 그로부터 10년이 지난 2009년에도 여전히 답보 상태라는 것을 보여주었다.


**'첩보 드라마'인가 아니면 '영웅 드라마'인가, 인물 위주 스토리 전개의 한계: 김현준(이병헌)이 없으니 이제 우리나라는 누가 지키나?**

<아이리스>는 한국형 최초의 첩보 드라마를 지향했지만 결과적으로

지나친 영웅 판타지 드라마에 불과했다. 물론 한 회 안에서도 몇 번이나 연출되는 액션신은 첩보 드라마라는 명성에 걸맞게 거칠었으며, 비행기를 격추시키고, 댐에서 뛰어내리며, 핵폭발을 도모하는 인물들의 각오는 거대했다. 무엇보다도 <아이리스>에서 가장 묵직한 것은 주인공 김현준(이병헌)의 운명이었다. 조직에서 퇴출당하고, 조국에서 거부당한 그는 죽음을 강요당하며 위기에 처하고 생존을 보장받지 못했고, 스스로 구원받지도, 타인을 구원하지도 못하는, 철저히 고립된 인물로 그려졌다. 극 속에서 김현준에 대한 묘사는 거기까지였어야 했다. 하지만 드라마는 아이리스라는 거대 조직의 실체에서부터 나라를 위협하는 핵폭발의 위험까지 모두 김현준이 철저히 고립된 상황에서 깨어 나오는 방식과 맞물려 전개되었다. 결국 <아이리스>는 지나치게 김현준에게 의존해 '김현준 영웅 만들기'에 급급한 스토리 전개를 보여주기도 했다.

드라마의 긴장감은 인물이 궁지에 몰리는 과정과 그 상황이 해소되는 시점이 만나는 지점에서 발생하게 마련인데 김현준은 김선화(김소연)와 너무도 쉽게 투합하고, 박철영(김승우)에게 금방 받아들여지며 더 나아가 유정훈(김갑수)을 만나고, 심지어는 대통령까지 만나면서 너무도 쉽게 사건의 중심부로 이동할 수 있었다. 생각보다 손쉽게 진행되어버린 이야기의 전개는 극 초반에 드러났던 화려한 영상미와 급박한 전개로 흥미를 만들어냈던 김현준의 서러움과 고통의 순간들을 미화하기도 하고 흠집을 내버리기도 했다. 국가의 안보를 위협하는 핵폭발을 둘러싸고 벌어지는 중대한 사건들이 마치 김현준조차 어쩔 수 없는 '운명'에서 시작된다는 뉘앙스를 풍기는 이야기는 마지막에 그려진 김현준의 죽음 앞에서 '김현준이 죽었으니 이제 우리나라는 누가 지키나?'라는 의문을 주기에 충분했다.

## 반전의 허와 실: 너도 아이리스 쟤도 아이리스 알고 보니 우리 모두 아이리스?

첩보 드라마의 묘미라 할 수 있는 반전. <아이리스>에서 볼 수 있는 유일한 반전은 김현준을 제외하고 그를 둘러싼 주변 인물 대부분이 아이리스였다는 점이다. 이는 철저히 주인공을 배제시킴과 동시에 주인공 위주의 스토리를 전개해나가기 위해 꼭 필요한 장치였을 것이다. 극 초반 위험에 빠진 김현준에게 도움을 주기는커녕 오히려 그를 죽음으로 몰아넣으며 실체가 미스터리해진 NSS 부국장 백산(김영철)의 정체가 밝혀졌을 때만 해도 그 나름대로 신선한 반전이었다고 생각한다. 하지만 극 마지막의 '최승희(김태희)도 아이리스였다'는 반전 아닌 반전은 백산과 진사우(정준호)마저 아이리스가 되어버린 것처럼 누구나 예상할 수 있는 놀랍지 않은 뻔한 결말로 전락해버렸다.

죽음도 함께할 것 같았던 둘도 없는 친구 진사우가 갑자기 왜 김현준을 죽이려고 했는지는 그가 말한 '명령이다'라는 단 한마디로는 완전히 설명되지 못했다. 또한 아이리스의 실세인 백산, 미스터 블랙과 직접 내통하는 것처럼 그려진 최승희의 역할은 드라마가 끝나는 마지막 순간까지 어떠한 설명도 하지 않은 채 베일에 꽁꽁 싸여 있는 전개로 그녀의 의중 혹은 진심이 무엇이었는가에 대해 이야기를 더 혼란스럽게 만들어버리기에 충분했다. 김현준을 제외한 주변 인물들의 갑작스런 변심이 '뭔가 더 있는 것만 같은데?'와 같은 시청자들의 호기심을 유발한다는 점 하나만으로 이야기의 절반 이상을 차지했고 오직 그것만으로 이야기를 마지막까지 끌어왔으나 결국 김현준의 죽음이라는 갑자기 나타난 또 하나의 반전으로 엉켜버린 실타래를 풀지 못한 채 결국 시청자들의 빈축을 사고 말았다.

결코 유쾌한 반전은 아니었던 것이다. 너도 아이리스, 쟤도 아이리스 알고 보니 우리 모두 아이리스라는 식의 또 다른 반전을 낳기 위한 스토리 전개는 거대한 프로젝트를 위한 설정이라기보다는 오로지 김현준을 죽음에 빠뜨리기 위해 있었던 기나긴 '쇼'였던 것처럼 느껴지는 것도 이 때문이 아닐까. 결국 마지막까지 반전에 반전을 시도하던 <아이리스>는 김현준의 죽음이라는 조금은 불필요하고 황당한 설정으로 아름다운 영상미와 애절함으로 화제를 이끌어냈던 김현준과 최승희의 사랑마저 시들어버리게 만들었다.

## <아이리스>가 남긴 건 사탕 키스뿐?

드라마에서 설명의 부재로 인한 스토리 전개의 고립은 김현준과 최승희의 멜로 라인에서도 여지없이 드러났다. 그들의 이야기에서 로맨스로 인한 긴장감이나 설렘을 느끼기 힘들었던 이유는 그들의 사랑이 진부하고 뻔한 설정 속에서 그려졌기 때문이 아니라 그들의 로맨스에 같이 웃어주고 울어줄 수 있는 이야기가 없었기 때문이다. <아이리스>는 초반에 일본을 배경으로 한 김현준과 최승희의 로맨스를 꽤 많은 비중을 두었다. <아이리스>가 뿌린 화제 중에 백미인 '사탕 키스'도 바로 이 장면에서 나왔다. 멋진 풍경을 배경으로 한 그들의 로맨스는 화려한 영상미를 자랑하며 기억에 남는 장면을 연출해냈지만 그것만으로 추억할 만한 이야기를 찾기에는 역시 역부족이었다. 또한 후반부에 계속 이어지는, 김현준을 찾겠다고 무작정 조직의 규율을 어기는 최승희의 행동은 사랑에 눈먼 아마추어적 행동으로까지 비춰지기도 했다. 또한 한평생 국가를 위해 살아온 김선화가 가족을 지키기 못했다는 자책감으로 국가에 대한 충성심을 버리게 된 계기가 어떻게 연결되는지에 대한 부분도 부자연스러우며 그런 감정들이 특별한 부연 설명 없이 김현준을 향한 사랑으로 변환되는 과정 또한 아이러니하다. 김현준에 대한 이들의 헌신적인 사랑은 마치 그들이 '김현준을 사랑할 수밖에 없는 인물들'이라든지 '김현준은 사랑할 수 밖에 없는 남자'라는 억지 설정하에서야 겨우 짜맞춰질 것 같다.

## 불친절한 드라마 <아이리스>

<아이리스>는 방영 내내 높은 시청률을 기록했고 <아이리스>에서 나오는 장면들은 인터넷상이나 오락 프로그램에서 패러디가 되는 등 화제성과 시청률 면에서 두 마리의 토끼를 모두 잡았다. <아이리스>가 성공이냐 실패냐를 굳이 따지자면 성공이라고 봐야 한다. <아이리스>는 분명 볼거리가 많은 드라마였다. 하지만 개별 캐릭터를 설명하고 큰 배경을 그리는 화려한 볼거리에 치중해 정작 드라마가 전개될수록 몰입도는 다소 떨어지는 부분이 있다는 점이 아쉬웠다. 스스로가 '대작'이라는 타이틀에 얽매여 그 한계를 드러냈다고 볼 수 있다. 그리고 그 한계는 시청자들에게 현실적인 긴장과 경각심을 전달하는 데 역부족이라는 한계로까지 연결되었다.

<아이리스>는 매우 불친절한 드라마였다. 화려한 볼거리가 <아이리스>를 보는 시청자를 위한 최고의 팬 서비스라거나 혹은 그것만으로 <아이리스>가 역할을 다했다고 생각한다면 큰 오산이다. 이야기가 없는 화면에 감흥을 기대하는 것만큼 고통스러운 것도 없다. 그것은 분명 현실에는 없는 강하고 이상적인 영웅에 대한 욕망과 판타지에 불과한 것이다.

<CSI>나 <24시>와 같이 화려한 볼거리와 탄탄한 줄거리가 어우러진 미국 드라마를 보면서 시청자들은 '왜 우리는 안방에서 이런 드라마를 볼 수 없는가'에 목말라했다. 혹자들은 <아이리스>의 성공은 단순한 시청

률에서의 성공을 넘어 우리에게도 미드와 같은 탄탄한 줄거리와 볼거리를 모두 충족시켜 주는 드라마라고 평가하기도 한다. 하지만 시청자들은 아직도 최승희가 김현준을 죽인 것인지, 대체 아이리스의 미스터 빅은 누구인지 등 <아이리스>의 불친절한 이야기 전개에 궁금한 것이 너무도 많다.

<아이리스>의 스핀오프 격인 <아테나>(SBS)가 2010년 11월 방영을 앞두고 있다. 이 드라마 역시 거대한 스케일과 화려한 캐스팅으로 벌써부터 2010년을 대표할 기대작으로 꼽힐 만큼 기대와 우려를 한몸에 받고 있다. <아이리스>의 후광으로 인한 성공이 이미 조심스레 점쳐지고 있는 <아테나>는 전작인 <아이리스>가 시청자들에게 미처 다 들려주지 못한 이야기를 진솔하게 들려주는 친절한 드라마가 되기를 기대해본다.

# 문화 프로그램에 필요한 시선 <감성다큐 미지수>

김보경

1.

나는 '문화'라는 단어가 좋다. 어감상으로도 편안하지만, 그 의미도 인간적이기 때문이다. 사람들의 삶, 각자의 생활 방식, 그러면서도 공유하는 상징들과 의미들. '문화'라는 단어에는 내가 같이 숨쉬고, 부딪히며 살아가는 사람들의 이야기가 담겨 있다. 물론 내가 생각하는 정의로서 말이다.

사실 문화에 관한 정의에는 여러 가지가 있다. 대중문화 관련 저서를 참고하면 이렇다. '경작하고 양육한다'는 어원상의 의미, 인간의 정신적 산물, 야만에서 문명으로 가는 과정, 특정 집단이 지닌 삶의 방식, 그리고 의미를 만들어내는 것. 언뜻 보아도 문화의 지칭 범위가 굉장히 넓고 다양함을 알 수 있다. 하지만 이러한 다양함은 자칫 '문화'라는 간판을 걸고 행히는 많은 활동들의 편향적인 성격을 낳을 수도 있다. 세종문화회관의 '문화'와 고스톱 문화의 '문화'가 지칭하는 것이 다르듯, 문화라는 같은 단어를 두고도 그 관점과 수용 범위가 달라지는 것이다. 이는 문화에 관심을 두는 한 사람의 입장에서 우려와 의문을 갖게 만드는 일이다. '여러 문화들 중에 하나'라는 태도가 아니라 '이것만이 문화'라는 식의 협소하고 자의적인 범주화는 문화에 대한 우리의 시각을 한정시킬 수 있기 때문이다.

2.

앞서 말한 문화에 대한 개인적인 우려는 TV 방송의 문화 프로그램에서도 찾을 수 있다. 현재 방영되고 있는 <문화사색>(MBC)을 비롯하여 이미 종영된 <한밤의 문화산책>(KBS2) 등 많은 문화 프로그램에서 공통적으로 나타나는 특정한 경향성이다. 물론 각각의 구성과 소재의 대상은 다르다. 하지만 이들이 보여주는 문화의 정의는 유사하지 않나 싶다. 바로 '인간의 정신적 산물'로서의 문화. 흔히 문학, 예술, 건축, 연극, 영화 등의 영역으로 구성되는 문화이다.

실제로 대부분의 문화 프로그램에서 다룬 소재들은 예술 공연이나 전시, 또는 예술가에 대한 소개 차원에 머물 때가 많다. 문제는 제작자의 의도성 여부를 떠나서 '문화'라는 간판 아래 제공되는 문화의 범위가 한정적이며 편향적이라는 점이다. 이는 그 밖의 다른 문화 영역에 대한 우리의 시각과 정보를 제한시킬 수 있다. 문화를 독자적이고 순수한 예술 영역에 국한시켜 보는 관점은 '작품'과 '작가' 위주의 문화만을 우리에게 제공하기 때문이다.

특히 공연이나 전시와 같은 '작품'으로 제시되는 문화는 두 가지 제약을 동반한다. 하나는 서울을 중심으로 한 수도권 지역에 집중된다는 제약이며, 다른 하나는 소비를 통해서, 즉 경제적 지출을 통해서 가능하다는 점이다. 이러한 제약성은 문화 프로그램을 시청하는 많은 사람들에게 거리감과 이질감을 줄 수 있다. 자신이 포함된 문화가 아니라 자신과 겉도는 문화로서

'문화'의 의미를 접하는 것이다. 이렇듯 기존의 문화 프로그램에서 발견되는 공통된 문화 범주는 그 편향성과 제약성 때문에 아쉬움을 자아낸다.


3.


문화 프로그램에 대한 아쉬움을 갖고 있던 중, 우연히 한 프로그램을 보게 되었다. 그리고 떠오른 첫 소감은 바로 "문화다!"라는 작은 감탄이었다. 물론 문화의 범위를 가장 넓게 보았을 때, 문화와 무관한 프로그램이 어디 있으랴만은, KBS2에서 방영되는 <감성다큐 미지수>는 나에게 또 다른 의미의 문화를 느끼게 해준 프로그램이었다.

<감성다큐 미지수>는 20분 길이의 다큐멘터리 세 편이 옴니버스 방식으로 구성된다. '사물과 현상에 대한 창의적인 시선으로 해부한다'는 기획 의도에 부합하여 소재 또한 우리가 살아가는 세상에서 주목받는, 혹은 주목해볼 만한 이야기를 다룬다.

내가 처음 '문화다'라고 외친 것은 '당신이 셀카를 찍는 이유?' 편(2010. 2. 6)을 보고 나서였다. 셀카(Self-Camera)에 빠져 있는 우리 세대의 현상에 주목하여 그 이유를 같이 생각해보고 그와 같은 자신의 행동에 대해서도 다시 돌이켜보도록 이끌어주었기 때문이다. 다른 문화 프로그램에서는 느낄 수 없었던 공감이 밀려들었다. '문화'라는 간판도 없는 <감성다큐 미지수>를 통해서 다른 의미의 문화와 만난 것이다. '특정 집단이 지닌 삶의 방식'으로서의 문화, 그리고 '의미를 만들어내는 것'으로서의 문화. <감성다큐 미지수>에서 전하는 문화는 다른 문화 프로그램에서 찾기 어려웠던 우리 사회의 여러 삶, 현상들과 닿아 있었다.

4.

　<감성다큐 미지수>를 보면서 가끔씩 뒤통수를 맞은 것 같은 기분이 들 때가 있다. 전부라고 알고 있던 나의 시각이 생각하지 못했던 다른 시각을 만나 놀라는 것이다. <감성다큐 미지수>는 우리가 당연시하는 현상들, 혹은 주목하지 않는 현상들을 보여준다. 그리고 우리가 쓰고 있던 안경 대신 다른 안경을 건네준다. 이렇게 말하면서 말이다. "이것이 전부가 아니다."

　'로드스쿨러(Road-Schooler)' 편(2010. 6. 5)을 보면, 학교를 벗어나 자기 주도적으로 공부하고 교류하는 청소년들의 이야기가 나온다. 그들이 생각하는 학교, 공부, 그리고 로드스쿨러를 선택하면서 느낀 그들 자신의 삶을 각자의 목소리로 전해준다. 정답으로서가 아니라 또 다른 선택으로서 우리가 학교 교육에 대해 갖고 있던 시선을 향해 문을 두드리는 것이다. 이는 '촌스러움에 대하여' 편(2010. 6. 12)에서도 마찬가지다. 우리가 평소에 믿고 있던 촌스러움에 대해 의문을 제기하는 것이다. 과연 무엇이 촌스러움인가? 이에 대해 일반적이지 않은 다른 시각을 우리 앞에 보여준다.

　이와 같이 <감성다큐 미지수>는 우리가 삶에 대해, 사회 현상에 대해 가지고 있던 시각을 흔들어놓는다. 물음을 던지고 다른 시각들을 보여줌으로써 우리의 시각과 생각의 영역을 확장시켜 준다. 이는 의식적 또는 무의식적으로 학습된 문화적 시각, 즉 자연화된 문화적 시각과 문화 관습에서 우리 스스로를 돌아보는 기회가 된다.

5.

여러 갈래의 길이 만나 엇갈리는 곳을 교차점이라 한다. <감성다큐 미지수>를 보면서 문화의 교차점에 서 있는 기분이었다. 우리 사회 다양한 집단들의 문화, 특히 각 세대가 공유하는 삶과 문화를 만날 수 있었기 때문이다.

'못다한 퇴임사' 편(2010. 2. 20)에서는 50~60대 가장들의 퇴임 이야기를 다룬다. 이는 아버지에게서 직접적으로 느끼지 못했던 (가장의) 퇴임에 대한 불안과 고민을 <감성다큐 미지수>에 나온 다른 가장들을 통해서 간접적으로 알게 된 시간이었다. 아버지 세대가 공감하는 고민을 그들의 문화로서 접하고 또 이해하게 된 것이다.

그런가 하면 필자와 같은 20대의 문화 이야기도 있었다. '청춘의 방, 하숙촌 이사 분투기' 편(2010. 2. 27)에서는 청년들이 마주하는 보금자리 이동에 대해 다루었다. 타지 생활을 하면서 불가피하게 겪는 자취, 하숙, 고시원 생활 등의 유랑기를 통해 나와 다른, 혹은 나와 같은 고민을 하고 있는 청년들을 만날 수 있었다. 그들은 삶의 이야기를 공유하며 서로 마음의 위로를 주고받았다.

'입시 스타, 공부의 신을 찾아서' 편(2010. 2. 6)에서는 청소년 학생들의 사교육 이야기가 소개되었다. 이 날 방송분은 학생들 사이에서 회자되는 '공부의 신'에 의문을 제기하며, 그를 찾아보는 과정에서 학생들이 생각하는 사교육과 그들의 교육 문화를 들려준다.

이렇게 <감성다큐 미지수>는 서로 다른 세대가 경험하는 삶의 고민과 그 문화를 전해준다. <감성다큐 미지수>라는 교차점에 서서 내가 속한 문화뿐만 아니라 윗세대, 그리고 후배 세대의 문화와 마주하는 것이다.

문화와 문화가 교차되어 이해를 낳는 곳, <감성다큐 미지수>를 보면 다른 하위문화의 이야기를 듣고 이해의 폭을 넓힐 수 있다.

6.


물론 <감성다큐 미지수>의 긍정적인 측면을 인정하더라도, 다른 한편 신중함을 권하고 싶은 부분이 있다. 바로 시선의 신중함이다. 일반적인 시선과는 다른, 새롭고 창의적인 시선을 전하는 것은 필요한 일이다. 하지만 이런 새로운 시선을 일반적인 시선인 것처럼 전하는 것은 주의해야 할 일이다. 간주되는 일반적인 시선이 편중되거나 과장된 해석을 동반할 수 있기 때문이다.

'대한민국, 딸과 사랑에 빠지다' 편(2010. 4. 10)에서는 오늘날 가정의 딸 선호 현상에 초점을 둔다. 문제는 이러한 현상을 지나치게 긍정적인 대세로서 편향된 관점하에 표현한다는 점이다. "아들 안 낳기를 다행이다", "오히려 딸이 없어서는 안 된다", "그토록 바라던 딸, 수단과 방법을 가리지 않고" 등의 인터뷰 대화가 그 예이다.

이 외에도 문제의 본질에서 벗어난 시선을 경계해야 한다. '등록금에 대한 상상' 편(2010. 5. 29)에서는 비싼 등록금 문제를 돕기 위해 하루에 천 원씩 모아 장학금을 주는 '블루 버터플라이 제도'가 소개된다. 장학금 기부 방식에 대한 다른 시각이라면, 하나의 창의적인 시선으로 해석될 수 있을 것이다. 하지만 비싼 등록금에 대한 긍정적인 대안으로서의 시각이라면, 이는 근본적인 해결책 ― 등록금 낮추기 ― 에서 멀어진 시선으로 보인다.

7.

영화 <죽은 시인의 사회>에서 주인공 키팅 선생은 학생들에게 교탁 위에 올라서서 교실을 내려 보도록 권한다. 다양한 시선과 생각의 중요성을 보여주고 싶었던 것이다. 내가 <감성다큐 미지수>에서 발견했던 좋은 시도들도 이러한 시각과 관련된다. 물론 일반 문화 프로그램에서는 도외시되던 우리 삶 속의 문화를 다룬 것 자체도 의미 있는 부분이지만, 더 나아가 우리 문화를 다각적으로 바라보도록 이끌어준 점을 강조하고 싶다.

몸에 배인 수동적인 시각에서 벗어나 최대한 객관적으로 사회와 문화를 해석하는 일은 분명 중요하다. 이는 문화를 긍정적인 방향으로 변화시키기 위한 전제 조건이 될 수 있기 때문이다. 우리의 문화 현실과 좋은 문화에 대한 문제의식을 가짐으로써 바람직한 문화를 형성하는 데 적극적인 주체자로 나아갈 수 있다.

이미 언급했듯이, 기존의 문화 프로그램은 이른바 '인정받는 문화', '작품·작가 위주의 문화'를 공급자의 입장에서 제공하는 경우가 많다. 좋은 문화를 형성하기 위한 시청자의 주체성·참여성을 고양시키기보다는 문화의 범위를 협소화함으로써 그에 대한 폭넓은 이해와 판단을 제한하는 것이다.

따라서 좋은 문화를 향한 거시적인 관점에서 볼 때, <감성다큐 미지수>는 하나의 대안점이 될 수 있다고 생각한다. 앞서 제시한 바와 같은 부족한 부분을 채워서 발전한다면, 다른 문화 프로그램들이 참조할 만한 좋은 시도이자 좋은 방향으로서 역할을 해낼 수 있지 않을까 기대해본다.

# 고용 불안의 시대를 살아가는 직장인들의 희망을 말하다
MBC 월화 드라마 <파스타>

최시정

## 1. 최장 근로 시간의 나라 한국: '직장 생활 생존기'에 대한 열풍

"오늘 저녁에 시간 있습니까?"

"밤에나 되요. 열한 시쯤?"

<파스타>의 첫회. 우연한 계기로 첫 만남을 갖게 된 주인공 유경(공효진)과 현욱(이선균). 현욱이 유경에게 저녁 스케줄을 묻자 유경은 '열한 시'라고 답한다. 이에 현욱이 '그 시각에 남녀가 처음 만나서 할 일은 한 가지뿐'이라며 유경의 의도를 오해하자 유경은 정색하며 말한다. "뭐예요? 일이 그 시간에나 끝나서 그런다고요!" OECD 통계에 따르면 지난 2009년 한국의 연간 노동시간은 2,316시간으로 OECD에서 가장 많다. 이는 OECD 평균인 1,768시간보다 548시간이나 더 많다. 장시간 노동을 요구하는 한국 사회에서 직장인들은 사무실 밖에서의 또 다른 삶은 상상하기조차 버겁다. 심지어

'연애조차 일 때문에 바빠서 할 수 없는 사회'다. 첫회에 등장한 유경의 대사는 일중독을 요구하는 사회 속에서 '사람 만날 여유'조차 빼앗긴 채 살아가는 이 시대 직장인들의 비애를 그대로 드러내고 있다.

최근까지도 이어지고 있는 '직장인 처세술 관련 서적'의 열풍과 <막돼먹은 영애씨>(tvN), <롤러코스터>(tvN) '직장인 탐구생활' 편 등 직장 생활 내 에피소드를 다룬 일련의 케이블 프로그램들의 인기 역시 한국의 장시간 노동 구조에 그 이유가 있다. 직장인들에게 '직장'은 어쩔 수 없이 지금 당장 가장 밀접한 공간이자 가장 중요한 세계다. 이들은 주어진 일상의 대부분을 직장에서 보내며 일을 하고, 사람을 만나고, 오늘은 무엇을 먹을지를 고민한다. '직장에서, 사무실에서 어떻게 살아가야 하는지'는 이들의 가장 중요한 관심사일 수밖에 없는 것이다. 그 때문에 이들에게 '직장 생활'이란 소재는 생활 밀착형 아이템이며 가장 공감 가는 소재다.

<파스타>의 인기 역시 '직장 생활 생존기'에 이야기의 중점을 두었기에 가능했다. <파스타>는 언뜻 보면 삼류 요리사가 주방에서 산전수전 다 겪으며 사랑과 일을 성취해나간다는 '전문직+멜로' 라인의 드라마다. 별반 새로울 것이 없는 이야기다. 하지만 파스타는 '요리사'라는 특정 직업에 대한 판타지 구현을 포기함으로써 이야기의 새로움을 획득한다. 삼시세끼 특별한 요리만 해먹을 것 같은 '요리사'는 하루 종일 주방에서의 노동으로 녹초가 돼 정작 자신을 위한 요리는 해먹지 않는 피곤한 '노동자'로 묘사된다. <파스타>의 요리사들은 고급 레스토랑 주방에서 비싼 요리를 만들지만 자신의 끼니는 컵라면으로 대신한다. 이들이 일하는 곳은 청담동의 고급 레스토랑이지만 그들은 청담동에 살지 않는다. 이들은 쓰레기 더미가 가득 쌓인 '직원 출입구'로 출퇴근을 하며 닥쳐올 '구조 조정'을, '불안한 미래'를 걱정한다. 이처럼 이들이 일하는 '주방'의 사정은 고용 불안의

시대 우리네의 '사무실'과 별반 다를 것이 없다. <파스타>에 공감할 수밖에 없는 이유, <파스타>가 '전문직 드라마'의 전형성에서 벗어날 수 있었던 이유가 여기에 있다. 바로 고용 불안의 시대 우리네의 자화상을 정확하게 담아내고 직장 세계 안에서의 갈등 속으로 깊이 들어갔기 때문이다.

## 2. 맨세션의 시대, 백마를 잃은 테리우스와 홀로 남겨진 캔디

"주방은 위험한 곳입니다. 이런 거(하이힐) 신고 왜 들어오십니까."

사장의 누나 김강(변정수)은 하이힐을 신고 주방을 구경 차 들렀다가 그만 배수구에 굽이 끼어 휘청거린다. 이를 보고 요리사 필립(노민우)은 이런 대사를 던진다. 주방은 하이힐을 신고 들어올 수 없는 곳이라고. 분위기 멋진 곳이 아니라 위험한 곳이라고. 그가 말해주듯 주방은 '하이힐을 신은 여자'가 들어가기에는 너무나 위험한 곳이다. 칼과 불과 기름이 난무하는 위험천만한, 남자들의 공간이다. 그런 금녀의 공간에 유경은 기름때가 잔뜩 묻은 작업복을 입고 들어선다. 씩씩한 태도로 미래를 성취해나가는 '캔디'가 금녀의 공간으로 들어가 홍일점이 된다는 설정은 꽤 익숙하다. <커피 프린스>(MBC)의 은찬(윤은혜) 역시 남자들의 공간으로 들어가 홍일점이 됐다. 하지만 <파스타>엔 한 가지 새로운 대목이 있다. 바로 <커피 프린스>의 은찬과 달리 <파스타>의 유경에게는 '주변 남자들의 호의'가 없다는 점이다. 유경은 여자로서 버텨내기 힘든, 주방이란 공간에서 온갖 고초에 시달리는 불쌍한 막내이지만 주방의 어떤 남자 선배 요리사도 그녀를 챙겨주지 않는다. 오직 '후배'로서만 그녀를 대할 뿐이며, 오히려 견제까지 한다. 후배 유경이 자신을 치고 올라올까 봐, 그녀에게 '프라이팬'을 빼앗길까 봐 레시피를 숨긴다. 쉐프 현욱이 유경과 연애를 한다는 사실이 밝혀지자 쉐프의 사랑이 요리에 대한 평가의 객관성을 무너뜨릴 수 있다며 반발하고 유경을 견제한다. 이들은 유경이 여자라는 이유로 배려하지 않으며, 오히려 여자라는 사실로 자신과 다른 특혜를 누릴까 봐 신경을 곤두세운다.

왜 <파스타>의 남자 선배 요리사들은 넘어지는 유경에게 손을 건네지 않았을까? 왜 <파스타>의 남자들은 불쌍한 '캔디'의 보호자가 되려 하지 않았을까? 이들에게는 그런 보호자가 될 '여유'가 없기 때문이다. 2008년 시작된 금융 위기는 맨세션(Mancession)이라는 신조어를 탄생시켰다. 남성(Man)과 경기 침체(Recession)을 합친 말로 금융 위기로 인해 남성들의 해고 불안이 높아지고 여자와 가정의 보호자로서 남성의 책임 능력이 떨어진 시대상을 반영한 단어다. 여기에 더해 몇 해 전부터 등장한 '알파걸'들이 한창 주가를 올리고 있다. '결혼 파업'까지 불사해가며 직장에서의 성취를 제1목표로 달려드는 기 센 여성 동료들의 등장으로 남성들은 한껏 위기감을 느끼고 있다. 이런 상황에 남성들에게 '레이디 퍼스트'라는 요구는 억울하게 느껴질 수밖에 없다. <개그콘서트>(KBS2)의 한 코너였던 '남성보장인권위원회'에서 억울함을 호소하던 남성 개그맨들의 목소리에 많은 남성들이 공감했던 이유 역시 이 때문일 것이다. <파스타>의 남자 선배 요리사들 또한 이런 시대 속에서 살아가고 있다. 그 때문에 그들은 유경을 감싸주는 따뜻한 오빠가 될 수 없다. 이들은 오직 '프라이팬', 즉 직장 내에서의 자신의 위치를 지키는 데 열중할 수밖에 없다. 이들이 직장에서 배려해줄 수 없는 대상은 여자 후배 유경뿐만이 아니다. 때로는 사랑하는 여자 역시 배려해줄 수 없다. 극 중 남자 요리사로 등장하는 호남(소상기)은 주방에서 동료 여자 요리사이자 애인인 미희(정다혜)와 애정 행각을 벌이다가 쉐프에게 들켜 해고 위기에 놓인다. 이때 미희는 '유 파이어드(당신 해고야)'를 외치는 쉐프의 바짓가랑이를 붙들고 애원한다. '호남 씨는 남게 해주십시오’라고 말이다. 하지만 호남은 차마 미희도 남게 해 달라는 말을 하지 못한다. 비참한 표정으로 고개를 숙일 뿐이다. 호남에게 주방에서의 프라이팬은 그만큼 절박하기 때문이다. 남녀 할 것 없이 모두가 살기 힘든 시대, 치열한 생존의 장 ‘직장’. 이곳에서 백마를 잃어버린 테리우스들은 더 이상 캔디를 도와줄 수 없다. 오히려 캔디가 ‘여자’라는 이유로 누군가의 백마를 얻어 탈까 봐 더 긴장할 수밖에 없는 것이다.

<파스타>는 이처럼 홍일점이라는 설정이 늘 동원해왔던 여주인공에 대한 주변 남자들의 호의를 없앰으로써 새로운 캐릭터와 관계 구도를 만들어낸다. 도와주는 이가 없기에 여주인공 유경은 더 자립적인 캐릭터로 거듭난다. 새우 익히는 법 등 자질구레한 비법 하나도 쉽사리 가르쳐주지 않는 선배들 틈에서 그녀는 어떻게든 그 비법을 배우기 위해 바닥을 닦고 그릇을 치우며 선배들의 손놀림에 고개를 드민다. 유경이 요리사로서 만들어낸 첫 번째 성공 레시피 ‘인삼 파스타’ 역시 그 누구도 도와주지 않았기에 가능한 성취였다. 선배들은 인삼의 쓴맛을 없애기 위해 셀러리 뿌리를 우유에 조리는 노하우를 알려주지 않았다. 자신만의 노하우는 요리사가 지켜야 할 무기였기 때문이다. 그 덕분에 유경은 셀 수 없이 많은 실패를 온전히 경험했고, 결국 자신만의 비법을 개발해 요리를 성공시킨다. 그뿐만이 아니다. 남자 동료들이 유경에게 경쟁 심리를 갖게 하는 대신 <파스타>는 기존의 캔디 드라마가 자주 써왔던 질투하는 여자 선배를 등장시키지 않는다. <미스터 Q>(SBS)와 <토마토>(SBS) 등에서 나왔던 여주인공의 성공을 가로막는 악녀 선배가 <파스타>에는 없다. <파스타>에 등장하는 여자 선배 세영(이하늬)은 오히려 ‘여자의 적은 여자’라는 기존의 관행을 깨고 노력하는 유경의 열정을 지지하는 멋진 선배로 등장한다. 옛 애인의 연인으로 사랑에서는 경쟁하는 관계임에도 말이다.

## 3. '일과 사랑' 두 마리 토끼 잡기를 위한 도전

"주방에서 일도 하고 사랑도 하고 두 마리 토끼 다 잡고 싶어?"

현욱과 유경의 연애를 눈치챈 사장 김산(알렉스)이 유경에게 던진 대사다. 이에 유경은 '두 마리 토끼가 아니라 그냥 일하는 토끼가 사랑도 하는 거 아닌가'하고 맞받아친다. 라스페라의 사장 김산이 말한 바와 같이 꽤 오랫동안 사랑과 일은 공존 불가능한 대상으로 여겨져왔던 것이 사실이다. '사랑'은 '일'을 성취하기 위해서는 포기할 수밖에 없는 것이었다. 일에는 열정적이지만 사랑에는 별 관심이 없는 '건어물녀'도 이런 사회 분위기와 요구 속에서 등장한 것이다. 직장에서 버티고 성공해야 하는 여자들에게 사랑은 과분한 욕심이다. 그래서 직장인 여성은 어느새 귀가 후의 시간을 '연애'가 아닌 트레이닝복 차림으로 맥주와 오징어 등을 즐겨 먹으며 보내는 건어물녀가 되어간다. 한데, 유경은 일과 사랑이 공존할 수 없다는 관습에 반기를 든다. 그녀는 직장에서 사랑을 시작한다. 그것도 '내 주방에 연애는 없다'고 외치는 깐깐한 쉐프가 있는 라스페라의 주방에서.

유경이 일과 사랑을 꿈꾸는 라스페라의 주방에는 사랑과 일을 공존시키는 데에 실패한 수많은 선배들이 등장한다. 세영은 연인이자 요리 경쟁자였던 현욱을 제치고 콘테스트에서 일등을 해 한국 최고의 여자 쉐프가 되지만 사랑을 잃는다. 그녀는 이태리 유학 시절 콩쿠르에서 이기기 위해 현욱의 조리용 와인의 맛을 상하게 한다. '로마 유학'이라는 특전이 그녀에게 왔지만 사랑은 그녀를 떠났다. 유경의 직속 신배였던 여자 요리사 미희 역시 주방에서 과감한 애정 행각을 벌이다가 해고를 당한다. 사랑과 일 사이에서 각각 일과 사랑에 더 무게 중심을 뒀던 여자 선배 둘은 그렇게 균형점을 찾지 못하고 실패했다. 하지만 이들은 실패했음에도 놓쳐버린 사랑과 일을 어떻게든 다시 찾으려고 한다. 세영은 떠나버린 현욱의 마음을 되돌리려 하고, 미희는 함께 해고된 여자 요리사들과 파스타 집을 차려 요리사로서의 복귀를 시도한다. 일만으로도 사랑만으로도 그들의 삶은 온전히 행복해질 수 없다는 것을 알기 때문이다. 유경도 이를 분명히 알고 있다. 그래서 그녀 역시 자신만의 방식으로 사랑과 일 사이에서의 아슬아슬한 균형 찾기 에 몸을 던진다.

　"예, 쉐프."

　유경은 상사인 쉐프 현욱과 연애를 시작한 후에도 현욱을 '쉐프'라 부르 며 존댓말을 쓴다. 그녀는 직장인 주방 밖에서도 현욱을 '쉐프' 외의 다른 호칭으로 부르지 않는다. 사랑을 시작한 이후에도 상사 쉐프와 말단 요리사 라는 수직관계의 긴장감을 놓지 않는 것은 연애를 하면서도 '직업에 대한 욕망'을 포기하지 않겠다는 의지의 표현이다. 유경에게는 일류 요리사라는 꿈이 있다. 그녀는 자신의 능력으로 최고가 되고 싶어 하며, 실력 있는 선배 쉐프 현욱에게 배우고 싶어 한다. 그 때문에 현욱과의 사랑은 자칫하다 가는 그녀의 성공을 가로막는 가장 큰 장애물이 될지도 모른다. 현욱과 사랑이라는 특별한 감정을 쌓아가는 동안에 그녀는 혼자서 일어날 기회를, 그에게 제자로서 배울 기회를 잃게 될지도 모르는 것이다. 그래서 그녀는 현욱을 '쉐프'로 부름으로써 자신은 목표가 있는 요리사임을 자각하고, 현욱에게도 자신을 연애 대상만으로 바라보지 말라는, 꿈을 가진 후배 요리사임을 잊지 말아 달라는 메시지를 보낸다. 그 덕분에 현욱은 유경과 연애를 하면서도 늘 그녀의 실력을 공정하게 평가해주는 선배일 수 있었고, 유경 역시 현욱의 사랑에 기대 나약해지지 않을 수 있었다. 현욱을 향한 '쉐프'라는 호명은 유경이 일과 사랑을 동시에 성취해나가는 그녀만의 방식인 셈이다. 이처럼 유경은 그녀만의 방식으로 선배 세영과 미희가 실패했던 사랑과 일의 공존을 성공시킨다. <파스타>의 유경에 대한 젊은 여성 시청자들의 지지는 바로 유경이 사랑도 일도 포기하고 싶지 않다는 요즘 젊은 여성들의 욕망을 구현해낸 존재이기 때문이다.

나아가 <파스타>는 유경과 현욱이 연애에서조차 수직관계의 긴장감을 놓지 않게 함으로써 구태의연한 애정 전개방식에서 탈피할 수 있었다. 대개의 로맨스 드라마는 남녀 주인공이 사랑을 시작한 지점부터 힘이 빠진다. 그래서 로맨스의 긴장감을 끊임없이 증가시키기 위해 남녀 주인공 사이에 갖가지 식상한 장애물이 등장한다. 집안의 반대, 제3자의 등장에 의한 삼각관계 등. 하지만 <파스타>에서는 이런 장애물이 필요 없다. 주방이라는 '직장에서' '선배와 후배의 관계를 유지하며' 이어가는 사랑이라는 설정만으로도 긴장감을 이어갈 수 있기 때문이다. 유경과 현욱은 사랑하는 사이인 동시에 호통치고, 꾸지람을 받아야만 하는 관계이기도 했다. 그리고 이 둘은 끊임없이 주방 요리사들의 감시를 받아야 하는 관계이기도 했다. 이 점이 끝까지 긴장감을 갖게 해주었다. 우리 애를 놓아 달라며 돈 봉투를 들고 찾아오는 부모님 없이도, 불필요한 오해를 일으켜 주인공의 이별을 부추기는 옛사랑이 등장하지 않아도 <파스타>는 새로운 방식으로 긴장감 있는 로맨스를 이끌어낼 수 있었던 것이다.


## 4. 치열한 생존의 공간 '직장'에서 '사람'으로 살아가기


"쉐프가 꿈꾸는 주방은 대체 어떤 거예요?"

유경은 쉐프 현욱에게 이런 질문을 던진다. 유경뿐만이 아니다. 라스페라의 주방 식구들 모두가 끊임없이 이상적인 주방, 직장의 모습에 대해 질문을 던지며 그 이상을 실현해내기 위해 노력한다. 그들은 평상시에는 '예, 쉐프'

라는 간결한 대답으로 복종하지만 공정한 실력 경쟁을 보장하는 '주방의 룰'이 흔들릴 때는 어김없이 발톱을 세운다. 레스토랑의 설 사장(이성민)이 재료 납품업자에게 뒷돈을 받은 사실을 알았을 때 주방 식구들은 사장이라도 봐줄 수 없다며 이의를 제기하고, 쉐프 현욱이 자신의 주방에서 연애는 없다던 스스로의 발언을 뒤집고 유경과 연애를 시작했을 때도 반발한다. 국내파와 해외 유학파의 임금 차이를 확인했을 때도 이들은 가만히 있지 않는다. 요리 실력과 경력에 따른 넘버 1, 2, 3라는 서열 체계에는 복종하지만 자신들의 공정한 경쟁을 가로막는 비리, 편애, 차별 등의 불공정 요소에는 정확하게 반발하는 것이다. 이들에게 주방은 단지 윗사람에게 잘 보여서 월급을 받으며 안전하게 버텨나가야 할 직장이 아니라, 요리사로서의 성장을 일궈나가야 할 꿈의 공간이기 때문이다.

공정한 무대에서 정정당당한 승부를 원하는 자존심 있는 직업인들의 공간 '라스페라'. 그래서 라스페라의 주방 식구들 중에는 경쟁자에게 비열하게 태클을 거는 사람이 없다. 국내파 요리사들은 해외 유학파 요리사들의 우월한 스펙에 열등감을 느낄지언정 이들을 넘어뜨리기 위해 '수'를 쓰지 않는다. 실력이 아닌 다른 방법으로 그들을 넘어서는 것은 그들에게 진정한 승리가 아니기 때문이다. 그래서 국내파가 해외파에 대응하는 방식은 실력을 통한 승부, 뉴셰프 대회 참가이다. 사장 김산이 매출을 향상하기 위한 새 조리법 블라인드 콘테스트를 열었을 때도 경쟁은 치열하지만 방법은 단순하다. 모두가 더 나은 요리를 하기 위해 애쓸 뿐이다. 국내파는 해외파를 이기기 위해, 말단 보조는 바로 윗 서열의 선배를 이기기 위해 오로지 실력으로 승부수를 건다. 그들은 요리사라는 밥줄과 자존심을 지키기 위해 땀으로 싸운다.

라스페라는 '구조 조정'과 요리사별 매출 성적표가 공개되는 등 '실적 경쟁'이 난무하는 치열한 직장이다. 이렇듯 라스페라가 비록 살벌하지만 아름다울 수 있었던 이유는 정직한 방법으로 꿈을 일궈나가는 직업인들의 땀이 있었고, 라스페라는 이들이 더 맛있는 요리를 만들겠다는 열정을 성취해낼 수 있는 공간이었기 때문이었다. <파스타>는 라스페라라는 주방을 통해 고용불안 시대 직장의 살풍경을 그대로 담아내고 한발 더 나아가 살벌한 직장이라는 공간에서 사랑과 일, 그리고 동료와의 연대를 일궈나가는 희망의 메시지를 보여주었다. 극 초반, 사랑과 일 사이에서 갈등하던 주방 식구들은 사랑과 일의 균형점을 찾아냈다. 해외파에게 열폭(열등감 폭발)하던 국내파들은 '팀워크도 실력이다'라는 신조아래 똘똘 뭉쳐 뉴셰프 대회 1등이라는 성과를 거두며 콤플렉스를 극복한다. 이들은 직장에서만큼은 철저한 냉혈한이기를 요구하는 시대의 요구 속에서도 당당히 직장에서 사람의 온기를 피워낸다. 사랑하고, 연대하고, 꿈을 일궈나간다. <파스타>에 대한 지지는 오늘날의 치열함을 쏙 빼박은 정글 세계에서 정직한 방법으로 사랑과 열정을 지켜낸 주방 식구들의 '삶의 태도에 대한 지지'가 아닐까 싶다.

# 권위를 벗어라, 그 속에 토론이 보인다
tvN <백지연의 끝장토론>

김경태

1. 들어가는 글: 소통이 사라진 자리/토론의 부재, 현재의 대한민국을 생각하며

4대강 사업과 세종시 문제는 그 사안의 옳고 그름을 떠나 소통이 부족했다는 것이 공통점이다. 사람은 태어나자마자 어머니와의 관계를 시작으로 한평생 많은 사람들과의 사회적 유대 속에서 살아간다. 관계의 그물망 속에서 사람들은 타인이 나와 다르다는 것을 깨닫기 시작하고 대화로써 서로의 의견을 조율해가며 조화를 추구한다. 그 중 토론은 나와는 완전히 다른 의견을 가진 사람들과의 치열한 대화의 장이다. 그리고 이러한 뜨거운 논쟁을 통해 세상은 균형을 이루며 한 단계 발전할 수 있는 것이다. 그렇기 때문에 적절한 소통과 그 소통을 위한 합리적인 토론이 부재한다면 그 사회는 갈등과 반목에 발목을 붙잡힐 수밖에 없다.

하지만 한국 사회에서 토론 문화의 부재라는 문제점은 현대사회로 접어든 이후에도 끊임없이 지적되어왔다. 말을 아끼는 것에 가치관을 두었던 전통에다 근대 시민사회의 짧은 역사, 군부독재의 영향, 주입식 교육으로 인한 토론식 교육의 부재 등 사회적으로 원활한 토론이 이뤄지지 못한 원인들은 이처럼 다양하다. 그러나 아쉽게도 지적은 있으나 토론 문화를 자리 잡게 할 적절한 대책을 찾는 일은 힘들기만 하다.

기본적으로 토론은 남이 나와 다르다는 다양성의 존중을 기본으로 한다. 타인의 생각은 내 생각과 다를 수 있기 때문에 내 생각만이 옳은 것이 아니며 합리적인 절차에 따라 서로의 의견을 조율한 뒤 내 생각보다 낫다면 얼마든지 상대의 손을 들어줄 수 있어야 한다. 혹은 토론 과정에서 서로가 인정하는 장점만을 취해 더 나은 결과를 이끌어낼 수 있는 것이다. 나의 의견인 정(正)에서 상대의 의견인 반(反)을 거쳐 새로운 결론인 합(合)에 이르는 변증법적인 과정이 바로 토론인 것이다. 대한민국은 자유민주주의 체제이다. 그렇기 때문에 결론이 합리적이냐가 아니라 결론에 이르는 그 절차가 민주적이었느냐가 중요하다. 한 사회의 민주주의 발전 척도는 그 사회의 토론 문화가 얼마나 발전했느냐에 달려 있다는 말은 과언이 아니다. 하지만 4대강 사업, 세종시, 천안함 문제 등에 대해 여전히 원활한 소통이 부재한 상황에서 누가 현재 대한민국이 토론 문화가 자리 잡은 나라라고 단정할 수 있겠는가?

## 2. 본론

### 1) "이 시대에 왜 토론 프로그램이 필요한가?": 새로운 토론 프로그램의 등장

현대사회를 표현하는 많은 말 중에 다매체 시대라는 표현이 있다. 한 개인에서 다른 개인으로, 한 개인에서 다수로, 미디어에서 대중으로 등 사람과 사람을 연결해주는 미디어가 다양해졌다는 것을 뜻한다. 특히 인터넷의 발달은 소통의 민주주의를 이룩한 것으로 보였다. 하지만 부작용 또한 상당해 과연 인터넷이 민주주의를 교육하는 장(場)으로서의 기능을 할 수 있는가에 대한 대답은 유보적일 수밖에 없다. 이러한 상황 속에서 그나마 지상파 3사에서 유지하고 있는 토론 프로그램들은 우리 사회에서 토론의 중요성을 상기시키고 동시대 이슈가 되고 있는 정치·경제·사회적 문제들을 조명함으로써 일반 대중에게 각 이슈에 대한 입장을 명확하게 해주는 계기를 제공한다. 지상파 3사의 토론 프로그램들은 이론상·의미상으로는 상당히 가치가 있음을 인정받고 있지만 형식과 내용 면에서는 각종 문제점을 지적받고 있다.

이러한 가운데 케이블 채널 tvN의 <백지영의 끝장토론>은 그동안 지상파 3사의 토론 프로그램들이 지적받아온 문제점을 대폭 개선한 독창성을 보인다. 그 독창성은 바로 케이블 매체라는 열악한 방송 환경이 추구하는 도전 정신과 지상파와 비교했을 때 전파의 공익성이라는 문제에서 좀 더 자유로운, 순수 상업매체라는 상대적 이점을 바탕으로 실현된다.

2) "권위를 벗은 토론, 시민들이여 마음껏 주장하라!": 시민들의 참여

<백지영의 끝장토론>의 가장 큰 장점은 바로 전문가가 토론의 중심이 아니라는 데 있다. 지상파 토론 프로그램들의 전형적인 형식은 주어진 의제에 대해 찬반 입장을 가진 두 명 내지 세 명의 전문가 패널이 사회자를 중심으로 마주 보고 앉아 설전을 벌이는 것이다. 하지만 <백지영의 끝장토론>은 전문가가 토론의 주인공이 아니다. 물론 전문가 패널이 논쟁을 벌이기는 하지만 그들은 더 이상 토론의 주인공이 아니다. 총 60명 정도의 시민 토론단은 찬반 양측으로 나눠져 각자의 의견을 강력하게 제기한다.

여기서 강조되는 것은 바로 '강력하게'라는 부분이다. 지상파 토론 프로그램이 시민 참여라는 의미를 살리기 위해 시청자 평가단이나 전화·인터넷 참여 등의 새로운 시도들을 도입하고는 있으나 이는 어디까지 생색내기에 그치고 있다. 90분 정도의 방송 시간 중 시청자가 의견을 개진할 수 있는 시간은 고작해야 5분도 채 되지 않는다. 그조차도 전문 패널들에게 질문하는 정도에 그친다.

하지만 <백지영의 끝장토론>은 다르다. 강력하다. 시민 토론자들이 너무나 자기 입장을 강조하다 보니 때로는 시청자들이 눈살을 찌푸리게 되는 장면이 나오기도 한다. 하지만 원래 토론은 치열한 것이다. 시끄러운 것이다. 토론의 주제가 첨예할수록 각자의 목소리는 커질 수밖에 없고 그러한 갈등을 통과한 후에야 배타적으로 보이던 입장이 하나로 수렴되는 것이다. 물론 프로그램 제작자의 입장에서는 재미라는 요소를 살려야 하고 그로써 시청률을 높이기 위해 시민 토론단에게 필요 이상으로 과도하게 의사를 개진해 달라고 요구할 수는 있다. 하지만 그렇다고 해서 적극적인 토론 참여의 중요성이 평가절하될 수는 없다.

지상파 토론 프로그램들과 마찬가지로 찬반 입장의 전문가 패널이 각 두 명씩 참여하고 있으나 이들의 역할은 시민 토론단의 입장을 대변하거나 구체적·전문적인 자료로 시민 토론단의 의견을 보충해주는 데에 머문다. 때로는 아예 전문가 패널이 뒤돌아 앉아 시민 토론단과 설전을 벌이기도 한다. 이러한 자리를 통해 전문가들 역시 시민들의 생생한 목소리를 직접 들을 수 있고 영향을 받게 된다. 이로써 <백시언의 끝장토론>은 자기 주장만 말하다가 합의점 없이 끝나버리는 지상파 토론 프로그램의 한계를 넘어서고 있다. 토론은 엄숙해야 한다는 권위적인 생각을 벗었다는 점, 전문가만이 사회적 주제를 다룰 수 있다는 편견을 벗은 점이 이 프로그램의 가치를 빛내준다.

### 3) "핵심은 과정이다!": 라운드 시스템

지상파 토론 프로그램은 프로그램이 시작하면 사회자가 주제를 제시하고 세부 안건에 맞춰 전문가 패널들이 토론을 진행해나가는 방식이다. 물론 <백지영의 끝장토론>도 비슷한 형식을 취한다. 하지만 독창적인 부분은 라운드 시스템을 도입했다는 것이다. 시민 토론단 외에 토론 평가단 50명이 토론을 지켜보고 있다. 이 프로그램은 주제에 대한 토론 평가단의 찬반 의견을 묻는 것에서부터 시작한다. 여기서의 찬반 입장은 그 의제의 옳고 그름, 선택과 배제를 내포하고 있지 않다. 단지 토론의 과정을 보여주기 위한, 토론을 위한 평가이다. 시민 토론단과 전문가 패널의 치열한 토론이 이뤄지는 가운데 평가단의 평가가 세 차례 이어진다. 시작할 때는 안건에 대해 찬반 어느 한 쪽으로 입장이 쏠려 있다가도 토론의 진행 과정을 지켜보면서 조금 더 설득력 있는 쪽의 손을 들어주게 된다. 바로 합리적인 토론을 통해 사람들의 의식이 어떻게 변해가는지를 추적하는 것이다. 이렇게 토론에 대한 평가가 진행되기 때문에 발언자들은 막무가내로 주장을 펼칠 수가 없다. 사회자는 토론이 진행되는 과정에서 생각이 바뀐 시민 토론자가 있는지 수시로 점검하는데 시청자들은 이러한 진행을 통해 토론 자체를 즐기게 된다.

<백지연의 끝장토론>의 이런 형식은 토론의 목적이 결과에 있는 것이 아니라 합리적인 과정을 추구하고 그로써 서로의 의견을 조율해나가는 것이라는 사실을 말해준다. 전문가들이 지적하듯이, 토론 프로그램이 사회적 공론장(場)과 미디어 교육 매체로서의 역할을 해야 한다면 바로 이 같은 형식이 시청자들에게 토론 자체를 교육하는 긍정적인 역할을 하는 것이다.

상업 채널이 프로그램의 재미를 위해 도입한 신선한 발상의 토론 형식이 오히려 지상파가 제대로 해내지 못하고 있는 교육적 효과를 발휘한다는 것은 관심을 가질 만한 대목이다.

### 4) "주목을 끌어라!": 사회자의 스타성과 카리스마, 주제의 유연성과 녹화방송

다시 말하지만 <백지영의 끝장토론>은 상업 채널의 상업적 프로그램이다. 투입한 비용에 비해 시청률이 나오지 않으면 언제든지 간판을 내릴 수 있다. 따라서 토론, 토크, 드라마, 쇼 등 어떤 프로그램 장르든지 간에 재미있어야 한다. 상업 채널에서 지루하기만 한 토론 프로그램을 제작, 방영하는 자체가 신선한 것이다(tvN에는 교양 카테고리가 없기 때문에 <백지영의 끝장토론>은 연예오락 카테고리에 들어가 있다). 그렇다면 어떻게든 재미있게 만들어야 한다. 프로그램이 "더 이상 재미없는 낡은 토론은 가라!"고 홍보하지 않아도 된다. 판단은 시청자가 한다. 뭐든지 빨라진 시대에 재미없는 프로그램은 바로 시청자의 단죄를 받는다. TV 리모콘이 다른 채널로 향하는 것이다.

엄숙주의에 매몰된 지상파 토론 프로그램의 주 시청자가 특별한 토론 주제에 관심이 있는 소수의 시청자, 의제와 관련된 일부 단체, 식자들인 데 반해 <백지영의 끝장토론>은 재미를 좇는 일반 시청자들의 눈길을 끈다. 아무리 좋은 프로그램이라도 시청자가 없다면 소용이 없다. 일단 보여져야만 한다. 그래야 교육이든 공론장이든 그 역할을 할 수 있다. 이 프로그램에서 재미와 관심의 첨병 역할을 하는 이가 바로 사회자 백지연이다. 백지연의 스타성과 토론을 적극적으로 이끌어가는 카리스마는 시청자의 눈길을 잡아 끈다. MBC의 <100분 토론>을 진행했던 손석희(의 영향력)를 연상시킨다. 현재 대부분의 지상파 토론 프로그램이 비용을 절감하기 위해 보도 데스크 등 내부 직원을 사회자로 앉힌 데 비해 tvN은 과감히 투자한 것이다.

주제 역시 시청률에 한몫하고 있다. 지난 최근 한 달, 지상파 토론 프로그램이 4대강 사업, 지방선거, 한국전쟁, 교육정책 등을 다루었던 데 반해 <백지영의 끝장토론>에서는 '김길태 사형 찬반', '천안함 사태로 촉발된 악성 유언비어 처벌 찬반', '10대 아이돌 섹시코드 찬반', '동성애 드라마 찬반'이라는 주제를 다루었다. 지상파 토론 프로그램에서 무겁고 엄숙한 주제를 다루는 동안 <백지영의 끝장토론>은 시의적절하면서도 조금은 가벼운 사회적 이슈를 다루었다. 토론 프로그램이 하나밖에 없는 것이 아닌 이상 다양한 주제를 다뤄 시청자들의 관심을 끄는 것은 바람직하다. 물론 가볍다는 지적을 피하기 위해 김길태 사형이나 천안함 사태 같은 주제도 다루었다.

또한 <백지영의 끝장토론>은 녹화방송이다. 생방송이 아니어서 긴급한 주제를 다루는 데에는 한계가 있으나 편집을 통해 버라이어티 프로그램 같은 역동적인 화면을 보여줄 수 있다는 장점이 있다. 빠른 영상에 익숙한 시청자들에게 어필하기 위해 백지연이 등장하는 오프닝 시퀀스만 해도 롱샷, 풀샷, 클로즈업 등 다양한 카메라 앵글로 10개 이상의 샷을 보여준다. 지상파 토론 프로그램처럼 찬반 양측 패널을 이분할하는 화면에서 나아가 삼분할, 사분할 화면까지 보여주며 역동미를 가미한다. 극적인 구성을 연출하기 위해 카메라가 흔들리면 안 된다는 고정관념도 깼다. 빈번한 들고 찍기와 줌인 화면은 시청자들에게 지루할 틈을 주지 않는다. 그리고 녹화방송으로 인한 완성도 있는 화면 구성과 흥미를 유발하는 배경음악 및 효과음의 사용, 친절한 자막은 시청자들을 프로그램에 몰입하게 만든다.

## 3. 나오는 글: 다양성 공존을 꿈꾸며

소통을 위해서는 합리적인 토론 문화가 자리 잡아야 한다. 사회적으로는 토론식 교육 등 다양한 방법이 시도되어야 하고 방송에서는 합리적이고 효과적인 토론 프로그램이 제작되어야만 한다. 한 연구에 따르면 지상파 토론 프로그램은 주로 정치, 경제를 주제로 하는 거대 담론을 다루며 전문가 패널의 전문성에만 의존해 토론을 진행한 결과, 견해 차이를 좁히기보다는 입장 차이만 확인하고 분열 속에서 종결된다는 점이 문제로 지적되었다. 과연 토론은 실생활에서뿐만 아니라 정제된 방송에서조차 요원한 것인가? 시청자들이 지상파 토론 프로그램을 외면하는 이유는 무엇인가에 대한 치열한 고민이 필요하다.

이러한 시점에서 <백지영의 끝장토론>은 하나의 가능성을 제시해주고 있다. 물론 <백지영의 끝장토론> 역시 시민들의 적극적인 참여를 유도하고는 있지만 주제에 적합한 시민 토론자를 섭외하기가 어렵기 때문에 같은 출연진이 반복해서 나오는 문제가 있으며, 토론 주제를 선정할 때 시청률을 의식해서 자극적인 소재 위주로 흐를 우려 같은 한계가 없는 것은 아니다. 하지만 지상파 토론 프로그램처럼 단순히 전문가들의 입장만 재확인하는 토론을 보는 갑갑함에서 벗어나 토론 그 자체를 즐길 수 있고, 내 생각과는 다른 의견을 가진 여러 시민들이 있다는 것을 확인할 수 있다는 것만으로도 이 프로그램의 가치는 빛난다. 사회자 백지연은 프로그램 곳곳에서 "우리 토론은 어느 것이 옳다는 것을 확인하는 자리가 아니다. 나와는 다른 의견이 있다는, 그래서 서로의 의견을 조율해가는 과정이 중요하다"고 말한다. 그렇다. 이런 점에 <백지영의 끝장토론>의 의미가 있고 많은 시청자들이 이 프로그램을 통해 토론의 즐거움과 다양성의 공존을 맛보길 바란다.

# 겁쟁이가 된 KBS <9시 뉴스>

최진오

## 언론 보도의 실태

요즘 언론의 공정성에 대해서 부쩍 말이 많아졌다. 촛불시위 때 학생들의 표현의 자유를 억압하며 경찰이 개인의 블로그마저 검열하는 상황에서 공정한 언론의 중심에 서야 할 KBS 뉴스가 보인 소극적인 보도 태도를 보고 불신의 벽이 쌓였다. 이런 불신의 벽은 4대강 사업이나 무상 급식, 친일 인명사전 등의 이슈를 안일하게 보도하거나 아예 무시하는 보도 행태를 통해 더 높아질 수밖에 없었다. 대중의 아우성을 해결할 수 있는 주체는 언론인데, 오히려 언론이 대중의 아우성을 키우고 있다. 특히, 이명박 정부가 들어서면서부터 더욱더 표현의 자유가 무시되고 침해된다는 것을 느꼈다. 이러한 언론의 편파 보도의 중심에는 KBS <9시 뉴스>가 있었다. 급기야 대다수 국민은 KBS 뉴스를 외면하기 시작했고 다른 채널로 시청률이 이동하게 되었다. 나만 하더라도 KBS 뉴스가 충분한 정보를 제공하고 있는 것인지 본능적으로 의심하고 있다. 이를 근거로 볼 때에 KBS 뉴스는 뉴스의 본질이 무엇인지에 대해 고민해야 하며 그와 함께 국민의 눈과 귀를 막으려는 어리석은 행태에서 벗어나야 할 것이다.

## 등 돌린 국민

국민이 뿔났다. 공영방송은 국민을 위한 방송이다. KBS는 걸핏하면 영국의 BBC를 사례로 공영방송의 위치와 의무에 대해 역설한다. 이는 성공적인 사례를 통해 이미지를 동일시하고, 변화하는 미디어 환경에서 KBS가 미디어 테크놀로지에 비교적 잘 적응하고 있음을 말하려는 것으로 보인다. 그리고 얼마 전 오은선이 여성으로는 세계 최초로 히말라야 14좌를 완등했을 때에 KBS는 방송장비를 정상 가까이에 있는 캠프에 설치하고 카메라 기자가 함께 등반해 생방송으로 중계하는 등 기술적으로 선도적인 위치에 있음을 과시했다. 그러나 뉴스에서 속보성과 현장감 이상으로 중요한 것은 아무래도 '논조'가 아닐까 싶다. 시청자들의 수신료를 받는 방송사로서 국민에게 공정하고 형평에 맞는 보도를 해야 하는 방송이 국민이 아닌 정부에 입장에 맞추어 보도하는 것은 방송 윤리에 어긋나는 행위이다. 그 결과 많은 국민이 KBS를 신뢰하지 못하게 되었고, KBS의 기자들은 새로 온 사장에 반대하여 파업을 결의했다.

## KBS 아나운서, "MBC 뉴스 꼭 봐라"

이 기사 제목은 무슨 뜻일까? 어쩌다 KBS 아나운서가 타사의 방송을 홍보하는 모순적인 상황이 일어났을까? KBS 아나운서가 MBC 뉴스를 꼭 보라고 한 이유는 KBS 총파업에 대해 KBS는 보도를 하지 않을 것이므로

MBC 뉴스에서 소식을 확인하라는 멘트였다. 이처럼 KBS는 내부의 파업을 보도하지 않을 정도로 편파적인 보도를 보여주고 있다. KBS의 현주소는 말이 아니다. 안에서는 파업이 진행 중이고 저녁 메인뉴스에서는 편파적인 방송이 구설수에 올랐다. 그 대표적인 예는 2009년 11월 16일, YTN 노조 해고가 무효라는 판결을 축소 보도한 것이다. MBC는 무려 3일 전에 보도한 내용이었다. YTN 노조는 KBS 총파업의 이유와 마찬가지로 현 정부가 임명한 낙하산 인사에 대해 강력히 항의하다 인사적으로 불이익을 받았는데, 법원은 YTN 노조의 항의가 법적으로 정당한 행위였다고 판단한 것이다. 그러므로 이 사건은 언론계의 일인 것을 떠나 반드시, 그리고 상세히 보도해야 마땅한 뉴스였던 것이다. 이제 방송이 보여주지 않는 것을 국민이 모르고 끝나는 시대는 지났다. 국민은 보도되지 않은 뉴스라도 정보의 바다에서 끝까지 찾아내고 공유한다. 이렇듯 언론이 특정 사건에 대해 객관성을 결여한 채 소극적으로 보도하는 것을 보면서 시민들은 분노하고 실망한다.

## 삶을 소심하게 대하는 것은 문제

뉴스란 무엇인가. 진지하게 파헤칠 것도 없이 영어로 동서남북의 첫 글자를 땄다는 설명과, '새로운 것들'이라는 설명이 모두 유효한 것은, 우리 삶의 모든 보고이기 때문일 것이다. 그렇기 때문에 뉴스 시간은 인간적이고 솔직한 모양새가 되어야 한다고 본다. 가령 수험생들은 수능 직후 어느 정도의 비중과 정확한 정보를 원한다. 그리고 우리의 모습을 후련하게 보고 싶기도 하다. 앞서 YTN 노조 해고 무효판결 건으로도 지적했던 11월 중순에는 마침 수능도 있었다. 그런데 전체적인 점수대 쏠림 현상과 지원 전략, 설명회 일정을 위주로 보도하고, 다른 한 꼭지는 자유로워진 수험생들의 모습을 스케치한 MBC <뉴스데스크>에 비해 KBS <9시 뉴스>는 초라했다. 2학기 수시가 계속되고 있다는, 누구나 잘 알고 있는 멘트와, 전체를 대표하기엔 부족한, 어떤 학생의 모의고사와 수능 간 과목별 점수 차를 다루고 있었다. 그 외에 자세한 소식은 없었다.

## 달면 삼키고, 쓰면 뱉는다

이번에는 4대강 사업에 대한 소심한 보도 전략을 보자. <9시 뉴스>는 "(이명박 대통령은) 4대강 사업이 바로 물 부족 해소 사업에 해당한다고 역설했다"면서 "4대강 살리기 사업은 생명 보호와 경제성장을 동시에 추구하는 대표적인 녹색 뉴딜 프로젝트"라는 이 대통령의 발언을 인용했다. 반면, 4월 23일에는 4대강 사업 구간인 경기도 여주군 능서면 내양리 일대에서 물고기 1,000여 마리가 집단 폐사한 사건을 아예 보도하지 않은 사실이 밝혀졌다. 같은 날 SBS와 MBC는 4대강 사업 구간에서 물고기 1,000여 마리가 집단 폐사한 사건을 보도했다. 또한, KBS는 4대강 사업의 환경파괴 문제뿐만 아니라 4대강 사업에 반대하는 시민사회단체의 목소리를 전혀 전달하지 않았다. 무상 급식에 대해서도 KBS의 잘못된 보도 태도를 알 수 있다. 지난 11개월 동안 <9시 뉴스>에서 '무상 급식' 의제에 대해 보도한 날은 딱 하루, 3월 18일밖에 없었다. 일주일도 아니고 한 달도 아니고 무려 9개월 동안 무상 급식의 '무'자도 꺼내지 않은 것이다. 반면, MBC와 SBS는 각각 11개월 동안 각각, 4건과 3건을 언급했나. 비록 소극적인 언급이기는 했지만, 확실히 KBS보다는 많은 횟수를 기록했다. 지난해 11월 8일 친일 인명사전 방송을 보도할 때도 <9시 뉴스>는 ≪조선일보≫ 방상훈 사장의 조부인 방응모 사장과 ≪중앙일보≫의 현 사주인 홍석현의 부친인 홍진기가 이번 민족 문제연구소가 발간한 친일 인명사전에 등재되어 있다는 사실을 보도하지 않았다. 국민의 알 권리를 침해한 것이다. 정보 공개에서 은폐는 왜곡만큼이나 심각한 '반칙'이다. 이같이 정확하지 않고 단적인 모습만 보여주는 뉴스 때문에 나는 한 가지 매체뿐만 아니라 다른 언론 매체까지 보며 어떠한 사실이 있는지 확인해야 했다. 이런 KBS의 편파적인 보도를 보며 답답하지 않을 수 없었다.

## 언론의 객관적 보도란

KBS의 객관적이지 못한 보도를 접하면서 언론의 객관적 보도란 무엇인가에 대해 많이 생각해보았다. 물론, 객관적인 정보의 기준은 모호할 수 있다. 보는 사람의 기준에 따라 객관성도 변화하기 때문이다. 그러나 앞서 세 보도에 대한 <9시 뉴스>의 처신은 매우 편파적이었다. 한 사회의 신뢰감이 알 권리 보장을 바탕으로 이뤄진다는 점에서 언론이 중요한 역할을 담당하는데도 말이다. 언론이 신속성을 중시하는 태도 역시 원할한 소통을 가로막는다. 현재 언론 보도는 신속성과 발 빠른 업데이트에 지나치게 치중해 있다. 이는 정보를 빨리 전달하는 대신 사건을 결과 중심으로 서술하여 그 사건의 동기나 사회적 맥락 등 심층적인 내용은 짚고 넘어가기 힘들다. 그래서 사람들은 사건을 심층적으로 이해하려 하지 않고 엉뚱하게 오해하게 된다. 그리고 정작 편파적인 방송으로 구설수에 오른 KBS는 자신들은 잘못이 없다는 식으로 뻔뻔한 입장을 취하고 있다. 이제는 국민을 위한 방송으로 돌아와야 할 시점이다. <9시 뉴스>는 변화를 맞이해야 한다. 외국의 공영방송들은 심층 뉴스를 강화함과 동시에 시청자와의 소통을 중심으로 뉴스를 꾸리고 있다. 미국의 공영방송 PBS는 1시간 동안 심층 뉴스 4~5개를 전하며 한 뉴스에 10~12분 정도를 할애한다. 또한 나머지 뉴스는 보조 앵커가 2~3분 짧게 보도하며, 시간 제약 때문에 하지 못한 이야기들을 인터넷에 올렸다고 말해주면서 시청자의 참여를 유도하여 소통에 무게를 둔다. 예를 들어, KBS가 가장 닮고 싶어 하지만 보도 태도에서는 그대로 따라 행동하지 않은 영국 BBC는 뭄바이 테러가 일어났을 때, 이 사건에 대한 홈페이지를 따로 개설하여 외신 보도와 목격자들의 증언을 소개했다. 또한 사건 발생 1년 뒤 피해자들의 생활과 그 사건에 대한 사회적 교훈 등을 보도했다. 이런 주도면밀한 점은 우리나라 언론사들이 본받아야 할 점일 것이다.

## 뉴스, 시민의 방송으로 돌아서라

우리나라는 IT 기술과 통신 산업의 발달로 커뮤니케이션 인프라에서는 세계 첨단의 수준을 자랑하고 있다. 그렇다면 아직도 토론 문화나 이념 갈등에서 성숙하지 못한 모습을 보이고 있는 시민사회를 뭉치게 하는 데 뉴스 프로그램이 중심이 서는 것도 좋은 방법일 수 있다. 우선은 외국의 공영방송들처럼 시청자와 쌍방향으로 소통하는 뉴스를 제작해볼 필요가 있다. <100분 토론>(MBC)을 통해 도입 가능성을 확인할 수 있었던 시민들의 의견 반영의 경우 과감한 개편을 통해 뉴스에서도 차용할 수 있다고 본다. 그럼으로써 정부를 위한 방송이 아닌 시민을 위한 방송으로 돌아와야 한다. 학생들은 학생들의 입장에서 좀 너 정확하고 원인을 알 수 있는 심층적인 내용의 뉴스 그리고 주관이 섞이지 않은 뉴스를 접할 수 있기를 원한다. 아무래도 사회, 문화 현상 가운데 주관이 개입되지 않는 분야는 사실상 없다고 해도 무방하지만 언론은 최대한 객관성을 지향해야 하는 매체임을 계속 강조해도 지나치지 않는다.

　현재 시민사회에서 그 객관성은 표본의 크기를 얼마나 확보하고 반영하느냐에 달려 있다. KBS는 '국민의 방송', '대한민국 대표 뉴스'라는 표어에 걸맞게 정확하고 규모 있는 설문조사를 언제라도 자신있게 할 수 있을 정도의 열성 시청자 집단을 확보할 필요가 있다. 그러기 위해서는 공영성을 회복하고, 혹 지탄을 받더라도 예전처럼 풍부한 뉴스를 제공함으로써 시민들에게 비판과 참여의 장을 열어둔 뉴스가 되어야 한다.

# 꿈을 잃은 고등학생의 '뒤틀린' 현실에 대한 노골적인 리얼리티
## KBS2 월화 드라마 <공부의 신> 비평

육지민

자라나는 청소년들에게 많은 이들은 공부가 인생의 전부가 아니니 꿈을 잃지 말라고 한다. 하지만 우리나라의 학생들에게 현실은 결코 그렇지가 않다. 공부를 잘하면 성적만 좋다면 사회에서 웬만한 지위는 차지할 수 있다는 사실, 그리고 그 반대의 경우 사회의 패배자로 여겨진다는 사실을 학생들도 잘 알고 있다. 그렇기에 며칠 밤을 새워서 기말고사 준비를 하고, 친구들보다 자신의 점수가 조금이라도 낮으면 절망감을 느낀다.

<공부의 신>은 그런 의미에서 청소년들에게 신선하게 다가온다. 무조건 열심히 노력하면 성적과 관계없이 성공할 수 있다거나 꿈을 잃지 말라는 어른들과 성공한 사람늘의 조언은 시겁도록 많이 들었디. 그런 말들이 학교에서는 별 실용적인 효과를 거두지 못한다는 사실을 알고 있는 학생들에게 공부란 '어차피 해야 된다'라는 것을 인정하고 기획된 이 드라마는 그래서 학생들의 공감을 얻게 된다. "돈 있고 '빽' 있는 놈들이 판치는

이 세상이 역겹다면 너희가 룰을 만드는 사람이 되면 될 것 아니냐"라는 강석호(김수로) 변호사의 말은 극 중 주인공들뿐만 아니라 드라마를 보는 수많은 학생들에게도 충격적으로 다가온다. 주위에 이 사실을 알고 있었어도 시원하게, 그리고 냉정하게 말해주는 사람은 없었다. 그런데 이 사실을 드라마에서는 노골적으로 드러내면서 시작하기 때문에 학생들은 자극될 수밖에 없는 것이다. 그동안 방영되었던 많은 학원 드라마가 청소년들에게 관심을 끌지 못했던 것은 아니다. 하지만 <꽃보다 남자>(KBS2)에서도 볼 수 있듯이 모두 현실과 동떨어진 이야기밖에 하지 못했다. <공부의 신>의 매력은 노골적이게 현실적이라는 것이다. 당장 청소년들 앞에 놓인 '대학'이라는 관문에 통과하기 위해 자신들의 한계를 인정하고 그것을 극복하려는 또래들을 보면서 희망과 함께 자신의 문제에 대해서도 재고해 볼 수 있다는 것이다.

## 생생한 캐릭터, 매력적인 대사

드라마에서 주인공으로 등장하는 학생들은 황백현(유승호), 김풀잎(고아성), 그리고 홍찬두(이현우)이다. 황백현은 반에서 맨날 뒷줄에 앉는 싸움 잘하는 터프가이, 김풀잎은 감성적이고 우울한 현실 도피주의자, 홍찬두는 가수가 되고 싶지만 부모님의 반대에 굴복할 수밖에 없는 철부지로서 이들은 우리 주위에서 흔히 볼 수 있는 캐릭터이다. 타 학원 드라마에서 볼 수 있는 현실과 동떨어진 인물 설정과는 다르다. 학교에 한 명쯤은 있을 것 같은 친구들이 목표를 향해 가는 모습을 보며 학생 시청자들은 자신들도 해낼 수 있다는 용기를 얻게 된다.

또, 드라마에 나온 전문 선생님들이 가르쳐주는 공부 방법은 학생들에게 매우 실용적이며 매력적으로 들리는 공부 요령이다. 모두 톡톡 튀는 촌철살인과 캐치프레이즈로 이뤄진 특별반 선생님들이 이야기는 공부를 잘하는 방법에 굶주린 아이들의 귀에 쏙쏙 들어온다. 그것은 우리 세대뿐 아니라 주입식 교육으로 공부를 해온 부모 세대까지 공감하게 된다. 구체적인 예를 들자면 수학 선생(변희봉)이 "기초에 충실하라, 언제든 초등 문제를 풀어라", "100문제를 10분 안에 풀어라, 수학은 시간 싸움이다", "수학은 스포츠다, 탁구다. 기본 공식을 반사적으로 생각해내서 문제를 쳐내라", "모르는 문제는 외워라" 같은 이야기는 시험 공부를 할 때 단기간에 수학 점수를 올리는 데 실제로 유용한 정보였다. 또 영어의 "구문 100개를 외울 것", "영어 사전을 보지 마라"나 과학의 "메모리 트리 만들기" 역시 이 드라마가 아니더라도 여타 공부법 강의에서 강조하고 있는 알짜배기 정보들이었다. 이런 점 때문에 공부법에 목마른 학생과 학부모들은 이 드라마에서 눈을 뗄 수가 없었다.

변호사 강석호는 학교 생활에서 성적을 향상시키기 위해 노력하는 학생들에게 필요한 정신적인 요소를 일깨우고 있다. 이것은 실제로 학생들이 성적을 향상시키기 위해서 가져야 할 덕목으로 되새겨볼 만했다. 첫 번째, 뚜렷한 목표와 동기 의식이 필요하다는 것이다. 강석호는 본인이 학창 시절 방황하다가 공부를 하게 된 과거를 회상하며 학생들에게 공부에서 가장 중요한 동기 부여의 역할을 맡는다. 또 그는 타고난 머리가 성적을 좌우하지 않으며 기본적인 재능은 똑같다는 것을 강조함으로써 희망을 준다. 성적은 공부하는 기술과 효율적인 공부법에 달렸다는 것이다. 강석호는 자신의 능력을 믿지 못하는 학생들에게 지속적으로 일류대에 갈 수 있다는 자신감을 가지게 한다. 강석호의 이 생각은 공부 머리는 따로 있다고 여기는 '봉구'의 부모와 대립된다. 아직도 '공부 머리'가 따로 있다고 말하는 학부모와 학생, 시청자들에게 강석호의 생각은 깨우침을 준다.

## 약한 갈등구도, 무리한 러브라인

드라마에 아쉬운 점도 있었다. 우선 강석호와 대립하는 장마리(오윤아)의 갈등 구도가 약하다는 것이다. 두 사람의 갈등은 특별반 구성과 천하대 목표, 그리고 학교의 존립을 놓고 처음에는 구도가 명확하다가 나중에 흐지부지해진다. 장마리가 강석호를 좋아하면서부터다. 이것은 굳이 주인공을 러브 라인이나 삼각관계에 놓아야 한다는 한국 드라마의 관성적인 구조 설정 때문에 일어난 오류가 아닌가 싶다. 러브 라인이 아니었다면 훨씬 더 생생한 대결 구도가 이뤄짐으로써 만화적인 프로타고니스트와 안타고니스트의 대립이 가능했을 것이다.

또 하나 강석호의 목표가 마지막에 흐려지는 점도 아쉽다. 그는 처음에 "멍청해서 평생 똑똑한 놈들에게 발리고 살 놈들", "돈 있고 '빽' 있는 놈들이 판치는 이 세상이 역겹다면 너희가 룰을 만드는 사람이 되면 될 것 아니냐"는 독설로 아이들을 자극하면서 이들을 천하대에 진학시키느냐 못하느냐 하는 아주 현실적인 문제를 목표로 내세웠는데 끝에 가서는 "천하대에 합격했든 않았든 그것은 중요치 않다. 이 험난한 세상을 헤쳐갈 힘이 생겼기 때문이다. 이것이 바로 공부의 신이다. 진정한 공부란 인생을 올바르게 사는 방법을 깨치는 것이다. 공부의 신이란 어떤 위치든 무엇을 하든, 치열하게 인생을 살아가는 것이다. 나는 너희들에게 이것을 깨닫게 해주고 싶었다"라면서 자신이 세웠던 목표를 스스로 부정한다. 이 역시 교훈적이고 감동적인 결론을 내야 한다는 한국 드라마의 고질적인 문제 때문이 아닌가 싶다. 이런 교훈적인 메시지로 두리뭉실하게 결말을 얼버무림으로써 애초

주인공이 내세웠던 목표는 자기 기만에 지나지 않고 억지스러운 감동으로 변질되었다.

## 드라마의 리얼리티는 과연 바람직했나

드라마는 1등 지상주의와 주입식 교육이 판치고 있는 현실을 있는 그대로 드러내는 노골적인 리얼리티로 재미를 끌어모았지만 이것이 과연 바람직한 것인가에 대해서 비판의 여지가 있다 . 즉, 치열한 현실에 대한 리얼리티를 그리려 했지만 결국 "치열한 경쟁에서 살아남는 생존 전략" 같은 지나치게 실용적인 주제만을 내세워 아이들에게 성공에 대한 그릇된 환상을 심어줄 우려가 있기 때문이다. 우선 극 중에 등장하는 새로운 공부 방법들은 결국 학생들을 공부 기계로 만들어버리는 일밖에 되지 않을 것이다. 학생들이 이 방법에 익숙해진다는 것은 결국 극 중에서도 주입식 교육에서 벗어날 수 없는 우리나라 교육의 한계를 인정하는 것이다. 해결 방안으로 제시한 것이 이것밖에 없으니 말이다. '아직 현실은 우리를 이 방식의 노예로 만들지만, 더 좋은 교육 환경을 위해서 이런 것이다'라는 제작자의 생각이 담겼으면 하는 아쉬움이 있다. 강석호의 '너희가 룰을 만들라'는 말에도 이런 사회에 순종적이어야 한다는 자세가 드러난다. 극 중에서는 사회 부조리의 문제를 인식하고 있으면서도 이런 사회를 바꿔 나가기 위해 사회와 학교가 할 수 있는 노력에 대한 탐구는 없고 모든 것은 개인의 노력 여하에 달려 있으며 그러니 학생은 그저 사회 속에서 생존하기 위해 공부라는 방식을 택해야 한다는 것밖에는 보여주지 않는다.

또한, 공교육 변화를 이끌어야 할 주체인 학교가 잘못된 공교육에 대해 반성적인 시각을 갖고 있지 않다는 점도 문제다. 결국 교육의 잘못된 점을 개선하기 위해서는 학교가 바뀌고 교사와 학부모, 학생 모두가 바뀌어야 하는데 이 드라마는 공교육의 주체가 아닌, 외부인 변호사가 변화를 주도하며 학생들은 수동적으로 따라오고만 있다. 비록 그 과정에서 깨달음을 얻었다고는 하지만 공교육의 주체가 변하지 않고 단지 "학생들의 성공을 향한 치열한 노력"만으로 변화를 이끌 수 있다는 시각을 제시하는 것은 모든 교육의 문제를 학생 개인의 노력이라는 단순한 해결책으로 치환해버리는 문제가 있다. 또 이런 점은 최근 사교육이 공교육의 문제점을 끌어안으려는 마당에 '잘 가르치기만 하면 누구든 괜찮다'는 식의 사교육 만능주의를 심어줄 우려도 있다. 따라서 청소년들의 현실에 대한 비판적인 시각과 심층적인 분석이 없는 이런 얕은 대안이 결코 오늘날 교육의 대안이 될 수는 없다고 본다.

<공부의 신>은 학생들과 교육의 비틀어진 현실을 외면하거나 억지로 예쁘게 포장하지 않고 있는 그대로 드러내 리얼리티를 획득했다는 점에서는 분명 의미가 있다. 하지만 앞으로 나올 학원 드라마는 청소년과 교육에 대해서 공교육의 주체들이 어떻게 현실을 바꿔나갈 것인가. 그리고 그 현실 속에서 어떤 긍정적이고 건설적인 대안을 찾아갈 수 있는지 제시하는 프로그램을 만들어야 한다고 생각한다. 그리고 무엇보다 점수 경쟁과 1등 만능주의가 판을 치는 지옥 같은 현실 속에서 뒤틀린 꿈과 왜곡된 성공 전략만을 찾는 청소년이 아니라 그런 현실을 바꾸기 위해 비판적인 시각으로서 건설적인 방향을 모색하며 꿈을 잃지 않는 청소년의 모습을 그리는 드라마가 만들어졌으면 하는 바람이다.

# '엣지' 있게 군림하는 패션인의 불편하지만 귀여운 허영

SBS 주말 드라마 <스타일>

강지윤

"일 못하는 여자로 살래, 일 잘하는 사람으로 살래?"

<스타일>의 박기자(김혜수)는 히스테리 제대로인, 영락없는 노처녀 상사지만 탄산음료처럼 톡 쏘는 맛이 있다. 매회, 매 장면마다 일반적으로 대중이 생각하는 패션 잡지 에디터의 표상을 적나라하게 구현해내며 그 누구보다 깐깐하고, 도도하며 차가운 '척'한다. 사실 드라마 <스타일>의 구상은 초반에 '박기자'라는 캐릭터에 힘을 실어준 다음, 스토리 중·후반으로 넘어가면서 가련한 캔디의 소산인 잡지사 말단 보조 이서정(이지아)에게로 무게 중심이 이동하는 것이었다. 하지만 박기자 역을 맡은 김혜수의 존재감이 예상외로 너무 컸든지, 스토리 흐름을 사신에세로 바꾸지 못한 이지아의 뚝심 부족 때문에 드라마는 완전히, 박기자만 빛나는 그녀만의 다이어리가 되어버렸다. 자칫 한국판 <악마는 프라다를 입는다>가 될 뻔했던 이 비운의 드라마는 도대체 무엇이 부족했을까. 혹은 무엇이 흘러넘

쳤을까.

## 너무 넘쳤던 '그것'들

사실 <스타일>은 드라마적인 요소의 과잉 반응의 연속이다. 다시 말해서, 플롯만 보자면 뻔하고 기대 이하다. 가령 <악마는 프라다를 입는다>와 비교해보았을 때 극 중 앤 헤서웨이는 패션에 문외한인 평범한 저널리스트 지망생이었다. 하지만 자신의 의도와는 다르게 세계 최고의 패션지 ≪런웨이≫의 편집장 비서직을 맡는데 이후부터 <스타일>과는 같지만 다른 양면성을 보인다.

먼저, <스타일>뿐만 아니라 여타 아류작에서 볼 수 있는 있는 '모두가 그녀를 사랑해' 법칙. <스타일>의 이서정은 고군분투 치열하게 살아가는 평범한 기자이지만, 박기자의 두 남자가 모두 그녀를 좋아하게 되고, 고의든 아니든 그들에게 도움을 톡톡히 받는 캔디형 캐릭터이다. 항상 어려울 때마다 그녀를 알게 모르게 도와주는 남자들과, 그 사실을 알 리 없는 이서정. 비단 잡지사의 여기자들뿐만 아니라 대한민국 모든 20대 여자 직장인들은 자신들이 보고 있는 화면이 드라마라는 사실을 망각한 채 꾹 참았던 말을 짜증과 함께 목구멍에서 뱉어낸다. "가지가지 한다, 진짜." 아아. 신이시여, 정녕 이서정이라는 여자에게만 남자와 운을 꼬이게 하는 페로몬을 발라놓으신 것인가요? 질투 어린 통탄과 어이가 없어서 생기는 날카로운 눈초리가 절로 이서정에게 향한다. 한편, 이 상황을 객관적으로 설명하자면 평범한 패션지 기자를 직장인의 워너비 롤모델로 이끌어내지 못한 요인은 스토리의 역량 결여와 소심함 때문이라고 할 수 있다. 그렇다고 아직 스스로의 힘만으로는 자립하기 부족한 인물을 일단 주위의 힘을 빌려

일으켜 세우는 게 능사는 아닌데 말이다. 그에 비해 <악마는 프라다를 입는다>의 앤 해서웨이는 그 나름대로 저돌적이며 자립적이다. 실제로 잡지 기자들이 조우할 수 있는 현실적인 문제부터 사적인 고민까지 전부 자기 식대로 황소같이 밀고 나간다. 따라서 어느 쪽으로 보든 <스타일>의 이서정은 감당할 수도 없고 감당하기도 싫은, 주는 것 없이 미운 캐릭터로 전락해버린다.

또 하나 지적할 점은 <스타일>은 도무지 나아갈 길을 제시해주지 않는다는 것이다. 드라마란 한편의 극으로서 적어도 강단 있는 스토리 전개와 클라이맥스와 같이 절정을 찍는 하이라이트가 있어야 하는데 <스타일>에서는 이렇다 할 갈등도, 긴장되는 사건도 없다. 서울패션위크에 가야 할 것 같은 사람들이 TV에 나와 옷 자랑, 신발 자랑을 할 뿐이다. 에피소드 형식으로 구성된 드라마처럼 한 회마다 특정한 주제가 있는 것도 아니다. 차 하고 포 떼니 남는 게 하나도 없더라는 것처럼 <스타일>은 구조상으로는 중박에도 못 미치는 실패작으로 보이며, 높은 시청률로 대히트를 친 전 시간대 <찬란한 유산>(SBS)과 후속 시간대 <그대 웃어요>(SBS) 사이에 편성되어 있어 어영부영 시간 때우기 좋은 한 편의 패션 잡지를 보는 것 같다. 이 드라마는 백영옥의 소설 『스타일』을 리메이크한 것으로, 원작과 차별되는 부분이 있어야 했는데 그런 점은 전혀 생각하지 않고 원작 주인공들의 화려한 모습만 모사한 점이 매우 아쉽다. 의도하지는 않았으나 '김혜수 원톱'이 된 상황에서 그 밖의 캐릭터들은 그녀와 어울리지 못하고 극 주변을 맴돌기만 한다. 이는 그들이 연기력이 부족해서가 아니다. 김혜수기 디른 배우에 비해 배역을 훨씬 잘 살렸기 때문일 수도 있지만 가장 큰 원인은 자기만의 캐릭터를 가진 등장인물들의 부조화라고 할 수 있겠다. 끝까지 카리스마 넘치고 엣지 있는 박기자, 매일 박기자에게 무차별하게 '깨지며'

힘없고 능력 없는 보조 직원의 하루하루를 되풀이하는 이서정, 그리고 두 여자 사이의 팽팽한 기류를 따라 갈피 없이 흔들리는 두 남자, 서우진(류시원)과 김민준(이용우). 이들은 극 중에서 변화가 없고 뻔뻔한 정도로 뻔한 모습으로 일관한다. 깐깐한 요즘 시청자들이 이렇게 평면적인 캐릭터들을 반기지 않는다는 걸 아는지 모르는지.

한편 이 드라마 때문에 비슷한 소재를 다룬 드라마 <매거진 알로>(KBS2)의 편성 또한 무기한 보류되었다. <스타일>은 원작 판권을 사들이는 열성까지 보였는데 뒤통수를 맞았으니 억울한 게 당연하다. 하지만 그렇게까지 하면서도 질 좋은 드라마를 선보이지 못했다는 것은 분명 큰 문제가 있다. 또한 <스타일>이 <매거진 알로>에 구성상 표절과 동시간대 편성이라는 이유를 들어 소송을 걸은 것이 오히려 역효과를 불러일으켰다. 결국 <매거진 알로>는 표절이 아니라고 판결이 났다. 그런데도 <스타일>은 구태여 <매거진 알로>의 편성 자체를 좌절시킬 필요가 있었을까. <스타일>은 이 문제 말고도 '드라마 외의 요소'에 돈을 지나치게 소비해 작품의 질을 떨어뜨리는 데 일조했다고 볼 수 있다. 표면만 흉내 내려고 했으면서 많은 돈을 주고 판권을 사들인 일이나, 제 살 깎아 먹기 식이 된 소송 건 등의 문제 때문에 <스타일>은 '드라마'에만 집중할 수가 없었다.

극 중 박기자가 입은, 억 단위를 호가하는 옷가지에 대한 언급도 불가피하다. 실제로 매회 선보였던 가지각색의 옷은 800만 원, 반지 1,500만 원, 시계 5,700만 원, 샌들 160만 원 정도라고 한다. 드라마 한 회가 끝날 때마다 김혜수가 입었던 의상 가격이 화두가 되었다. 하지만 이런 초고가의 상품이라도 김혜수가 방송에 착용하고 나오면 전량이 매진될 만큼, 불티나게 팔렸다는데 <스타일>은 드라마를 빙자한 고가 홈쇼핑 광고가 아니었나

하는 생각이 퍼뜩 든다. 허영만 가득 차고 드라마이기를 포기한 듯한 <스타일>은 빛 좋은 개살구일 뿐, 오히려 명품 브랜드 의류를 선전하는 듯한 '모델' 역을 충실하게 해준 배우들이 안쓰럽기까지 하다.

## 그럼에도 불구하고, 또 다른 의미가 있는 드라마

하지만 앞서 평가했던 것과 같이 <스타일>이 영 볼 가치가 없는 드라마는 아니다. 먼저 단점으로 지적했던 박기자의 엄청난 옷가지는 시청자들의 눈을 자극하기에 충분했다. 특히 여성 시청자들은 박기자와 이서정을 통해 직장 생활에서 느끼는 고통과 애환을 달래며 대리 만족을 느끼고, 남성에 기대지 않고 주체적이고 능동적으로 살아가는 그녀들의 당당함에 자신감을 얻기도 한다. 이런 점은 드라마의 궁극적인 목적과도 부합되지 않는가? 일상에 지친 사람들을 현실에서 잠깐 벗어나게 하여 잠시나마 드라마 속 캐릭터에 빙의시키는 것. <스타일>은 그런 점에서 시청자들을 매료시키기에 충분했다. 더불어 경제적인 측면에도 썩 나쁘지만은 않다. 앞서 언급한 단점을 역으로 말하면, <스타일>은 무리해가면서 원작 판권을 사들이는 바람에 그만큼의 제작비를 다른 곳에서 충당했어야 했는데 드라마의 주 소재가 소재인 만큼 유명 브랜드의 협찬과 후원을 끊임없이 받으면서 의상에 대해서는 큰 걱정을 할 필요가 없었다. 옷을 협찬해주는 브랜드의 입장에서도 드라마를 통해 간접 광고의 효과를 누렸으니 누이 좋고 매부 좋은 격이었던 셈이다.

참신한 소재에 대한 과감한 도전도 가히 창의적이라 할 만하다. 한국판 <악마는 프라다를 입는다>라고 할 만큼 한국에서 <스타일>처럼 패션을 주 소재로 다룬 드라마는 없었다. 드라마라서 좀 부풀려진 감이 있긴 해도,

일반 대중이 잘 모르는 패션잡지 기자들과 에디터의 일상, 그들만의 독특한 일과를 보여주며 어떤 이들에게는 꿈과 희망을 더해주었다. <내 이름은 김삼순>(MBC) 덕분에 '파티시에'라는 직업에 대한 선호도가 급격히 증가한 것처럼, <스타일> 때문에 패션 기자라는 직업에 대해서 적지 않은 이목이 집중되었다는 것은 부인할 수 없는 사실이다. 또한 최신 트렌드를 반영한 '감각 있는 드라마'라는 점에서 젊은층에게 큰 반향을 일으켰으며, 지상파 패션 프로그램들이 드라마 속 인물들의 의상에 큰 관심을 가지고 박기자의 의상을 상품화시켰다는 점도 <스타일>만의 강점이다.

## 앞으로 나올 패션 드라마에 대한 충고

이러한 요소에 힘입어 박기자 역을 맡은 김혜수는 2009 SBS 방송연예대상에서 10대 스타상을 수상하고, 2009 스타일아이콘어워즈에서 '최고의 아이콘'에 선정되는 등 영예를 얻었다. <스타일>의 박기자 캐릭터가 그녀의 패션 스타일 못지않게 강한 인상을 남겼음을 입증한 것이다. 이렇게 개성 강한 드라마가 이야기 구성 면에서까지 완벽했다면 더할 나위 없는 금상첨화였겠으나 결과는 아쉽게 되어버렸다. 만약 이서정 역을 맡은 이지아가 스토리 중심을 자신에게로 끌고 와서 드라마를 장악했다면, 또 이서정과 박기자, 김민준과 서우진 사이의 인물관계에서 불필요한 애정 라인을 제거했다면 훨씬 좋은 드라마가 될 수 있었을 텐데 말이다. 외양만 보면 근래에 나온 드라마 중 제일 스타일리시한 드라마였기에 그만큼 아쉬움이 남는 게 사실이다.

앞으로 패션에 관한 드라마를 제작할 때 <스타일>은 하나의 지침서가 될 것이다. 이 지침서는 잘 쓰면 약이 되겠지만 그렇지 않으면 독이 될 수 있다. 시청자 입장에서 해줄 충고는 이렇다. 일반 대중에게 잘 알려지지 않은 소재라고 해서 과장되게 표현하거나 이전 한국 드라마에서 많이 보아왔던, 남성 캐릭터에게 지나치게 의존하는 여자 주인공은 자제해야 할 것이다. 또한, 패션 드라마인 만큼 등장인물들의 의상에도 신경을 기울여야 하겠지만 스토리 개연성과 이야기 구성 단계가 명확히 드러나도록 플롯에도 신경을 써야 할 것이다. 냉정하게 <스타일>에 대한 전체적인 평가는 썩 좋다고 말할 수 없다. 하지만 이 드라마가 먼저 발판을 마련했기에 앞으로 나올 이와 비슷한 소재의 드라마는 훨씬 더 발전한 모습일 것이라는 데 점에 대해서는 매우 호의적이다. 즉, <스타일>의 극단적인 장점과 단점 때문에 이 드라마의 의의를 무시할 수 없다는 것이다. <스타일> 이후로는 작품의 완성도뿐만 아니라 시대의 유행도 이끌 수 있는 멋지고 참신한, 진정 '엣지' 있는 드라마가 나오기를 기대한다.

# 진정성은 별을 빛낸다
Mnet <슈퍼스타K>

조선태

 '프리허그(Free hug)'운동을 들어본 적이 있는가? 이는 길거리에서 "Free Hug"라고 쓴 피켓을 들고 기다리던 사람이 포옹을 청해오는 불특정 다수를 안아주는 행위이다. 처음 이 운동을 인터넷에서 동영상으로 접했을 때, 굉장히 이상한 경험을 했다. 처음에는 아무런 느낌이 없었는데, 동영상이 거의 끝날 때쯤 나도 모르게 눈가에 눈물이 고인 것이다. 단지 프리허그운동가가 누군가를 안아주는 장면을 몇 번 반복해서 시청한 것뿐인데 예기치 않은 감동을 받게 되었다. 과연 그 이유는 무엇이었을까? 긴 고민 끝에 내린 결론은 이렇다. '진정성'. 아무런 조건도 대가도 없이 이뤄지는 사람과 사람 사이의 육체적 접촉은 가장 원초적이고도 진실한 행동이라는 것이다.
 <슈퍼스타K>는 상황 설정이 대부분인 방송 프로그램들 사이에서 '진정성'을 느낄 수 있었던 몇 안 되는 프로그램 중 하나다. <슈퍼스타K>는 진행된 장소에 따라 크게 세 부분으로 나누어볼 수 있는데, 첫째는 각

지역에서 직접 실시된 예선전, 둘째는 서울 드림위크에서 진행된 본선전, 셋째는 서울 CGV아트홀에서 진행된 Top10전이다. 이 글에서는 진행 장소의 변동에 따라 나타난 진행 방식의 변화와 관련하여 <슈퍼스타K>가 보여준 진정성과 그 진정성의 변질을 다뤄볼 것이다.

## 예선전

전국에서 모인 참가자 72만 명은 모두 슈퍼스타를 목표로 예선 오디션을 치른다. 이들은 모두 가수가 되기를 간절히 꿈꾸는 사람들이다. <슈퍼스타K>는 참가자 72만 명 중에서 뛰어난 재능을 가졌거나 특이한 캐릭터를 선보이는 참가자 혹은 감동적인 사연을 간직한 참가자의 삶과 오디션 과정을 병렬적으로 보여준다. 모든 참가자들은 자신이 방송에 어떻게 비춰지든 상관하지 않고 가장 진지한 모습으로 오디션에 임한다. 이 모습에서 시청자들은 참가자들의 꿈에 대한 진정성을 느낀다. 그래서 그들의 합격, 불합격 여부에 따라 같이 기뻐하기도 슬퍼하기도 하는 것이다. <슈퍼스타K>의 최대 장점은 타 프로그램은 담아낼 수 없는 진정성을 담아냈다는 것이다.

이러한 장점을 잘 살린 예 중 하나가 바로 소외된 계층의 참가자들을 심도있게 조명한 것이다. 참가자 수가 엄청난 만큼 <슈퍼스타K>에는 다양한 사람들이 참가했다. 그들 중에는 시각장애인, 비만인, 혼혈인, 노인, 트렌스젠더 등 사회의 편견으로부터 자유롭지 않은 사람들도 있다. <슈퍼스타K>는 이러한 사람들을 놓지지 않고 그들의 삶을 전체적으로 조명하면서 그들에 대한 오해와 편견을 풀어주기 위해 노력했다. 예를 들어 트렌스젠더 참가자에게는 그녀가 남자친구와 데이트를 하는 장면을 구현하여 '트렌스젠더도 평범한 사람과 같이 사랑한다'는 메시지를 시사했다. 그리고 이 과정에서 그들의 삶의 진정성은 충분히 전달되었다.

하지만 <슈퍼스타K>는 다른 부수적 요소를 넣음으로써 진정성의 장점을 희석시켜버렸다. 그것은 바로 '가족'이다. 앞서 말했듯이 이 프로그램에는 정말 다양한 이들이 참가했다. 그럼에도 가족에 대한 사연을 가진 참가자가 유독 많았던 것은 다분히 연출자의 의도라고 볼 수밖에 없다. 그렇다면 연출자는 가족에 대한 사연을 가진 참가자를 프로그램에 다수 출현시킴으로써 어떠한 효과를 누리고자 했던 것일까? 아마 연출자는 가장 보편적인 감정 중 하나인 '가족애'를 통해 시청자의 감동을 노렸을 것이다. 하지만 지나치게 많은 가족 에피소드와 의도된 듯한 감성적인 분위기는 오히려 참가자들의 꿈에 대한 간절함과 진정성을 효과적으로 드러나지 못하게 막아버리는 장애물이 되었다. 만약 이런 감성주의를 배제하고 참가자들의 치열한 열정을 생동감 있게 그렸다면 <슈퍼스타K>의 장점을 더욱 효과적으로 살릴 수 있었을 것이다.

## 본선전

예선전을 통과한 본선 진출자 127명 중에서 다시 무반주 오디션을 통과한 40명은 서울 스튜디오에서 팀을 이뤄 팀별 미션을 수행하게 된다. 선발된 참가자들은 서로를 도와서 미션을 성공적으로 수행해야만 한다. 여기에서 가장 강조되는 미덕은 '협동심'이다. 이 때문에 참가자들은 경쟁하는 동시에 협력하는 아이러니한 상황에 놓인다. 앞서 말했듯이 팀 미션은 자신의 노래에만 충실하면 되었던 예선전과는 달리 팀장에게는 리더십이, 팀원들에게는 단합과 협동심이 강조된다. 이 미션은 <슈퍼스타K>가 지향하는 슈퍼스타의 조건에 적절하게 부합한다. 다시 말해, 슈퍼스타란 자신의 주업

인 노래나 춤뿐만 아니라 인성과 리더십, 인간관계등 모든 방면에서 뛰어나
야 한다는 것을 시사하는 것이다. 또한 이 상황에서는 미션만이 주어질
뿐 어떻게 협력해야 최선의 결과를 낼 수 있는지는 온전히 참가자들의
몫이기 때문에 참가자들은 최선을 다해 협동할 수밖에 없다. 이 미션은
참가자들의 진정성을 놓치지 않으면서 그들의 다른 모습, 즉 의견이 맞지
않을 때도 서로를 배려하며 목표를 이루는 모습을 조명함으로써 두 마리
토끼를 모두 잡은 사례로 들 수 있다.

또한 이 미션에서는 의도하지 않은 한 편의 드라마가 연출되어 세 번째
토끼를 잡았는데, 그것은 시각장애인 참가자 김국환이 가사를 외우는 데
시간이 오래 걸린다는 단점이 있음에도, 팀원들의 배려와 도움으로 결국
그가 속한 '여인천하' 팀 전원이 합격한 것이다. 이는 연출자가 기본적인
방향만 제시하고 세부적인 사항에는 관여하지 않음으로써 프로그램의 특징
을 살렸으며, 그로 인해 최선의 결과를 연출한 사례로 볼 수 있다.


Top10전


하지만 <슈퍼스타K>는 Top10 심사 과정에서 시청자에게 과도한 권한
을 부여함으로써 프로그램의 최대 장점인 진정성을 잃어버렸다. 심사는
전 국민 문자 투표 70%, 인터넷 투표 20%, 심사위원 점수 10%의 비율인데,
사실 심사위원의 점수는 합격과 탈락에 거의 영향력을 미치지 못할 정도로
미미한 반면, 시청자의 영향력은 막대하다. 참가자들의 합격 여부는 시청자
의 투표에 의해 결정되는 것이나 마찬가지다. 그러므로 참가자들은 어쩔
수 없이 시청자들에게 '잘 보여야' 하는 상황에 놓인 것이다. 이 과정에서
참가자들의 가수를 향한 순수한 꿈은 인기를 얻기 위한 가식적인 미소와

행동으로 변해간다. 이 경우는 시청자들에게 어필하기 위해 만들어진 심사 기준이 오히려 시청자들에게 진정성이 결여된 장면을 보여주게 된 요인이라고 볼 수 있다.

또한 <슈퍼스타K>는 참가자들의 감정이나 상황을 배려하지 않은 단점을 보여주었다. Top10 심사는 그 이전과는 달리 경쟁 구도가 아니라 서로를 알아가며 우정을 쌓는 방식으로 진행된다. 마치 한 팀의 아이돌 그룹을 살펴보는 것처럼 진행된 이 선발 방식은 아이돌 그룹 구성원 간의 관계와 현재 Top10 개개인의 관계가 그 성격에 있어 전혀 다른데도 그들을 그룹화시켜 보여주려 했다. 이런 방식은 참가자들의 심적 갈등을 심화시킬 수 있다. 가령 A는 너무나도 슈퍼스타가 되고 싶다. Top10의 B 때문에 자신이 떨어지지 않을까 고민이 되지만 프로그램상에서는 우정을 쌓아가는 모습을 보여주어야 하는 것이다. 이러한 참가자들의 상황을 보며 신자유주의 시대 대한민국의 고등학교에서 일어나는 상황과 유사하다는 생각이 들어 마음이 씁쓸하기도 했다. 이러한 방식은 시청자들에게 '동료애'라는 감정을 제공하기 위해 참가자들의 감정은 외면한 잘못된 방식이라고 할 수 있다.

참가자들을 배려하지 않은 연출은 고준규 참가자의 예에서도 잘 드러났다. 그는 노래를 못하는 음치였음에도 너무나 진지하게 오디션에 임하는 모습이 '웃겼기' 때문에 <슈퍼스타K> 시상식에서 'crazy voice'상을 받고 무대에서 공연을 했다. 하지만 그를 향한 방청객들의 시선은 다른 참가자들을 바라보는 것과 사뭇 달랐다. 고준규 참가자는 '노래'했지만 방청객과 심사위원은 그것은 '코미디'로 받아들였고 그는 비웃음을 샀다.

심사위원들의 자극적이고 인격 모독적인 심사평 또한 참가자들의 감정을 외면한 예로 들 수 있다. 좀 더 유순한 어투로 말할 수 있는 상황이었음에도, '밤업소 분위기가 난다', '구리다' 등의 어휘를 굳이 사용하는 이유는 자극적인 평만 편집해서 <슈퍼스타K>의 광고로 사용하기 위한 것이었다.

슈퍼스타를 선정하는 방식이 변화되었으면 하는 바람이다. 1등에게 주어지는 상금 1억 원과 각종 혜택은 1등만을 지향하는 대한민국 사회의 어두운 면을 떠올리게 한다. 오직 한 명의 슈퍼스타를 뽑는 대신 음악 장르별로 최고의 인물을 뽑는다면 <슈퍼스타K>가 애초에 계획했던 '한국 가요계의 발전'에 더욱 도움이 되지 않을까.

<슈퍼스타K>는 여러가지 아쉬움이 남는 방송이다. 장점을 충분히 많이 가지고 있음에도 불필요한 요소의 삽입과 잘못된 연출 방식 때문에 후반부로 갈수록 감동보다는 쓸쓸함을 안겨주었기 때문이다. 곧 <슈퍼스타K> 시즌2가 시작된다고 한다. 시즌2에서는 시즌1의 약점을 잘 보완하여 <슈퍼스타K>만의 장점들을 잘 살렸으면 하는 바람이다.

# 현실과 꿈, 그 서글픈 맛의 버무림
<지붕 뚫고 하이킥>, 현실을 소비하고 꿈을 아껴두다

안수경

## 1. <지붕 뚫고 하이킥> 웰메이드 시트콤의 탄생인가

현대를 살아가는 사람들은 대중매체를 통해 시대의 현실을 보고, 대중매체로부터 전해지는 모든 신호에 대응하여 각자의 꿈을 꾼다. 수많은 대중매체 가운데 가장 손쉽고 가까이 접할 수 있는 TV는 드라마와 시트콤, 예능, 다큐멘터리, 뉴스 등 다양한 방면에서 문화를 만들어내며 그 영향력을 점점 키워가고 있다. 현재 TV의 프로그램은 시청자들의 의식수준 향상과 인터넷 등에서의 의견 및 정보 교환 등으로 인해 한 단계 진보하는 시기에 접어들었다고 할 수 있는데, 그 중에서도 특히 드라마와 시트콤 부분의 도약을 눈여겨볼 만하다. 드라마 및 시트콤은 사람들의 삶을 그려나가는 장르의 속성상 픽션임에도 현실을 외면하기 어렵고, 동시에 시청자들이 보고자 하는 모습을 그려내야 하므로 현실과 꿈의 경계선에서 훌륭한 줄타기를 해야 한다. 현실과 꿈이 맛있게 버무려져야 한다는 뜻이다. 다큐멘터리 등의 논픽션 장르에 비해 드라마 및 시트콤과 같은 픽션 장르는 사람들의 꿈을 소비하는 매체라고 해도 과언이 아니다. 사람들의 삶을 그려나가며 현실을 새롭게 조명하도록 하는 데에서 나아가 사람들로 하여금 더 나은 내일을, 즉 개개인이 마음속에 그릴 수 있는 꿈을 대신 그려주는 기능이 있기 때문이다. 대중매체가 성공하기 위한 핵심적인 요소인 '소통'과 '교감'이 TV 드라마 및 시트콤에서는 바로 시청자와의 소통과 교감으로 이뤄져야 한다. 이른바 '욕하면서도 보는 드라마', 혹은 '일시적인 재미는 있어서 계속 보게 되지만 현실성은 현저하게 떨어지는 드라마'는 많지만 현실과 꿈의 경계를 조화롭게 만들어나가는 웰메이드 드라마, 웰메이드 시트콤이 적은 것도 바로 그런 이유이다.

여기, 오랜만에 웰메이드라 평가받은 시트콤이 있다. 2009년 9월 7일부터 2010년 3월 19일까지 방영되어 총 126부작으로 완결된 <지붕 뚫고 하이킥>이 그것이다. 시트콤이지만 김병욱 PD의 전작이자 이 프로그램의 1편 격인 <거침없이 하이킥>을 뛰어넘는 인기를 누렸고, 시트콤임에도 정극 못지않은 스토리와 완성도는 그 어느 웰메이드 드라마에 비교해도 손색이 없었다. 각각의 인물들과 상황은 현실적이기에 시청자들의 공감을 이끌어낼 수 있었고, 거기에 더해진 기발한 재치와 상황은 시청자로 하여금 커다란 웃음을 기대하며 매일 저녁 시간을 투자하게 만들었다. '빵꾸똥꾸'와 같은 전 국민적인 유행어까지 만들어냈고 시청자들의 의견 또한 풍부하여 방송에 대한 피느백까지 효과적으로 이끌어냈으니 그야밀로 대성공이라고 할 수 있다. 그러나 여기서 짚고 넘어갈 것이 있다. <지붕 뚫고 하이킥>이 과연 현실과 꿈의 적절한 경계선을 지켰는가. <지붕 뚫고 하이킥>이 전작을 뛰어넘는, 그리고 전작이 없었더라도 분명히 성공했을 웰메이드 시트콤임에는 의심할 여지가 없다. 하지만 시청자들의 기억 속에 <지붕 뚫고 하이킥>이 어떤 모습으로 남게 될 것인지는 별개의 문제이다. <지붕 뚫고 하이킥>은 보통 사람들의 삶과 감정선을 꽤나 사실으로 그려냈으며 이른바 막장의 요소는 전적으로 배제되었다. 가족 모두가 둘러앉아 기분 좋게 볼 수 있는 시트콤이 탄생한 것이다. 그러나 방송이 거듭될수록 의문이 들었다. <지붕 뚫고 하이킥>은 과연, 시청자들로 하여금 거침없는 꿈을 꾸게 했는가? 드라마나 시트콤 장르에서 가장 좋은 것은 시청자들의 꿈을 적절한 선에서 소비하는 것이다. <지붕 뚫고 하이킥>이 시청자들의 꿈을 적절하게 소비했는가는 프로그램의 승승장구를 떠나 반드시 짚고 넘어가야 하는 문제이다. 그리고 그것을 위해서는 <지붕 뚫고 하이킥>이 현실과 꿈의 적절한 경계선을 그려나가며 시청자들과의 완전한 소통에 성공했는지 를 따져보아야 한다.

## 2. 현실과 꿈의 적절한 버무림

<지붕 뚫고 하이킥>의 기획 의도를 보면 '이 도시 현대인들 중 하자 없는 자 우리에게 돌을 던져라'라는 문구가 있다. <지붕 뚫고 하이킥>의 가족들은 모두 조금씩의 하자를 지니고 있지만 이 도시에 사는 모든 현대인 들도 어떤 면에서는 자신만의 하자를 가지고 산다는 것이 바로 그 이유이다. 작품 속의 가족들은 저마다의 하자를 지녔고, 그것들은 작품이 전개됨에 따라 치유되기도 한다. 그러나 대부분의 하자는 새로운 방향으로 치유되기 보다는, 있는 그대로 타인의 이해에 의해 보듬어지기도 하고 저마다 그럭저 럭 짊어질 만한 삶의 무게로 남기도 한다. 무조건적인 희망과 극복을 강요하 지 않고 좀 담담하지만 현실적인 치유와 삶을 이야기했기 때문에 <지붕

뚫고 하이킥>의 현실감각은 서글퍼도 따뜻했다.

작품에서 가장 주목할 만한 인물은 로맨스 그레이를 보여준 일흔셋의 이순재와 예순의 김자옥이다. 주책이라는 시선도 아랑곳하지 않고 젊은이들 못지않은 열정과 감정을 고스란히 드러낸 이 커플은, 작품 속의 여느 어린 사랑들보다 더 풋풋하고 아름답다. 만남이 길어짐에 따라 감정이 변화하는 과정도 무겁지 않게 그려냈으며, 방귀쟁이라는 별명의 이순재와 펑퍼짐한 엉덩이의 김자옥이 서로의 미운 점까지 넓게 안아주는 것은 로맨스 그레이이기에 더욱 가능한 일이었다. 이들 노년 커플의 연애는 작품 말미에 결혼으로 이어지는데 김자옥이 이순재의 자식, 손자들과 가족이 되는 과정도 주목할 만했다. <지붕 뚫고 하이킥>의 다른 커플들의 경우는 현실적인 면을 많이 보여주는데, 이들 로맨스 그레이 커플은 요즘 시대에 비춰보면 현실적이지만 작품 속의 감정선을 그대로 따라가다 보면 어느 로맨틱 코미디에 못지않은 기분을 느끼게 된다. 대중매체가 사람들의 현실과 꿈을 반영하지만 일면 사람들을 일정한 방향으로 이끄는 영향력을 지니고 있다는 점을 생각하면, 이들 로맨스 그레이 커플은 시청자들로 하여금 증가하는 노년층을 돌아보고 노년층의 삶과 감정을 다시 생각하게 만드는 계기가 될 수도 있을 것이다.

이순재와 김자옥 커플 이외에 <지붕 뚫고 하이킥>에 등장한 또 하나의 주요 러브라인은 20대의 이지훈과 황정음 커플이다. 이순재의 아들이자 서울대 출신의 잘나가는 외과 의사 이지훈, 그리고 지방의 이름 없는 서운대 출신이지만 과외 신생이 되기 위해 이순재 가족에게 서울대 출신이라고 속일 수밖에 없었던 황정음. 이지훈과 황정음 커플은 이 시대를 살아가는 평범한 젊은이들의 평범한 연애를 많이 닮았다. 시트콤 속의 연인이기는 하지만 설레이는 감정이 시작되는 순간부터 데이트와 사소한 다툼을 이어가는 일상까지 그야말로 현실적인 연애를 보여주었다. 그러나 이들의 연애에서 현실성이 가장 도드라지는 것은 다름아닌 이별의 시기이다. 황정음 아버지의 사업 실패와 황정음이 이순재 가족에게 한 서울대 출신이라는 거짓말 등이 겹쳐지면서 드라마 말미 이별을 맞이하는 설정은 가슴이 아픈 만큼 현실적이다. 특히 황정음의 거짓말은 그것이 거짓말임을 떠나 학벌을 중시하는 사회의 풍토와 겹쳐지면서 시청자들로 하여금 수많은 의견을 쏟아내게 했다. 다른 드라마나 시트콤이었다면 그것이 꿈처럼 극복되는 과정을 그려냈겠지만 <지붕 뚫고 하이킥>은 그러지 않았다. 시청자들에게 즐거운 희망을 주는 것도 좋지만, 적절한 선을 넘어 희망을 주려다 오히려 현실감각이 말소되어버리는 것을 의식적으로 금지했기 때문이다. 20대의 이지훈과 황정음 커플은 가슴 아픈 이별을 맞이했지만 그것의 현실성이 전혀 과장되지 않았기에 시청자들의 공감을 이끌어낼 수 있었다. <지붕 뚫고 하이킥>이 현실과 꿈을 적절하게 버무린 또 하나의 예이다.

　<지붕 뚫고 하이킥>은 애초에 신세경과 신신애 자매를 주요 인물로 내세웠다. 이순재 가족의 다양한 모습과 더불어 이들 자매가 태백에서 서울로 상경해 성장하는 모습을 그려내고자 했던 것이 작품의 기획 의도였다. 그리고 신세경의 어린 동생인 신신애와 이순재의 손녀인 정해리가 보여준 모습은 결과적으로 꽤나 성공적이었다. 그 나이 또래 아이들의 모습을 빼곡히 담아낸 것은 물론이고 첫회부터 최종회까지 이어진 두 아이의 내면적인 성장을 잘 그려냈다. 그러나 문제는 신세경이다. 앞서 언급했듯이 <지붕 뚫고 하이킥>의 인물 구도나 상황은 현실성이 과장되지 않아 더 개연성이 있었고, 결과적으로 현실과 꿈을 잘 버무려낸 것은 확실하다. 그러나 정작 기획의도에서 중요하게 내세웠던 신세경이라는 인물에 이르러서는 고개를 갸우뚱하게 된다.

## 3. 하이킥, 더 꿈꿀 수는 없었나

사실 신세경과 그녀의 주변 인물들은 <지붕 뚫고 하이킥>에서 가장 '꿈같지 않은' 상황을 만들어낸다. 태백에서 올라와 20대 초반의 어린 나이에 초등학생 동생을 돌보며 가정부 생활을 하는 신세경은, 드물지만 현실적인 인물이다. 현실에 많아서 현실적이라는 것이 아니라, 현실에 순응해야 하기에 현실적인 인물인 것이다. <지붕 뚫고 하이킥>의 최종회인 126회에서 신세경은 그녀가 짝사랑하던 이지훈에게 이야기한다. "아저씨를 좋아했거든요. 너무 많이. 처음이었어요, 그런 감정. 매일 아침 눈을 뜰 때마다 설레고 밥을 해도, 빨래를 해도, 걸레질을 해도. 그러다 문득 저 자신을 돌아보게 됐어요. 비참했어요." 비참했다는 그녀의 말은 대체 무엇을 의미하는 것일까.

신세경은 아버지의 사업 실패로 태백에서 오랫동안 살다 우연한 기회에 서울로 올라와 이순재의 집에서 가사 도우미로 지낸다. 황정음과의 게임 대결에서 생긴 신세경의 별명 '지옥에서 온 식모'에서 수식어를 빼면 두 글자, 식모가 남는다. 스무 살을 갓 넘긴 나이와 중졸 학력, 고기잡이배를 타고 돈을 버는 아버지를 대신해 어린 동생을 돌봐야 하는 그녀는 시작부터 참 슬프다. 언젠가 동생 신신애가 언니의 꿈을 묻자, 신세경은 예전에는 과학자가 되고 싶었지만 이제는 아버지와 셋이 모여 사는 것이라고 대답한다. 자기 자신만의 미래를 위한 꿈을 꾸기에는 버겁고 무거운 현실의 짐 앞에서 그녀가 할 수 있는 것은 그저 하루하루를 씩씩하게 버텨내며 아버지가 돌아올 때까지 동생을 잘 돌보는 것뿐이다. 이지훈에게 했던 고백 중 자신을 돌아보고 비참해졌다는 말은 그녀가 식모라는 것을 떠나 궁극적으로는 자신만을 위한 꿈조차 꾸지 못하는 상황이라는 것을, 그래서 그녀

스스로 자신의 모습이 얼마나 서글픈지를 깨달았기 때문일 것이다. 이순재 가족은 시간이 지날수록 신세경과 신신애를 마치 가족같이 대해주고, <지붕 뚫고 하이킥>의 종영 무렵에는 드디어 아버지가 돌아와 신세경과 신신 애를 데리고 떠나기로 한다. 아버지와 다시금 셋이 모여 사는 것, 신세경이 동생에게 꿈이라 이야기했던 그것이 이뤄지는 것이다. 그러나 그 순간이 시청자들에게 그리 기쁘게 다가오지는 않는다. 이순재 가족과의 헤어짐이 라는 문제를 떠나, 신세경의 비참함이 해소되지 않았기 때문이다.

<지붕 뚫고 하이킥>의 최종회에서도 신세경은 여전히 식모였다. 그녀 는 아직 자신만의 꿈을 찾지 못했고, 아버지와 셋이 떠나는 상황을 전적으로 기뻐하지도 않았다. 그리고 시청자들 사이에서 뜨겁게 논란이 되었던 것처 럼, <지붕 뚫고 하이킥>의 마지막 장면에서 신세경과 이지훈은 빗길 자동차 사고로 세상을 떠난다. 제작진은 추후 인터뷰를 통해 그것이 열린 결말이며 신세경과 이지훈이 사고로 죽었다는 것을 명백하게 드러내지는 않았다고 이야기했다. 그러나 시청자들은 입을 모아 신세경과 이지훈이 살았을 가능성은 없다고 이야기한다. 황정음과 정준혁의 대사에서도 신세 경과 이지훈이 세상을 떠났음이 간접적으로 드러나기 때문이다. 신세경은 이지훈에게 좋아했다는 고백을 하며, 그래도 이 순간 이지훈과 함께 있어서 참 좋고 이대로 시간이 멈추었으면 좋겠다고 이야기한다. 신세경의 시간은 그들의 사고로 정말 멈춰버렸지만, 그것이 과연 신세경이 원하던 결말이었 을까. 신세경은 자신을 위한 그 어떤 꿈도 꾸지 못했다. 신세경이 세상을 떠났다는 결말은 안타깝지만 그것 자체가 문제가 되는 것은 아니다. 그녀는 사고로 세상을 떠났고, 그래서 끝까지 식모로 남았다. 문제는 신세경이 결국 그 이상을 꿈꿀 기회를 얻지 못했다는 것이다.

앞서 이야기한 것처럼 드라마나 시트콤 장르에서 가장 좋은 것은 시청자

들의 꿈을 적절한 선에서 소비하는 것이다. 단지 예쁘고 좋은 것만 보려는 감정을 충족시키기 위해서가 아니라, 현실에서 조금 더 나아간 꿈을 그려줌으로써 시청자들이 한걸음 앞선 꿈을 꾸도록 하기 위해서다. 역시 전술한 것처럼, <지붕 뚫고 하이킥>은 무조건적인 희망과 극복을 강요하지 않고 조금 담담하지만 현실적인 치유와 삶을 이야기했기 때문에 그 속의 현실감각은 서글퍼도 따뜻하다. 그러나 그 현실적인 치유와 삶이 신세경이라는 인물에 이르러서는 잘 보이지 않았다. <지붕 뚫고 하이킥>의 75회, 크리스마스 이브에 신세경은 정준혁에게 크리스마스 트리만 보면 어머니가 돌아가시던 중학교 2학년 무렵이 생각난다고 말한다. 어머니의 병실에서 혼자 크리스마스 트리를 바라보면서 트리의 전구가 다 켜지는 순간이 가장 행복한 순간 같았고 그래서 그 순간만을 기다렸다는 것이다. 그리고 신세경은 정준혁에게 묻는다. "내 인생에도 그런 순간이 올까요?" 크리스마스 트리의 전구가 다 켜지는 순간이 과연 신세경의 인생에 찾아왔을까. 신세경의 질문에 시청자들이 마음속으로나마 쉽사리 대답하지 못하는 것은, 시청자들이 <지붕 뚫고 하이킥>의 모든 인물들 가운데 신세경의 행복에 대해서만큼은 그녀의 생사 여부를 떠나 자신할 수 없기 때문이다.

<지붕 뚫고 하이킥>이 많은 감동과 웃음을 선사한 웰메이드 시트콤이라는 데에는 이견이 없다. 그러나 <지붕 뚫고 하이킥>은 조금 더 꿈꾸어도 괜찮았다. 시청자들이 마지막 순간까지 <지붕 뚫고 하이킥>을 지켜보며 조금 더 꿈을 꾸고, 조금 더 희망을 가질 수 있었다면 좋았을 것이라는 아쉬움이 남는다. 현실을 조금 덜 소비하고 꿈을 너 소비했더라면 시청자들의 마음속에 가장 적절하고 기분 좋은 꿈으로 남아주었을 것이라는 생각이 든다. <지붕 뚫고 하이킥>은 현실과 꿈의 경계선에서 훌륭한 줄타기를 하고 시청자들과의 소통에도 거의 성공했지만, 특히나 신세경이라는 인물로

인해 완전한 소통에는 조금 미치지 못했다. <지붕 뚫고 하이킥>의 현실감각
과 이야기의 짜임새는 칭찬을 아끼지 않아도 좋을 만큼의 웰메이드였지만
그 현실성을 조금만 아껴두고 그만큼의 꿈을 더 소비했더라면 어땠을까.
<지붕 뚫고 하이킥>이 현실을 소비하고 꿈을 아껴둔 것, 그것이 일말의
아쉬움으로 남는다. 그래도 <지붕 뚫고 하이킥>이 있던 6개월은 행복했다.
<거침없이 하이킥>과 <지붕 뚫고 하이킥>을 잇는, 하지만 현실을 조금은
아끼고 꿈을 마음껏 소비하는 다음 시리즈의 탄생이 기대된다.

# 두려움도 고통도 없는 전쟁
한국전쟁 드라마 <전우>와 <로드 넘버원>의 明과 暗

이태연

1.

기본적으로 대한민국이 6·25를 잊어버린 것 같다는 생각이 우선 든다(구
본근 SBS 드라마 CP, 한국전쟁 드라마와 관련한 연합뉴스 인터뷰에서).

한국전쟁을 소재로 한 영화 <태극기 휘날리며>가 1,000만 관객을 스크
린 앞으로 불러 모은 지 고작 6년이 지났을 뿐이다. 각각 80억 원과 130억
원이라는 막대한 제작비를 쏟아부어 만든 KBS1의 <전우>(이상우·김상휘·
송현욱 연출, 이은상·김필진 극본, 1975년작 동명 드라마 리메이그)와 MBC의
<로드 넘버원>(이장수·김진민 연출, 한지훈 각본)이 기대에 미치지 못하는
시청률을 기록하고 있는 것은, 그러므로 의외라고밖에는 달리 표현할 수가
없다. 2010년 7월 1일 기준으로 두 드라마는 각각 4회가 방영되었을 뿐이지

만, 아무리 극 초반이라고는 해도 15% 안팎인 <전우>의 시청률은 기대에
못 미치는 수치다. 더구나 <로드 넘버원>은 한 자릿수의 시청률을 기록하
고 있고, 이조차도 회를 거듭할수록 낮아지는 추세다. 시청률 조사 기관인
TNmS의 집계에 따르면 <로드 넘버원>의 전국 시청률은 1회부터 4회까지
11.2%, 10.1%, 7.3%, 7.7%로 하향세를 나타내고 있는 것이다. 이러한
추세를 단순히 한국전쟁에 대한 시청자의 관심 부족으로 해석하기는 힘들
다. <로드 넘버원>의 1회분 시청자들은 드라마의 소재가 한국전쟁이라는
것을 알았다. 그런데 4회분 시청률을 참고한다면 30% 이상이 이탈해버린
것이기 때문이다.

  <전우>의 부진과 <로드 넘버원>의 참패는 과연 어찌된 일일까? 드라
마 제작 및 방영을 둘러싼 주변 상황은 이러한 실패를 더욱 당혹스럽게
한다. 영화 <태극기 휘날리며>의 해묵은 성공이나 <밴드 오브 브라더
스>, <퍼시픽> 등 미국 전쟁 드라마의 마니아층 확보 같은 사실은 잊어도
좋다. 그러나 올해는 한국전쟁 발발 60주년을 맞는 해이며, 게다가 올봄에는
천안함 사태와 이명박 대통령의 대국민담화 등으로 전쟁 우려마저 증폭되
었던 바 있다. 많은 전문가들이 6월 지방선거에서 여당이 패배한 원인으로
전쟁에 대한 국민적 우려를 제시했을 정도다. 그런 '대한민국이 6·25를
잊다'니? 비슷한 시기에 개봉한, 한국전쟁 학도병을 소재로 한 영화 <포화
속으로>가 3주 만에 전국 관객 250만 명을 돌파하는 기염을 토하고 있는
걸 보면, 오히려 한국전쟁을 소재로 한 드라마를 방영하기에 올해 6월은
그야말로 최적의 시기였다고 볼 수도 있을 정도다. 더구나 많은 드라마
PD들이 입을 모아 이야기하듯이 <전우>와 <로드 넘버원>의 영상은
우리 드라마 제작 환경에서 최선을 다한 결과라고 볼 수 있다. 시청자들조차
도 두 드라마의 전쟁 장면에 대해서는 제작진의 노력을 인정하는 분위기가

주류를 이루고 있다. 그렇다면 대관절 왜 대다수 시청자들은 한국전쟁 드라마에 대하여 이토록 냉담한 것일까?

2.

　우리는 전쟁을 두려워하지도 않지만, 전쟁을 원하는 것도 아니다(이명박 대통령, 한중일 정상회의 2차 세션발언 중에서).

대통령의 깊은 뜻이야 알 수 없지만, 한 나라의 지도자라면 전쟁이라는 최후의 선택 또한 염두해야 함이 마땅할 것이다. 하지만 그렇더라도 전쟁은 두려운 것이고, 두려워해야 하는 것이 당연하다. 두려워하는 것과 선택할 수 없는 것은 전혀 다른 차원의 이야기인 것이다.

전쟁이 두려운 이유는 자명하다. 전쟁은 인간을 인간다움이라는 상태로부터 가장 멀어지게 만들기 때문이다. 한마디로 말하자면 전쟁이란 토머스 홉스(Thomas Hobbes)가 이야기한 '만인의 만인에 대한 투쟁'의 상태를 유발한다. 전쟁에 참전한 국가들은 각자 승리를 위해 싸우지만 한 명 한 명의 사람들은 1차적으로 자신의 생존을 위해 싸워야만 한다. 살아남기 위해서는 살인을 비롯해 아무리 비윤리적인 일이라도 당연히 저질러야 하는 것이 전장의 법칙이다. 생존 이외의 절대적인 법칙은 그 무엇도 존재하지 않는다. 그러므로 전쟁의 한복판에 놓인 누군가가 자신의 생존을 넘어서는 무엇인가를 추구하기 위해서는 그 목적이 너무나 절박한 것이어야만 힌다.

성공한 전쟁 드라마로 평가받는 <밴드 오브 브라더스>와 <퍼시픽>을 떠올려보자. 등장인물들은 하나같이 '쓸데없는' 감상에 빠지거나 모험적인 행위를 하지 않는다. <밴드 오브 브라더스>에서 스피어스 중위가 독일군들을 가로질러 달려가는 용기를 보여주는 것 정도가 '고작'이다. 그 대신 그들은 자신의 임무를 충실히 수행함으로써 영웅이 된다. <퍼시픽>에서 명예 훈장을 받고 국민적인 스타가 되는 바실론 하사도 그저 자신의 참호에서 기관총 사격을 멈추지 않고 한 것에 '불과'하다. 그런데 어찌된 일인지 우리 전쟁 드라마의 주인공들은 하나같이 두려움을 모른다. 예컨대 <로드 넘버원>의 장우(소지섭)가 그러하다. 장우는 연인 수연(김하늘)의 대학 등록금을 내주겠다는, 상식적으로 이해하기 힘든 이유로 빨치산 토벌대에 입대해 이미 생사의 기로를 넘나들었던 인물이다. 그런데 수연과 포탄 파편에 맞아 생사를 넘나드는 자신의 아버지를 뒤로 하고 전쟁에 뛰어든다. 물론 갑작스럽게 전쟁이 발발해 전역 명령이 수리되지 않았다는 군법상의 원인은 제시되었다. 하지만 연인을 위해서 목숨 걸고, 그것도 맨손으로 빨치산과 싸우기까지 했던 장우가 고작 그런 이유 때문에 전쟁에 뛰어든다는 것은 납득이 가지 않는 대목이다. 더구나 장우는 손을 낫으로 찍히면서도 아버지가 머슴이기 때문에 '아씨'로 모시던 수연에 대한 사랑을 포기하지 않은, 권위에 대한 순종과는 거리가 먼 인물이다. 그런 그가 오로지 군법 때문에 연인과 아버지를 떠나보내고, 이미 그 참혹함을 겪어본 것이나 다름없는 전쟁에 뛰어들다니?

국가가 존립하기 위해서는 전쟁이 필요한 순간도 있을 것이다. 그리고 전쟁이 필요하다면, 전장에서 목숨을 걸고 싸워야 할 군인도 틀림없이 필요할 것이다. 그러나 <로드 넘버원>은 왜 장우가 전쟁에 뛰어드는지, 그리고 왜 '총알받이'라고 스스로 이야기하는 소대장이 되기 위해 훈련받는 쪽을 선택하는지에 대해 시청자들을 설득하는 데 실패한다. 물론 소대장 훈련을 받는 이유 또한 제시되었다. 그것은 중대장 삼수(최민수)가 장우에게 '밀린 월급 못 받고 영창 갈래? 아님 소대장 될래?'라는 선택을 강요했기 때문이다. 그렇다면 장우에게 밀린 월급이란 그렇게 중요한 것인가? 혹 연인인 수연의 대학 등록금을 아직 내주지 못한 것인가? 그럴 리는 없다. 이미 수연은 고향에서부터 '의사 선생'으로 불리고 있었으므로. 그렇다면 결혼 자금 내지는 새 출발을 위한 자금이 이유일 텐데, 제 목숨보다도 수연을 중요하게 생각하는 장우가 과연 그녀를 '만인의 만인에 대한 투쟁' 을 홀로 버텨내도록 내버려두는 이유가 고작 그런 것이란 말인가, 수연이 죽어버리기라도 하면 장우에게 돈이란 의미 없는 휴짓조각에 불과할 텐데?

<로드 넘버원>의 장우에게서는 구두를 닦아 학비를 대준 동생을 구하기 위해 참전한 <태극기 휘날리며>의 진태(장동건)와 같은 절박함이 느껴지지 않는다. 그런 모순 때문일까, 그는 전쟁을 두려워하지도 않는다. 그것은 참전의 이유조차 불분명한 <전우>의 현중(최수종) 역시 다르지 않다. <로드 넘버원>의 장우가 전쟁 무서운 줄도 모르는 천둥벌거숭이라면, <전우>의 현중은 차분한 관찰자라는 차이점이 있을 뿐이다. <태극기 휘날리며>에서라면 수많은 중공군이 새까맣게 눈밭을 메워 그야말로 막막하기만 했을 그 순간, <전우>의 현중과 그의 분대는 치밀하게 계획을 세워 중공군과 인민군의 본거지로 향한다. 그리고 감금되어 있던 사단장(이덕화)을 구해내기까지 한다. 두려움도 실패도 모르는 전쟁 영웅 그 자체다. 더구나 현중의 분대원 중 한 명인 승진(이승효)은 제 목숨이 위험에 처하는데도 무작정 인민군을 죽이는 데 혈안이 되어 있다. 그들에게 전쟁이란 두려움도 고통도 없는 일종의 불행한 해프닝에 불과한 것이 아닌가 싶은 생각마저 들 정도다.

과연 전쟁이란 그처럼 '호랑이 굴에 물려가도 정신만 차리면 사는' 정도의 일일까? 우리의 전쟁 드라마는 전쟁에 대한 지독한 낙관주의에 빠져 있는 듯하다. 그래서인지 전황에 대한 실체적인 정보를 시청자에게 제공하

는 데에도 인색하다. 번번히 외국 드라마의 사례를 드는 것이 온당할지는 모르겠지만, <밴드 오브 브라더스>나 <퍼시픽>을 보면 각각의 에피소드가 시작하기 전에 해당 에피소드의 배경지가 어느 곳인지, 전쟁은 어떤 양상으로 진행되고 있는지에 대한 내레이션과 실제 자료화면이 제시된다. 그러나 <전우>와 <로드 넘버원>에서는 그런 자세한 정보를 접할 수 없다. 그저 '밀리면 낙동강, 올라가면 압록강'일 뿐이다. 전황을 모르는 시청자로서는 전장에 있는 주인공의 상황에도 쉽게 공감할 수 없다.


3.


　　이 난장판에서 언제 벗어날 수 있을까, 언제 사람답게 살 수 있을까 하는 생각뿐이었죠(로뮤스 밸튼 버긴, HBO 미니 시리즈 <퍼시픽>에 등장하는 실제 2차 세계대전 참전 용사).


　　<전우>와 <로드 넘버원>의 등장인물들은 참 많은 생각을 한다. <로드 넘버원>의 경우에는 전쟁과 멜로 중 어떤 것이 주 소재인지 헷갈릴 지경이다. 그 때문에 왜 굳이 전쟁이라는 상황을 드라마 속에 녹여 넣으려 했는지조차도 의문이 든다. 심지어 전시가 아닌 평시조차도 군대에서 유격 훈련 따위의 고된 훈련을 받다 보면 인간에게 사랑이 사치라는 생각이 드는 게 인지상정인데, <로드 넘버원>의 장우와 태호(윤계상)는 지겨우리 만치 수연에 대한 추억을 떠올리고 또 떠올린다. <전우>의 현중을 포함한 여러 등장인물들 역시 마찬가지다. 최전선의 지휘관이 민가에서 술잔을 기울이며 하사를 불러내 '트럼펫 좀 불어보라'고 명령하는 장면을 보면 과연 이 드라마가 이야기하는 것이 참혹한 전쟁인지, 아니면 전쟁을 빙자한

모험담인지 알 수 없을 정도다.

<밴드 오브 브라더스>, <퍼시픽>의 성공과 <전우>, <로드 넘버원>의 실패가 엇갈리는 것 역시 바로 이 대목이다. <밴드 오브 브라더스>와 <퍼시픽>은 실화에 기반하고 있고, 매회 에피소드마다 중심이 되는 등장인물이 바뀌며, 실제 참전 용사들의 회고가 곁들여진다. 그렇다면 이들 드라마는 왜 참전 용사들의 증언에 기반하는 것일까? 드라마 전체의 주인공이 개인이 아닌 그들이 속한 부대 전체인 이유는 무엇일까? 답은 자명하다. 그쪽이 전쟁의 참혹함을 더욱 생생히 전할 수 있을 뿐만 아니라, 드라마로서의 개연성을 지닐 수 있기 때문이다. 그리고 전쟁 드라마의 감동이란 바로 그러한 사실성(reality)에서 나오는 것이다.

<퍼시픽>의 한 장면을 돌아보자. 과달카날 섬에서 겨우 목숨을 건진 미 해병 1사단 병사들이 배에 올라 주린 배를 움켜쥐지만 아직 식사는 준비되어 있지 않다. 그 대신 병사들은 취사병에게 커피를 청해 마신다. 몇 달 만에 맛보는 커피 향은 지독할 정도로 감미롭다. 취사병은 묻는다. "과달카날은 어땠어? 얼마나 끔찍했지?" 그들 중 누구도 대답이 없다. 병사들은 이름조차 제대로 발음하지 못했던 태평양의 한 섬에서 죽을 고비를 여러 차례 넘기며 무수히 많은 (그들에게도 사랑하는 가족이 있는) 일본군을 죽이고 겨우 살아 돌아온 것이다. 무용담 따위를 늘어놓을 심정이 아니라는 표정을 짓는 그들을 이해한다는 듯, 취사병이 자리를 뜬다. 문득 생각났다는 듯, 그들 중 한 명이 취사병에게 묻는다. "어디서 들었어?" 무슨 소리냐는 표정으로 돌아보는 취사병에게 다시 묻는다. "과달카날 얘기 말이야, 어떻게 알았냐고?" 취사병은 어이없다는 표정으로 대답한다. "과달카날과 해병 1사단을 모르는 사람도 있어? 지난 몇 주 동안 너희들 얘기가 미국의 모든 신문 1면에 실렸어. 고향에서 너희는 영웅이라고!" 병사들은 말이 없다.

그들은 지난 몇 주 동안 세상이 알지 못하는 곳에서 인간이 아닌 채 살아왔다고 믿었으므로.

　<전우>와 <로드 넘버원>에 과연 이 정도의 감동이 있는지, 이 정도의 디테일이 있는지 되묻고 싶다. 전쟁 드라마를 통해 시청자들이 보고 듣고 알고 싶은 것은 포화 속에서 피어나는 모순된 사랑이 아니다. 전쟁의 참상을 차분하게 관찰하며 안으로 삭히는 용감한 전쟁 영웅 분대장도 아니다. 전쟁이란 얼마나 끔찍한 것인지, 전쟁이라는 상황 속에서 인간은 무엇으로 어떻게 살아가는지, 그것이야말로 오늘날의 전쟁 드라마가 시청자들에게 전달해야 할 내용일 것이다. 다행스러운 것은 그런 면에서 볼 때, <전우>는 <로드 넘버원>이 도달하지 못한 경지를 지향하고 있다는 사실이다. 국기 때문에 죽어가는 압록강변 마을의 노인, 무수한 국군과 인민군 탈영병들의 존재를 통해 전쟁의 고통과 모순을 부분적으로나마 전달하고 있기 때문이다.


4.


　어머니, 전쟁은 왜 해야 하나요?(동성중학교 재학 중 참전하여 1950년 8월 11일 전사한 고 이우근 학도병이 어머니에게 쓴 편지 중에서)


　전쟁이 왜 벌어졌는가? 그들은 왜 전쟁을 해야 하는가? 전쟁 드라마는 본질적으로 전쟁 그 자체에 의문을 던져야 한다. 더구나 같은 민족 사이에 벌어진 비극인 한국전쟁의 경우에는 더 말할 나위가 없다. 그런 면에서 <전우>와 <로드 넘버원>이 기존의 반공 드라마에서 탈피해 본격적인 전쟁 드라마의 장르를 개척했다는 점에는 큰 점수를 줄 수 있다. <로드 넘버원>의 여주인공 수연은 남로당원이고, <전우>의 여주인공 수경(이태란)은 해방 후 월북한 인민군 장교이다. 그들은 과거 반공 드라마에서 등장하는 악인과는 거리가 있다. <로드 넘버원>의 수연은 가난한 환자들을 진료해 주고, <전우>의 수경은 사단장을 체포해 온 성일(정태우)이 국군 탈영병임을 알면서도 눈감아줄 정도다. <로드 넘버원>에서의 안타까운 국군 강제징집이나 <전우>의 불같은 성격의 이등중사 박일권(김뢰하)의 존재 또한 이 두 드라마의 전쟁에 대한 시각이 과거에 비해 상당히 균형 잡힌 것이라 평가할 수 있는 근거가 될 것이다. 물론 대체적인 시각은 여전히 한편에 치우쳐 있다고 볼 수도 있지만, 그것은 전쟁의 일방 당사자였던 우리들의 입장으로서는 어쩔 수 없는 것이리라.

<전우>와 <로드 넘버원>은 진정한 전쟁 드라마로서는 이제 겨우 출발점에 서 있는 작품들이라 할 수 있다. 그렇기에 두 드라마의 성취는 값지면서도 아쉽다. 그것은 이들 드라마가 <밴드 오브 브라더스> 같은 외국 전쟁 드라마, 혹은 <태극기 휘날리며>나 <포화 속으로> 같은 블록 버스터 영화에 미치지 못하기 때문만은 아니다. 오히려 본격 전쟁 드라마는 아니지만 근 20년 전 MBC에서 방영되었던 <여명의 눈동자>의 초반부가 보여준 전쟁에 대한 통찰력에 왜 근접할 수 없었는지가 가장 아쉬운 대목이다. 그러므로 <전우>와 <로드 넘버원>에서 절대적으로 부족한 것은 대규모 엑스트라나 철저한 고증, 혹은 완벽한 특수 효과가 아니다. 오히려 전쟁에 대한 깊은 통찰에서 우러나온 명징한 드라마투르기의 부재가 가장 큰 문제라 할 것이다. 물론 언젠가는 또 다른, 더욱 훌륭한 전쟁 드라마가 우리나라에서도 탄생할 것이다. 그 다음 작품을 위하여, 앞서 인용한 내 문장들을 변형하는 것으로 이 글을 끝맺을까 한다.

대한민국은 6·25를 잊어서는 안 된다.

전쟁은 마땅히 두려워해야 하는 것이기 때문이다.

따라서 전쟁 드라마는 전쟁을 끝내고 사람답게 살기 위해 투쟁하는 인간의 모습을 담아내야 한다.

누군가 다시는 '어머니, 전쟁은 왜 해야 하나요?'라고 묻지 않도록.

# 관습적 해피엔딩에 하이킥을 날리다
MBC 일일 시트콤 <지붕 뚫고 하이킥>

정하영

## 1. 진부한 듯 새로운 이야기

"이대로 시간이 멈췄으면 좋겠어요."

세경이는 처음이자 마지막으로 자신의 소원을 이야기하고 김병욱 PD는 기다렸다는 듯이 이 요구 사항을 받아들인다. 순간 극은 어떤 예고나 준비동작 없이 끝을 맞이하고 '대단원의 막'을 기대하던 시청자들은 소설적 자유[1]의 몰락을 지켜보며 심각한 배신감에 '이 빵꾸똥꾸들!' 하고 거친 탄식을 하게 된다. 사실 <지붕 뚫고 하이킥>(이하 <지붕킥>)이 기대감의 배신으로부터 오는 폭발력을 빌어 극을 이끌어나가는 류의 드라마였냐고 하면 전혀 그렇지 않다. 어찌 보면 진부한 사각관계와 기존의 오지명 - 박영규(<순풍산

---

1) 장 폴 사르트르(Jean Paul Sartre)의 '소설적 자유(Romanesque liberte)', 이에 대해서는 글 말미에 다시 언급한다.

부인과>) 구도를 답습하는 이순재 - 정보석의 관계, 미달이(<순풍산부인과>)의 업데이트 버전인 해리, 백치 윤호(<거침없이 하이킥>)를 연상시키는 준혁 등 <지붕킥>은 김병욱의 내러티브 공식에 정확히 들어맞아 있는 김병욱 표 트렌디 시트콤이다. 그렇다면 수많은 시청자들을 TV 앞으로 불러 모으고 한편으로는 그들에게 기존에 없던 배신감을 준 <지붕킥>의 차별점은 무엇인가? 그것은 바로 진화하고 있는 '비극'의 코드이다.

## 2. 희극인이 비극을 말하는 방법

시트콤계의 시청률 제조기로 평가받는 김병욱은 배드엔딩을 고수하는 것으로 유명하다. 그의 전작인 <순풍산부인과>(SBS)나 <웬만해선 그들을 막을 수 없다>(SBS), <거침없이 하이킥>(MBC) 등은 시트콤에서는 보기 힘든 다소 무거운 엔딩을 택함으로써 시청자들로부터 의문 내지는 원성을 샀다. 전작 <순풍산부인과>를 보자. 김병욱의 힘을 증명함과 동시에 가족 시트콤 장르의 새 지평을 열었다고 평가받는 <순풍산부인과>는 '순풍산 부인과'가 문을 닫고, 이를 중심으로 모였던 사람들이 뿔뿔이 흩어지며 마침표를 찍는다. 600회가 넘는 시간을 지내며 그들의 또 다른 가족이 되었던 시청자들은 마치 자신의 가족이 해체되는 것 같은 실망감을 느끼며 그들을 떠나보낼 수밖에 없었다. <웬만해선 그들을 막을 수 없다>에서는 아내이자 어머니이자 며느리로 등장인물들을 연결하는 중심 역할자였던 정수(박정수)가 병으로 세상을 떠나고 다시 행복했던 가족상이 해체되며 극이 마무리된다. 최근작인 <거침없이 하이킥>에서는 '가족의 해체'로부터 시선이 확장되어 '관계의 해체'에 이르는데, 결과적으로 신지 - 이민용(신지, 최민용), 서민정 - 이윤호(서민정, 정일우) 커플들의 관계는 다소 모호하거나 부정적인 형태로 흐려지고, 의문의 여인이자 민호(김혜성)의 연인이었던 유미(박민영)는 폭발 사고에 휘말린다. 이러한 관계의 해체는 김병욱표 엔딩의 핵심이자 그의 내러티브를 완성시키는 마침표로서 지속적으로 노출되어왔다. 그런데 이러한 비극적인 엔딩 시퀀스를 관찰하다 보면 몇가지 흥미로운 공식을 발견할 수 있다. 첫째는 갑작스런 비극의 등장이다. 그의 작품들은 대부분 비극적 암시를 최소화한 채 마지막을 전후한 에피소드를 통해서 등장인물의 죽음이나 이별 등의 결말을 내놓는다. 둘째로 그의 작품에서 슬픈 결말에는 항상 몇 가지 기쁨이 동반된다. <순풍산부인과>에서 영규(박영규)는 학원원장이 되고, <웬만해선 그들을 막을 수 없다>의 주현(노주현)은 만년 과장의 딱지를 떼고 계장으로 승진하며, 홍렬(이홍렬)은 늦둥이를 보며 인생의 가장 행복한 시간을 맞이한다. 이러한 비극의 공식들을 통해 김병욱은 <웬만해선 그들을 막을 수 없다>의 마지막 내래이션에서처럼 '세상의 절반은 슬픔'이며, 우스운 일들이 해프닝으로서 찾아오듯 슬픈 일들 역시 예고 없이 찾아옴을 일관되게 얘기하고 있다. 그러나 <순풍산부인과>, <웬만해선 그들을 막을 수 없다> 등 그의 기존 작에서의 화법은 극 전반에서 엔딩을 제외한 슬픔들을 시청자에게 효과적으로 설득시키지 못한 분명한 한계를 드러냈다.

김병욱의 작품 치고는 다소 적은 회차로 마무리된 <지붕킥>은 그에 걸맞게 좀 더 직접적이고 집적된 방식으로 이야기를 풀어나간다. 현경(오현경)과 보석(정보석)의 부부 싸움 에피소드를 보자. 멀리서 그들을 지켜보는 노부부의 눈에는 그들의 치열한 부부싸움이 마치 영화 <러브스토리>의한 장면처럼 그려지고, 동시에 '인생은 멀리서 보면 희극이고 가까이서 보면 비극이다'라는 채플린(Charles Chaplin)의 말이 인용됨으로써 <지붕킥>의 중요한 코드가 비극임이 드러난다. 세경(신세경)의 에피소드에서도 이러한 점은 분명하다. 극의 초반, 사채꾼들에 쫓겨 상경한 세경은 지하철에서 신애(서신애)를 잃어버리고 엉엉 울며 지하철역 바닥에 귀를 대고 신애를 찾는다. 이 장면은 사실 굉장히 슬픈 것이지만 장치적으로 웃음 소리가 삽입되어 희극적인 상황으로 반전된다. 이번에는 등장인물들을 보자. 얼핏 보면 웃음과 행복이 가득한 것 같지만 <지붕킥>의 등장인물들은 하나같이 모두 비극을 안고 있다. 귀엽고 깜찍한 캐릭터의 정음(황정음)은 지방대를 나와 극심한 취업난에 시달리는 백조 신세이고 낭만주의자인 보석은 무능력 때문에 가족에게 무시당하며 우울증을 앓는 가장이다. 쿨한 성격의 외과 의사 지훈(최다니엘)은 가족의 행사에 무관심하고 꿈과 사랑에도 모두 실패한 유예된 인생이며 세경 가족의 처지는 더 말할 나위도 없다. 많은 블로거들이 <지붕킥>의 결말을 놓고 김병욱의 흔들린 일관성을 이야기하지만 여기에 모인 이 인간 군상들은 한 번도 행복을 손에 쥔 적이 없는 멜랑콜리커들이다. 즉, 기존의 작품들에서 엔딩 즈음에 비극을 설치하는 소극적인 화법을 추구했다면 <지붕킥>의 비극은 극 전반에 걸쳐 변주되고 있으며, 이러한 화법은 <지붕킥>을 새롭게 만드는 하나의 진화된 내러티브라 할 수 있는 것이다. 그리고 이 일관된 비극적 내러티브 안에서 시청자들이 큰 배신감을 느꼈던 것은 극적 반전에 대한 기대감 때문이다. 시종일관 비극적이던 세경이 마지막에는 행복해질 것이라고 기대하는 것은 <지붕킥>이라는 픽션을 시청하는 이들에게는 당연한 화학반응이며, 이런 기대에도 불구하고 일관성을 배신하지 않고 자신의 이야기를 하는 것 또한 연출가로서 가질 수 있는 최소한의 고집이요 극을 단단하게 만드는 간수 같은 역할이라 할 수 있다.

## 3. 그 많던 갈비는 누가 다 먹었을까?

2009년을 사로잡은 가장 매력적인 캐릭터는 단연 <지붕킥>의 해리(진지희)라고 할 수 있다. 해리는 다양한 에피소드를 드러내는 입체적인 인물이며 신애의 캐릭터와 대비되어 복잡한 인간 군상의 단면을 비춰주었다. 해리를 이야기하는 데 빼놓을 수 없는 두 가지 단어는 '빵꾸똥꾸'와 '갈비'이다. 갈비는 욕망의 상징이다. 해리는 현실세계 인간 군상들이 욕망을 따라 움직이듯이 갈비라는 욕망을 충족시키기 위해서 이에 대한 경쟁자, 즉 빵꾸똥꾸와 끊임없이 맞선다. 해리의 갈빗집 에피소드를 보자. 그녀는 무턱대고 갈빗집에 들어가 무전취식할 정도로 갈비라는 욕망에 사로잡혀 있으나 한편으로는 그 대가를 지불하기 위해 갈빗집 서빙을 능수능란하게(전문성을 갖추고) 해낼 정도로 생산 활동의 준비까지 되어 있는 인물이다. 허나 슬프게도 욕망은 끝이 없고, 하나의 욕망을 충족시켜도 끊임없이 그보다 더 큰 욕망이 따라붙는 구조 속에서 해리와 같이 적극적으로 욕망을 추구하는 인물들은 심각한 자기 괴리를 겪는다. 매 끼니 수북이 쌓여 있는 갈비를 먹어도 해리의 욕망은 해소되지 않고 오히려 극에서 반복적으로 노출되는 변비의 고통으로 남는 것이다. 이러한 괴리는 해리와 준혁의 홍어 에피소드를 통해 나타난다. 준혁은 음식이라면 네 것, 내 것 없이 욕심을 내는(욕망에 충실한) 해리의 버릇을 고쳐주기 위해 해리가 먹으려는 음식들에 삭힌 홍어를 넣어놓는다. 다 큰 어른도 웬만한 미식가가 아니면 견디기 힘든 홍어의 맛에 해리는 번번이 고통을 겪지만 그녀는 식탐을 멈추지 않는다. 매 끼니 갈비를 먹고, 피자를 시키면 다른 사람에게 빼앗기지 않으려 양손에 한 조각씩 들고 먹는 해리이지만 그것만으로는 만족하지 못하고 계속해서 더 많은 욕구를 충족하려 하기 때문이다. 에피소드의 말미에 해리는 홍어의 참맛에 눈을 뜨고 동네 아저씨들의 식사에 어울려 같이 홍어를 먹는다. 욕망이 재생산되고 그 욕망의 고리가 끊임없이 반복되는 이 상황은 단지 촌극으로만 넘기기에는 너무나 아이러니하다. 더 나아가 빵꾸똥꾸의 탄생 에피소드는 빵꾸똥꾸라는 말을 안 하면 인형의 집을 사준다는 보석의 제안 에도 불구하고 인형의 집을 포기하면서까지 빵꾸똥꾸에 집착하는 해리의 모습을 통해 그녀가 단순히 1차적인 욕망만을 추구하는 게 아니라 그 욕망 을 위해 경쟁하는 행위 자체에 집착하게 됐음을 설명한다. 이제 단순히 갈비만이 욕망의 대상이 아니며 원하는 갈비를 다 먹어치운다 해도 그녀에 게 남는 욕망이 다시 그릇을 가득 채우게 만드는 것이다.

한편 신애는 해리와는 다른 형태의 욕망을 갖는 주체이다. 해리가 욕망의 대상을 획득할 수 있고 또한 그를 위해 생산할 수 있는 위치에 놓인 반면, 신애는 원론적으로 욕망을 취할 현실적인 능력이 부재된 상태에 있다. 그래서 신애가 갈비를 획득하는 방법은 해리의 몫을 몰래 먹는 것밖에는 없다. 신애가 인형 뽑기에 중독되는 에피소드는 이러한 그녀의 현실을 강조해준다. 신애는 변변한 놀 거리 없이 무료한 일상을 보내던 중 문구점 앞의 인형뽑기 기계를 발견하고 이에 빠져든다. 하지만 그녀에게는 한 번에 500원밖에 하지 않는 이 놀이를 지속할 경제 능력이 없고(해리의 경우였다면 지속할 자본이 있었을 것이고, 자본이 떨어졌다 하더라도 이를 생산해낼 의지와 능력이 있었을 것인 반면) 결국에는 언니 세경과의 다툼 끝에 욕망을 포기한다. 신애가 마지막에 도박 중독자들이 도박을 끊기 위해 손가락을 자르는 행위를 연상하고 손에 붕대를 감고 나타나는 극단적인 선택을 하는 장면은 그녀가 욕망의 추구를 멈추도록 환경적으로 강제받고 있다는 것을 암시한다. 결국 해리와 대비되어 신애는 자신의 욕망을 추구할 현실적인 능력조차 없으며 이를 대신하여 해리의 갈비를 몰래 다 먹어버림으로써 해리에게 굴욕을 겪어야 하는 비극적인 인물이다. 결과적으로 우리는 이 두 인물이 현실 세계를 살고 있는 우리의 모습과 다르지 않으며 욕망은 곧 비극이라는 사실을 발견하게 된다. 그 때문에 김병욱의 기존 작품들이 갖고 있던 관계의 해체에 수반되는 비극적 텍스트의 단순함이 한 발 더 나아가 인간 군상을 지배하고 있는 비극적 현실을 지적했다는 점은 <지붕킥>의 비극적 내러티브가 또 한 번 진화한 것이라고 하겠다.

## 4. 정말 세경이는 지붕 뚫고 하늘로 날아갔을까?

장 폴 사르트르는 소설적 자유를 언급하며 프랑수아 모리아크(Francois Mauriac)의 '작가는 신과 가장 유사한 존재'라는 명제를 '소설가는 신이 아니다'라고 못 박아 반박한다. 이 반박의 요지는, 텍스트는 사회성이 있기 때문에 개연성과 일관성이 있어야 하며 사회와 함께 호흡해야 한다는 것이다. 이는 자칫 작가주의를 배제한 독자 중심의 텍스트 옹호론으로 비춰질 수 있으나 사실은 작가의 독재적 텍스트를 견제하고 텍스트에 대한 사회적 책임이 작가에게 지워짐을 강조하고 있다는 데 주목해야 한다. 속칭 '지붕킥 빠'라 불리는 <지붕킥> 팬들은 김병욱의 독재적 텍스트를 비난하고 나섰지만 앞서 언급했다시피 <지붕킥>의 비극적 내러티브는 한순간도 흔들린 적이 없으며 그 장치적인 기반 위에서 엔딩 시퀀스는 (미학적으로 훌륭한 완성도를 갖기도 하거니와) 충분한 개연성을 확보하게 된다. 채플린은 1952년 작 <라임라이드(Limelight)>를 통해 비극과 희극은 종이 한 장 사이이고 비극의 모습은 죽음과 가까움을 얘기하고 있다. 결국 채플린을 끊임없이 인용하며, 본인이 채플린 예찬론자임을 밝힌 김병욱에게서 세경의 죽음이라는 엔딩은 지극히 예상 가능한 범위의 것이라 하겠다. 이 시점에서 오히려 우리가 주목하고 언급해야 할 것은 비극적으로 복잡한 세상 속에서 그 비극들을 안주 삼아 웃고 살아야 하는 우리네의 이야기들을 단단한 내러티브로 담아낸 김병욱의 힘이라 할 수 있다. 어찌 됐건 결과적으로 세경은 지훈과 함께 죽음을 맞이했고 고통을 걷는 삶의 연속이었던 세경에게 처음이자 마지막 소원이 이뤄지는 그 고통의 순간은 그녀의 인생에서 가장 행복한 순간이다. 결국 비극으로 일관했던 <지붕킥>의 텍스트는 이렇게 해피엔딩으로 대단원의 막을 내렸다. 하지만 종이 한 장 차이의 경계로 비극과 희극을 넘나든 김병욱의 도전적 연출은 대다수의 시청자의 공감을 사지 못했고, 우리는 애초에 그러했던 것처럼 고단한 삶을 다시 술 한 잔, 농담 한 토막으로 담담히 살아가야 할 처지에 놓였다.

**입선작**

# 사극 속 여성, '살리에리의 슬픔'과 마주하다

조수빈

## 하늘이 선택한 자와 하늘에게 선택받지 못한 자

이미 잘 알려진 영화 <아마데우스>는 고전음악의 천재로 추앙받는 모차르트(Wolfgang Amadeus Mozart)와 그를 선망하면서도 질투할 수밖에 없었던 궁정 작곡가 살리에리(Antonio Salieri)의 관계를 야사를 기반으로 만들어진 것이다. 이 영화에서 모차르트는 그를 미워하면서도 그의 천재성에 감복할 수밖에 없는 살리에리의 관점에서 그려진다. 살리에리는 모차르트를 죽음에 이르게 한 「레퀴엠」의 작곡을 의뢰했는데, 이에 대해 죄책감을 갖고 있으며 스스로도 결국 파멸에 이르고 만다. 그는 젊은 시절 자신의 모든 열정을 바쳤던 질투의 대상, 모차르트를 회상한다.

영화 속의 살리에리는 비극적인 운명을 지닌 인물이다. 충분히 뛰어난 음악가였음에도 언제나 모차르트의 천재성에 가려 지낼 수밖에 없었다. 모차르트의 능력은 그가 아무리 노력해도 가질 수 없는 것이었다. 하지만 살리에리에게 가장 큰 비극은 모차르트가 천재이고 그가 모차르트와 동시대를 살았던 작곡가라는 사실이 아니라, 그가 모차르트가 천재임을 알아볼 수 있는 '눈'과 '능력'을 가졌다는 사실일 것이다. 자신은 다다를 수 없는 능력, 하지만 그것을 가진 사람을 단번에 알아낼 수 있는 눈. 그 모순에서 오는 견딜 수 없는 질투와 그 질투로부터 비롯되는 에너지의 충돌. 그것이 바로 살리에리의 가장 큰 비극이었을 것이다.

천재(天才)는 극소수다. '하늘이 낸 재주'라는 뜻으로도 알 수 있듯이, 천재의 능력에 도달하는 데는 일반적인 인간의 능력과 수련으로써 한계가 있음을 부인할 수 없다. 결국 스스로의 훈련과 재능으로 수재가 된 이들은 많지만, 천재에 이르는 것은 '운명'만이 허락할 수 있는 부분이기도 하다. 그렇다면 '신이 사랑한' 천재를 보고 자신은 결국 '신이 선택하지 않은' 수재라는 것을 깨닫는 순간, 선택받지 못한 자의 기분은 어떨까. 차라리 천재를 알아보지 못하고 스스로 작은 것에 만족하며 안온하게 사는 '범재(凡才)'이고 싶지 않았을까.

## 사극에서 되살아난 여성들의 영웅 이야기

드라마에는, 특히 영웅물에는 이러한 '천재 - 수재' 간의 갈등과 대결이 자주 등장해왔다. 이는 결국 영웅을 가장 영웅답게 만들어줄 수 있는 관계이자 갈등이기 때문이다. 이러한 영웅물에서 천재는 수재와의 대결에서 언제나 승리하고, 수재는 그런 천재에 대한 질투 때문에 스스로 파멸하고 만다. 그건 주인공이기에, 혹은 역사의 승자이기에 따르는 당연한 결과이기도 했다. 주로 한국의 사극에서 그려졌던 이러한 '영웅물'에서는 정해진 공식을 밟는 것처럼 천재를 '당위적'인 인물로, 수재를 '질투에 눈이 멀어 결국은 스스로 파멸하는' 인물로 그려왔다. 그리고 그것은 언제나 남성이 극을 주도했던 남성 사극의 공식이었다.

그동안 여성 사극은 이러한 전형적인 영웅물에서 벗어나 있었다. 여성은 궁중의 암투 내지는 퓨전 사극 등에서 제한적인 역할 속에 머물러 있었으며, 영웅물 자체는 남성의 전유물이다시피 했다. 그러나 몇 년 전부터 새로운 소재를 찾기 위해 동분서주하던 드라마들은 사극 속에서 축소되어왔던 여성의 역할을 되찾아내기 시작했고 MBC의 <대장금>, <선덕여왕> KBS2의 <황진이>, <천추태후> 등을 통해 활발하게 여성의 이야기들을 발굴해왔다. 그리고 그 와중에 남성 영웅물 못지 않는 이야기들이 등장하기도 했다.

이처럼 여성을 주인공으로 내세운 사극－특히 롤모델로 삼을 수 있을 만큼 '영웅적' 행적을 보인 작품－ 중 최근 단연 돋보이는 것은 <선덕여왕>과 <동이>이다. 둘 다 작년과 올해에 걸쳐 MBC의 간판 드라마였던 이 작품들은 시청자들에게 인기를 끌었던 '여성 사극'이라는 것 말고도 재미있는 공통점이 하나 있다. 그것은 바로 드라마 속 '하늘이 선택하지 않은 2인자'의 이야기를 심도 있게 그려냈다는(혹은 그려내고 있다는) 점이다. 이는 남성 사극이 기존의 '2인자', 즉 주인공의 영웅성을 더욱 돋보이게 해주는 데 소모되고 말던 '우둔한 조연'으로서 드라마 속 '수재'의 역할을 소모했던 것과 비교하면 더욱 흥미로운 지점이기도 하다.

여성이 주류가 되는 사극에서 '살리에리'의 슬픔이 좀 더 밀도 있게 그려지는 것은 아마 여성이 남성에 비해 좀 더 '공감하는 감성'을 갖고 있기 때문일 것이다. 여성은 패자에게 가혹한 잣대를 들이대기보다는 패자와 함께 울 수 있는 감성을 기본적으로 갖고 있기에 여성이 주인공인 사극에서 '살리에리의 슬픔'에 대한 공감이 좀 더 섬세하게 그려질 수 있다는 점은 흥미로운 부분이기도 하다.

특히 <선덕여왕>과 <동이>에서 미실과 장희빈(장옥정)은 그들이 왜 극 속에서 존재할 수밖에 없는지, 그리고 왜 그녀들이 주인공들과 끊임없이 대결하고 질투할 수밖에 없는지를 설득력 있게 그려냈다는 점에서 여성 사극에서의 '살리에리의 슬픔'을 다시 생각하게 만든다.

## <선덕여왕>의 미실, 그녀는 왜 성골이 아니었을까

<선덕여왕>에서 미실은 철저히 2인자일 수밖에 없었다. 그녀는 왕이 되지 못했고, 그렇기 때문에 정사(正史)에서 정당하게 평가받지 못했다. 진흥왕 대부터 3대째 왕을 모셔온 것으로 알려진, 당대에 대단한 영향력을 행사했을 것으로 짐작되는 이 여인은 왕이 되지 못했기에 덕만의 '조연'으로 머무를 수밖에 없었다. 성골이 아니고 남성이 아니었던 미실은, 여성이었지만 '성골'이었고 남자 형제가 없어 왕위를 물려받을 당위를 획득한 덕만을 '살리에리'의 눈으로 지켜볼 수밖에 없었을 것이다. 같은 여성이고 정치가이지만, 미실은 갖지 못한 출신 성분에서 오는 '하늘의 당위'가 덕만에게는 있었기 때문이다.

미실은 뛰어났다. 타고난 정치 전략가였고, 정치에서 가장 중요한 '사람을 갖는 법'을 알고 있었다. 하지만 그녀는 홀연히 나타난 '덕만'이라는 존재에 절규한다. 덕만을 자신의 적수로 인정할 수밖에 없는 상황 앞에서 미실은 결국 "(덕만이) 부럽습니다"라고 털어놓는다. 늘 자신이 목표하는 최고의 자리만을 바라봤고 자신에게는 그 자격이 충분하다 생각하며 달려오던 미실에게 덕만의 존재는 어느 날 갑자기 살리에리 앞에 나타난 모차르트와 다르지 않았을 것이다. 미실은 인재들이 따르고, 하늘의 운이 따르는

덕만을 보며 한눈에 '하늘이 선택한 자'라는 사실을 알았을 것이고 '살리에리의 슬픔'을 고스란히 느낄 수밖에 없었을 것이다.

미실은 덕만이 승리할 것임을, 그리고 하늘에게 선택받지 못한 자신이 결국 패배할 것임을 이미 덕만을 적수로 인정하면서부터 깨달았는지도 모른다. 극 중에서 미실은 덕만을 두고 "첫 번째, 그 발상이 부럽습니다. 서라벌 왕궁에서 나고 자란 미실은 할 수 없는 생각입니다. 두 번째, 그 젊음이 부럽습니다. 훗날 언젠가는 제사와 정치와 격물이 분리되는 그런 세상이 올 것입니다. 그런 세상을 준비하기에 이 미실은 너무 늙었습니다. 세 번째는… 왜 전 성골로 태어나지 못했을까요. 제가 쉽게 황후의 꿈을 이루었다면, 그 다음의 꿈을 꿀 수 있었을 텐데. 이 미실은 다음 꿈을 꿀 기회가 없었습니다"라고 말한다. 그리고 그 순간 이미 자신의 파멸을 예감하고 있었는지 모른다.

성골이 아니라는 것. 같은 여성이라는 약점을 갖고 있었지만 성골이었던 덕만과 성골이 아닌 미실에게는 성골이라는 신분이 '하늘의 선택'이 엇갈릴 수밖에 없었던 조건이었을 것이다. 게다가 하늘(계양성)의 운명을 타고난 것을 의식하지 않을 수 없는 미실은 그 사실을 부인하면서도 증오하고 또한 선망할 수밖에 없었을 것이다. 단박에 덕만의 능력을 알아볼 수 있을 만큼, 그녀 역시 뛰어난 사람이었기에 그 슬픔은 더하지 않았을까. 왜 내가 이렇게 뛰어난 능력이 있음에도 '하늘의 선택을 받지 못했는가'에 대한 의문은 미실에게 언제나 꼬리표처럼 따라붙으며 그녀를 괴롭혔을 것이다. 미실은 숙명을 받아늘일 수밖에 없는 살리에리였고, 덕만을 죽도록 질투하면서 스스로를 망가뜨릴 수밖에 없는 '하늘에게 선택받지 못한 자'였다.

## 시대의 악녀 장희빈, 숙빈 최씨의 영원한 그림자로 살다

조선의 역사 속에서 희대의 악녀로 불렸던 '장희빈'은 <동이>에 이르러서 '간악한 악녀'가 아닌 자신의 운명과 끊임없이 갈등하고 싸울 수밖에 없었던 '2인자'로 그려진다. 인현왕후를 쫓아내고 중전의 자리에 올랐지만, 숙빈 최씨와 인현왕후의 세력이었던 서인에게 밀려 사약을 받는 비극적인 운명을 맞이할 수밖에 없었던 장희빈. 세자인 아들은 다행히도 무사히 왕위에 올랐지만, 경종은 유약한 몸으로 왕위를 오래 누리지 못해 생모의 운명을 '간악한 악녀'의 그것으로 만들 수밖에 없었다. 그녀 역시 역사의 패자로 야사에서 악녀로 비춰질 수밖에 없었지만, 인현왕후와 숙빈 최씨라는 역사가 만들어낸 당위적 인물들에 의해 살리에리의 운명을 질 수밖에 없는 이였다.

물론 미실과 달리 장희빈의 경우는 당시 당파정치 세력의 중심이었던 남인과 서인 사이의 권력 싸움에서 희생된 인물이라고 보는 것이 더 타당할지 모른다. 하지만 그녀 역시 스스로가 갖지 못한 운명 때문에 결국은 중전의 자리에서 밀려났고, 당연히 가져야 할 자리를 가졌다는 당위를 얻지 못한 채 중전의 자리를 지키기 위해 내내 불안해했다는 점에서 그녀도 자신의 운명을 타고나지 못한 살리에리에 가깝다고 할 수 있을 것이다.

<동이>에서 장희빈은 예언을 하는 이로부터 '모든 것을 가졌겠지만, 평생 동이의 그림자에서 살 수밖에 없는 운명'을 부여받았음을 알게 된다. 더욱 흥미로운 것은 '동이'를 단번에 알아본 것 또한 장희빈이라는 사실이다. 드라마 속에서 동이에게 가장 먼저 기회를 준 것이 바로 장희빈이었고, 그녀는 동이가 갖고 있는 심성과 능력을 한번에 알아볼 수 있는 눈을 갖고 있었다. 하지만 아이러니하게도 그녀는 동이에 의해 밀려나고 몰락을 맞이

한다.

장희빈은 그렇게 동이와 인현왕후의 '조연'으로 살았다. 중인이라는 신분적 한계를 극복하고 중전의 자리에 올랐지만, 온전히 그 자리를 지켜내지 못했다. 영민함과 정치적 능력 또한 있었지만, 살리에리의 숙명은 벗어날 수가 없었다. 그리고 결국 자신을 몰락하게 만들 적수를 가장 먼저 알아보는 '눈'을 가진 비극까지 피해갈 수 없었던 또 한 명의 '살리에리'였다.

장희빈은 동이와 인현왕후에 의해 위기감을 느낄 때마다 그 예언을 상기했을 것이다. 그리고 그 운명을 믿고 싶지 않으면서도, 두려워하고 선망할 수밖에 없었을 것이다. 숙종의 사랑을 앗아간 동이와 결국 자신의 자리를 또다시 빼앗아 간 인현왕후 앞에서 장희빈 또한 중전으로서의 의무보다는 질투에 모든 열정을 쏟아부을 수밖에 없는 자신의 운명이 원망스럽지 않았을까. 그녀 역시 어쩔 수 없이 하늘에게 선택받지 못한 자신의 가혹한 운명의 슬픔을 부인할 수 없었을 것이다.

## 살리에리의 운명과 마주한 사극 속 여성들, 2인자의 슬픈 숙명을 끌어안다

물론 살리에리의 운명을 지닌 이 두 사람은 분명 스스로를 파멸로 이끌 만한 행동을 했다. 그리고 그 과정에서 선한 의지를 가진 주인공들이 자연스럽게 역사의 '모차르트'가 될 수 있었다. 하지만 생각해보면, 어차피 역사는 승자를 위해 쓰이는 것. 역사는 선한 의지를 가져서 승리했다는 인과론적 당위가 아니라 이긴 자가 결국 '선한 것'이라는 결과론적 당위다. 그렇게 본다면, 이들 '살리에리'는 역사가 혹은 역사를 만들어가는 하늘이 버린 자와 다름없을 것이다.

무엇보다 가장 중요한 것은 이 살리에리들이 너무나 당연하게 자신의 숙적을 알아볼 수밖에 없는 눈을 가졌다는 비극이다. 단순히 내가 선택을 받지 못한 것으로 끝난 것이 아니라, 천재를 알아보아 그를 동경하지만 동시에 질투할 수밖에 없다는 운명이 이들에게는 가장 슬픈 일이다. '선택받지 못한 자'라는 것을 부정하다가 결국 스스로 파멸해가는 것이 살리에리가 갈 수 있는 유일한 길이었다. 하늘은 자신이 선택한 사람의 운명을 찬란하게 만들기 위해, 인간 스스로가 선택하고 단련한 능력자를 가장 비참한 방법으로 운명 앞에 꿇어앉힌다. 차라리 하늘이 관심을 가지지 않을, 하늘이 선택한 사람을 위해 희생하지 않아도 되는 '범재'의 운명이 다행인 이유일 것이다.

드라마 속의 미실과 장희빈은 이러한 '살리에리'의 숙명을 끌어안은 자들이다. 미실은 결국 스스로 죽음을 택하고, 장희빈은 그토록 자신을 사랑했고 자신이 사랑했던 숙종에 의해 죽음을 맞이한다. 그들은 결국 스스로 운명 앞에 무릎을 꿇은 자가 되었음을 증명하고 말았지만, 그들의 슬픔에 그 누구라도 연민을 보내지 않을 수 없을 것이다. 선택받은 자 앞에서 선택받지 못한 자로 사는 슬픔이 우리 모두에게 조금씩은 있기 때문이다. 그리고 이것이 가슴 아픈 '2인자'들에게 시청자들이 환호를 보내는 이유일 것이고, 그들의 파멸 앞에 안타까움을 표하는 이유일 것이다.

살리에리는 자책감 때문에 결국 스스로의 삶을 망쳐버린다. 하지만 그럼에도 불구하고 역사와 사람들은 살리에리의 슬픔보다는 모차르트의 천재성만을 기억해왔다. 우리 모두가 사실은 모차르트보다 살리에리일 가능성이 높음에도, 많은 사람들은 그렇게 하늘이 낸 영웅과 천재를 기다려왔다. 하지만 사람들은 이제 살리에리의 슬픔도 함께 기억한다. 하늘이라는 가혹한 운명 앞에서 가장 먼저 천재를 알아보고 다다를 수 없는 길에 괴로워하는 살리에리가 결국은 가장 비정한 하늘의 증거물이기 때문은 아닐까. 결국 거스를 수 없는 운명을 사는 대부분의 사람들은 그렇게 살리에리의 슬픔을, 그 슬픔을 끌어안은 사극 속 여성들을 통해 자신의 운명을 연민하고 있을지도 모를 일이다.

# MBC, '스페셜'을 버려라
### <MBC 스페셜> '목숨 걸고 편식하기'의 구성 분석을 중심으로

이은규

## 1. 예외는 일상이 될 수 없었던 것인가

<MBC 스페셜>에서 방송된 <아마존의 눈물>은 평균 20%를 넘는 높은 시청률을 기록했다. 다큐멘터리도 시청률이 나온다는 예외는 일상이 되지는 못했다. 현재 <MBC 스페셜>은 10% 안팎의 시청률을 유지하고 있다. 물론 <KBS 스페셜>이나 <SBS 스페셜>보다는 높고 안정적인 시청률임은 사실이다. 하지만 다큐멘터리 장르의 시청률 자체가 낮은 것은 부정할 수 없다. 최근 몇 년 새에 벌어진 대작 다큐멘터리의 흥행은 고무적인 일임이 분명하다. 하지만 이 흐름을 TV 다큐멘터리의 흥행 전반으로 이끌지 못함은 아쉬운 일이다. 대작 다큐멘터리들의 성공은 오늘날 제작진의 소재 나 구성 방식이 시청자들에게 충분히 공감을 이끌 수 있다는 반증이다. 하지만 똑같은 제작진이 만드는 스페셜 다큐멘터리들이 시청자들의 관심을

받지 못하는 가장 큰 이유는 이들 다큐멘터리의 고정 시청자층이 적기 때문이다. 대개 정통 다큐멘터리는 중년 남성들의 전유물로 인식되었고, 이 때문에 스페셜 다큐멘터리를 일상적으로 보지 않게 된다. 결국 ‘스페셜’이라는 이름이 지닌 ‘고루함’이 한 편의 예외적 다큐멘터리의 흥행을 일반적인 흥행으로 이끌지 못하는 요인 중 하나라고 볼 수 있다. 그래서 3사 방송사가 이제는 ‘스페셜’이라는 이름을 버리고 새로운 이름을 고민하고 새로운 방향으로 전진할 때다. ‘스페셜’을 버리자는 논의는 최근 시청자들이나 비평가들로부터 많은 관심을 받고 있는 <MBC 스페셜>을 중심으로 살펴보겠다.

## 2. ‘스페셜’은 어디서 왔는가?

우리가 흔히 알고 있는 ‘스페셜’이라는 프로그램 명칭은 일본 NHK에서 먼저 시작됐다. 1976년 <NHK 특집>이 그 전신이며, 1989년 <NHK 스페셜>로 이름을 바꿨다. 세계에 NHK의 이름을 각인시켰던 다큐멘터리 <실크로드>가 바로 1980년에 방송된 대표적인 방송이다. 현재 일요일 저녁 10시부터 50분간 방송되고 있는 <NHK 스페셜>은 아직까지도 NHK를 대표하는 간판 프로그램이다.

1990년대를 넘어서면서 우리나라에서도 ‘정통 다큐멘터리’에 대한 욕구가 발생했다. 이러한 흐름 속에서 KBS1은 1994년 <일요스페셜>을 시작으로 <역사스페셜>, <환경스페셜>, 이른바 3대 스페셜을 만들었다. 2004년 <KBS 스페셜>로 명칭을 바꿔 지금까지 일요일 8시 황금 시간대를 지키고 있다. 이후 1999년 <MBC 스페셜>, 2005년 <SBS 스페셜>이 뒤이어 등장했다. 지상파 방송으로서 요구되는 공영성을 실천하기 위해

'고품격 기획 다큐멘터리'라는 동일한 목적으로 3사 방송사는 모두 '스페셜'이라는 명칭의 다큐멘터리 대표 프로그램을 만들었다.

하지만 이름이 같다고 그 내용까지 같은 것은 아니다. 최근 몇 년 새에 우리나라 방송 다큐멘터리는 많은 변화를 겪었다. SBS의 <잘먹고 잘사는 법>이나 <환경의 역습>처럼 일상생활에 밀착한 미시적인 소재들이 등장했고, 한편으로는 KBS1 <누들로드>, MBC <북극의 눈물>과 같은 대작 다큐멘터리가 등장했다. 이 과정에서 각 방송사는 자신들만의 '색깔'을 담아내고자 노력했다. 최근 3사의 스페셜에서 이런 흐름은 소재와 구성 방식을 통해 명확하게 드러난다. '스페셜'이란 명칭의 원조 격인 일본 <NHK 스페셜>은 국제·시사·역사와 같은 거시적인 소재들을 이성적인 논리 구조로서 표현하며 '정통' 다큐멘터리의 길을 만들었다. 현재 3사 스페셜 중 이 흐름을 이어받고 있는 것은 <KBS 스페셜>뿐이며, <MBC 스페셜>과 <SBS 스페셜>은 탈'정통'의 새로운 다큐멘터리를 표방하며 다른 길을 걷고자 한다. 이 때문에 3사 스페셜은 이름은 같지만 그 지향점이 다르다. 하지만 <MBC 스페셜>의 차별화가 시청자들의 눈에 잘 띄지 않는 이유 중 하나가 '스페셜'이라는 이름이 지닌 이미지 때문은 아닌지 생각해볼 필요가 있다.


## 3. 소재의 차이

3사 스페셜의 다른 노선은 소재만 살펴봐도 쉽게 알 수 있다. 2009년 5월부터 2010년 6월간 3사 스페셜에서 방영된 방송의 소재를 비교해봤다. 소재의 분류 기준은 논문 「다큐멘터리 소재와 시장성의 관계 연구」[1)에서 사용되었던 11개 분류 기준을 바탕으로 했다. 11개 분류 기준은 '인간/시사/

자연·환경/역사/탐험·기행/과학/문화·예술/교육/사건·사고·재난/인간적 흥미(세태·라이프스타일)/국제정세 및 문제'이다. 각 방송의 기획 의도를 바탕으로 했기 때문에 친환경 자동차나 먹을거리를 다룬 방송은 '과학'이 아닌 '자연·환경'으로 분류했다.

이 경우, 가장 많이 다뤄진 소재 두 가지는 방송사별로 확연히 구분됐다. <KBS 스페셜>은 시사(21회), 국제(11회)로 <NHK 스페셜>의 시사(11회), 역사(10회), 국제(9회)와 비슷한 흐름을 보였다. 반면 <MBC 스페셜>은 자연·환경(15회), 인간(13회), <SBS 스페셜>은 인간적 흥미(15회), 자연·환경(10회)의 결과를 보였다. 구체적으로, <KBS 스페셜>은 <대전환 한국경제>, <부의 지도>와 같은 경제 시사와 <2010년 5월 북한에 무슨 일이 있는가>, <정권교체 6개월, 일본 아시아로 돌아오는가>와 같은 국제문제를 다루고 있다. 이에 반해 <MBC 스페셜>은 5년째 이어오는 <휴먼다큐 사랑>과 박찬호, 추신수, 이순재를 주인공으로 한 <celebrity biography>를 브랜드화해 3사 중 가장 많이 인물을 다루고 있다. 또한 <아마존의 눈물> 같은 환경 파괴와 <목숨 걸고 편식하기>처럼 친환경 먹을거리로서 '자연·환경'을 소재로 삼는다.

단편적으로 정리하자면, KBS는 거시적인 소재를, MBC는 좀 더 생활에 가까운 미시적인 소재를 차용하고 있다. 이런 흐름에 대해, 다큐멘터리의 연성화를 우려하는 목소리가 있다. 하지만 이런 목소리 자체가 '스페셜'이 가진 고정관념에서 비롯한 비판은 아닌지 돌아볼 필요가 있다. 다큐멘터리의 소재가 연성화되었다고 그 주제 의식까지 연성화된 것이 아님은 조금만 주의를 기울인다면 금세 알 수 있다. MBC의 2006년 <휴먼다큐 사랑>

---

1) 김미라, 「다큐멘터리 소재와 시장성의 관계 연구」, ≪한국방송학보≫ 통권 제21-5호 (2007년 9월), 7~37쪽.

중 '너는 내 운명' 편은 반프 TV 페스티벌에서 심사위원 특별상을 받았다. 당시 "인간의 존엄성과 진정한 사랑의 의미를 세심하게 다룬 작품"이라는 심사평을 들었다. <MBC 스페셜>의 인물 다큐멘터리는 개인적 흥미를 끌어내는 데 그치지 않고 인류애의 정신으로 확장한 주제 의식을 담아내고 있다. 이는 올해도 4편의 <휴먼다큐 사랑>에 고스란히 이어져 많은 시청자들의 사랑을 받았다. 또한 <곰배령 사람들>이나 <자연밥상 보석밥상>과 같은 친환경적 삶을 소재로 한 다큐멘터리는 '웰빙(well-being)이라는 라이프 스타일을 진화시키고 있다. 즉, 물질적 삶의 가치를 최우선으로 삼는 현대 자본주의 사회 속에서 지속적으로 삶의 질을 이야기하고 생각할 틈을 주는 데 큰 역할을 하고 있다. 결국 전달하고자 하는 주제 의식은 "세상을 바라보는 창"을 제시한다는 <KBS 스페셜>과 같지만, 전달 방식에서 쉽게 다가가기 위해 환경, 인간적 흥미 같은 분류 기준을 이용하고 있다. 이 때문에 <MBC 스페셜>이 추구하는 소재의 특성은 단점이 아닌 하나의 장점으로 더욱 키울 필요가 있다.

## 4. 구성의 차이

단순히 소재만 차이가 나는 것이 아니라 구성 역시 차이 난다. <KBS 스페셜>은 논리적인 전개 과정을 이성적으로 풀어가는 정통적인 기존의 다큐멘터리 구성이다. 반면 <MBC 스페셜>은 윤미현 CP의 인터뷰에서처럼 "가르치지 않고 느끼는 다큐멘터리"를 표방하며 구체적인 인물들의 사례를 바탕으로 감성적으로 풀어간다. 이런 특징은 KBS가 친환경 먹을거리 같은 소재를 한 편도 다루지 않은 것에 비해, MBC는 4회(<목숨 걸고 편식하기> 3부작, <자연밥상 보약밥상>), SBS는 6회(<방랑 식객> 3부작, <생

명의 선택> 3부작) 방송했다는 점에서도 명확해진다. 하지만 MBC와 SBS는 같은 소재를 서로 다른 구성 방식으로 풀었다. 2009년 6월 이후 총 3회 방송한 <목숨 걸고 편식하다>를 중심으로 차별화된 <MBC 스페셜>만의 특징을 살펴볼 수 있다.

<목숨 걸고 편식하다> 1부는 현대인의 만성질환의 원인이 식습관에 있음을 유별난 채식주의자 3명의 생활을 통해 보여준다. 이중에서 평생 약을 먹어야만 한다는 고혈압에 식단 치료법을 처방하는 신경외과 의사가 등장해 특히 눈길을 끌었다. 이후 방송분은 1부 방송을 보고 그 의사를 찾아간 고혈압 환자들이 고기, 생선, 계란, 우유를 뺀 현미 채식식단으로 고혈압을 치료하는 과정과 이후 경과를 비교하는 식으로 2회분의 방송을 더 했다. 즉, 1부 <목숨 걸고 편식하기>, 2부 <편식으로 고혈압 잡기>, 3부 <30일 편식 체험기>로 진화했다. 이 다큐멘터리는 시청률 9% 내외로 높은 관심을 받았고, 책으로도 발간되어 이슈화되었다.

이 다큐멘터리에서 발견할 수 있는 <MBC 스페셜>만의 특징은 ▷내용적인 면(매력적인 인물, 구체적인 실험, 연출상황 설정) ▷내용 외적인 면(유명인 내레이션 - 가수 김창완 씨, 우회적인 프로그램명) ▷기술적인 면(발랄한 BGM, 타이틀 CG, 블루스크린 사용)이다.

내용 면을 중심으로 살펴보면, 매력적인 인물이란 우리 주변에서 쉽게 볼 수 없으며 자신만의 철학을 가지고 예외적인 삶을 사는 인물들을 뜻한다. 고혈압을 약이 아닌 현미 채식으로 치료하거나, 세 끼는 몸에 대한 학대라며 한 끼만 먹어서 직장암을 극복한 인물은 시청자들의 시선을 사로잡는다. 고혈압이나 암과 같이 일반적인 소재를 '매력적인 인물'들의 등장으로 특별하게 만들었다. 이는 산속에서 공동체를 꾸려 사는 <곰배령 사람들>이나 팬클럽 활동으로 삶의 활력을 되찾은 아줌마 문화를 다룬 <아줌마,

그에게 꽂히다> 등의 방송에서도 볼 수 있다.

또한 기간을 정해놓고 이뤄지는 구체적인 실험 역시 <MBC 스페셜>을 특별하게 만드는 요소이다. 젊은 고혈압 환자들의 한 달간 도전기를 다룬 세 편이 대표적이다. 이후에 <이현우 박진희의 북극곰을 위한 일주일> 역시 규칙을 정해놓고 친환경적인 삶을 실천하도록 한 실험이었다. 구체적인 실험을 통해 결과를 좀 더 명확하게 보여주며, 과학적으로 증명하고, 나아가 시청자들이 따라할 수 있도록 이끄는 역할까지 한다. 추상적인 학술자료 등으로 설명만 하다가 끝날 수 있는 내용을 '인물'과 '실험'을 통해 가시적으로 구성해 시청자들을 쉽게 이해시킨다.

끝으로 특정 상황을 설정하는 것인데, 인물들을 병렬식으로 소개하고 그치는 것이 아니라 특정한 상황을 연출해 한자리에 모이는 화면을 넣어, 등장인물 간의 유기성을 더 명확히 한다. 1부 엔딩에서 세 주인공이 각자 도시락을 싸 와서 나눠 먹는 모습이나, 3부에서 자연식 요리 연구가가 차린 밥상에 둘러앉은 실험자 세 명의 모습을 보여준다. 이는 단순히 병렬식에서 그치는 기존의 다큐멘터리와 차별화를 두기 위한 전략이자, 개개인의 인물뿐만 아니라 인물 간의 관계성에 주목하는 <MBC 스페셜>만의 세심함이라 할 수 있다.

내용 외적인 면들은 전체적으로 발랄한 분위기를 내기 위한 요소로서 역할을 했다. 최근 유행처럼 확대된 유명인 내레이션의 흐름으로서, 김창완 씨가 참여했다. 그의 장난기 가득한 목소리 덕분에 고혈압 환자 숫자와 치료 비용과 같은 전문적인 내용도 무겁지 않게 언급될 수 있었다. 또한 음악도 자체 제작한 것으로 무협영화 OST의 느낌이 나는 발랄한 음악을 타이틀과 예고 편에 사용했다. 또한 3부에서 실험 대상자들의 인터뷰 배경은 블루스크린을 사용하고 귀여운 만화 분위기의 일러스트들을 삽입해

가벼운 느낌을 더했다. 무엇보다도 <MBC 스페셜>의 대표적인 특징이라 할 수 있는 우회적인 제목이 빛을 발했다. <목숨 걸고 편식하다>라는 제목은 '편식'이 몸에 해롭다는 부정적인 인식을 뒤집는 반전 요소로 사용됐다. 채식 식단이라는 다소 평이한 소재를 다루었지만 '편식'이라는 단어를 써서 시선을 이끈 것이다. 이런 우회적인 단어를 사용한 예로는 온난화 문제의식을 감성적으로 표현한 <북극의 눈물>이나 동물원 속 원숭이들을 우회적으로 표현한 <도시의 유인원> 등이 있다. 이러한 구성상의 특징은 결과적으로 시청자가 어려운 주제에도 '쉽게' 다가갈 수 있게 하는 효과를 낳는다.

<MBC 스페셜>의 또 다른 특징은 시청자들의 공감을 이끌어내기 위해 '인물' 중심의 스토리텔링을 구사한다는 것이다. 다큐멘터리는 본래 나와 상관없는 '제3자의 이야기'를 다룬다. 하지만 그 제3자의 이야기가 나의 삶과 연결되는 순간 우리는 '공감'하게 되고, 제3자의 이야기를 '너'의 이야기가 아니라 '나'의 이야기로 받아들인다. 현재 고혈압으로 고생하고 있는 환자라면 <목숨 걸고 편식하다>에 대해 나의 이야기처럼 관심을 갖고 공감한다. 이와 더불어 고혈압이 아니더라도 '편식'하는 삶에서 오는 즐거움과 건강함을 인물들의 인터뷰 속에 솔직하게 담아냄으로써 '나도 한 번 편식해볼까'라는 생각을 자연스레 하게 만든다. 한 단계 나아가, '채식주의자'를 유별나고 특이하며 이 사회와 어울리지 못하는 소수자로 인식했던 사회 분위기를 <목숨 걸고 편식하다>를 통해서 이해할 수 있는 틈을 만들 수 있다. 결국 소수자에 대한 이해는 채식을 넘어서 다른 영역까지도 확대될 수 있는 가능성을 <MBC 스페셜>은 시청자들에게 제시하는 것이다. 윤미현 CP가 말했던 "가르치지 않고 느끼는 다큐멘터리"는 이론적 지식의 나열에서 그치는 것을 넘어서 '인물' 중심의 구성으로 시청자들이

쉽게 몸으로 체감하는 것을 의미한다. 이 사회문제가 단순히 '너'의 문제가 아니라 '나'의 삶과도 연결되어 있음을 '느끼는' 다큐멘터리를 통해서 <MBC 스페셜>은 잘 보여주고 있다.

이처럼 <MBC 스페셜>은 자신만의 색깔을 지향해왔고, 이는 소재와 구성 방식의 차이로 나타났다. 그리고 그 지향점은 '스페셜'이 공고히 굳혀온 중년남성 대상의 재미없는 다큐멘터리와는 분명 다른 노선이다. 여성, 특히나 아줌마라고 부르는 중년 여성을 대상으로 하며 감성적이고 가볍고 쉬운 다큐멘터리로서 시청자들에게 다가갔다. 그 차이를 '스페셜'이란 같은 이름으로 가둔다는 것은 다른 내용물을 똑같은 용기에 담는 것과 다름없어, 시청자들이 판단하기 힘들다. <MBC 스페셜>이 다큐멘터리의 틀을 벗어난 변화는 최근 불고 있는 다큐멘터리 대중화의 선봉장의 역할을 하고 있다. 이를 좀 더 시청자들에게 강조할 필요가 있다. <MBC 스페셜>은 느끼는 다큐멘터리로 시청자들에게 각자의 브랜드를 명확히 인식시켜야 한다. EBS의 경우 <다큐 프라임>이란 대표 기획 다큐멘터리 프로그램을 마련했다. <아이의 사생활>이나 <한반도의 공룡> 같은, 교육이라는 큰 틀 안에서 좀 더 학술적인 소재와 접근 의식을 보여줘 많은 호응을 얻었다. <다큐 프라임>은 책으로도 발간되며, 하나의 브랜드화에 성공하면서 EBS의 이미지 전체를 바꾸는 데 공헌했다. 이처럼 MBC 역시 자신들에게 맞는 대표적인 이름이 필요하다. 스페셜이라는 이름이 가진 '정통성'이라는 굴레에서 벗어나야 한다. 시청자들이 <MBC 스페셜>에 요구하는 것은 정통성보다 탈정통성이다. 몬드리안 식으로 구성된 기계적이고 획일화된 구성보다 '인물'과 '실험' 그리고 아직 실현되지 않은 수많은 '도전'들로 꾸며진 구성을 기다리고 있다. MBC의 새로움을 담기 위해서 스페셜이란 이름은 너무 작다. 새로운 이름이 필요하다. MBC, '스페셜'을 버려라.

[표 1] 3사 스페셜 소재별 분석 (2009년 5월~2010년 6월)

| | MBC | SBS | KBS |
|---|---|---|---|
| 5월 | (인)사랑 시리즈 5부작 | _(시)부처님 오신 날 특집: 僧, 길 위의 하루<br>_(자)자연으로 돌아간 반달가슴곰: 모정<br>_(인·홍)짜장면의 진실<br>_(교)희망의 가족공동체, 캠프힐 | _(인)3인 3색 청춘예찬<br>_(역)5·18 자살자 심리부검 보고서<br>_(시)차 삼국지: 세계 녹차시장을 공략하다<br>_(인)故 노무현의 유산 |
| 6월 | _(자)동물원 이야기<br>_(자)해파리 떼의 습격(외)<br>_(시)타인의 정리해고<br>_(자)목숨 걸고 편식하다 | _(인·홍)몸의 유혹: 그들은 왜 몸에 열광하는가?<br>_(역)1592 침묵의 거북선<br>_(과)생존의 공습경보: 공포<br>_(탐)최후의 도전: 코리안 루트를 뚫어라 | _(시)대전환 한국경제 2부작<br>_(국)인간의 땅 1부: 버마<br>_(국)3대 세습, 지금 북한에서 무슨 일이 일어나고 있는가 |
| 7월 | _(자)노견만세<br>_(인)노무현이라는 사람<br>_(인·홍)아줌마, 그에게 꽂히다 | _(시)쩐의 제국 2부작<br>_(탐)연평별곡<br>_(자)밥상머리의 작은 기적 | _(시)현장점검 4대강 사업 득과 실<br>_(시)주방의 철학자, 한식을 논하다<br>_(국)인간의 땅: 방글라데시<br>_(인)니하오 아리랑 중국 조선족 가수 김미아 |
| 8월 | _(역)광복절 특집: 그들의 기록<br>_(인)곰배령의 여름<br>_(인)북에서 온 머구리(외) | _(인·홍)막걸리 2부작<br>_(역)의거 100년, 대한국인 안중근<br>_(자)방랑식객 2: 올레길을 가다 | _(시)존엄한 죽음<br>_(자)한반도 온난화의 진원지, 쓰시마 난류<br>_(역)(광복절)1945년 한반도는 일제의 결전기지였다<br>_(인)평화, 한길을 가다 김대중<br>_(자)살아남을 것인가, 사라질 것인가: 친환경 자동차 |
| 9월 | _(자)당신의 다음 차는 무엇입니까<br>_(인)박찬호<br>_(자)유혹의 기술(외) | _(인·홍)히트곡의 비밀코드<br>_(과)매력 DNA, 그들이 인기 있는 이유<br>_(인)앙그레김, 일곱 겹 인터뷰로 그리다(외)<br>_(인·홍)부모력: 당신에겐 있습니까 | _(자)꿈과 도전의 기록 대한민국 우주발사체 나로<br>_(시)사회적 기업, 마음을 깨워 세상을 바꾸다<br>_(시)현장보고 중증외상 누가 살릴 것인가<br>_(국)신중국 60년 2부작 |
| 10월 | _(인·홍)취업난이 우리 삶에 끼치는 영향<br>_(인·홍)마흔에 엄마 되다<br>_(자)목숨 걸고 편식하다 2 | _(자)드렁허리 춤추는 논(외)<br>_(과)최악의 시나리오 3부작 | _(역)고려청자, 비색의 유혹<br>_(역)어떤 인연<br>_(사)밀착취재, 마약수사 50일<br>_(시)현장점검 집값, 거품 꺼지나 |
| 11월 | _(자)목숨 걸고 편식하다 3<br>_(인)추신수<br>_(자)이현우 박진희의 북금곰을 위한 일주일 | _(역)신들의 정원, 조선왕릉<br>_(자)생명의 선택 3부작 | _(인)공옥진 누가 나의 슬픔을 놀아주랴<br>_(과)세상을 움직이는 숫자의 과학, 통계<br>_(시)해병대, 국가전략 기동부대의 조건<br>_(시)꿈꾸는 자들의 섬, 노량진<br>_(인)골프선수 신지애, 신화를 쓰다 |
| 12월 | _(자)라이온킹 2부작(외) | _(인·홍)길, 매력을 팔다 | _(국)세계탐구기획 2부작 유태인 |

|  |  |  |  |
|---|---|---|---|
|  | | _(자)브래지어 하고 계세요?(외)<br>_(자)버즈두바이 818미터의 비밀(외)<br>_(인)승일 스토리 나는 산다 | _(자)야생의 운명: 북극곰의 여름<br>_(자)KBS 영상실록 2009 지구촌 |
| 1월 | _(인·홍)신년특집: 담배, 편의점에 길을 묻다<br>_아마존의 눈물 (자)1부 (탐)2부 (탐)3부 (자)4부 (탐)5부 | _(인·홍)출세만세 4부작<br>_(탐)영동선 | _(시)신년 경제기획: 부의 지도 2부작<br>_(인·홍)0.1%의 재발견 한국인의 성공 DNA<br>_(사)긴급르포: 아이티지진<br>_(시)800조 블루오션 세계 신약전쟁 |
| 2월 | _(자)자연밥상, 보약밥상<br>_(인·홍)치킨 | _(자)방랑식객 3: 백두산을 가다(외)<br>_(자)산에서 암을 이긴 사람들 | _(과)도시의 탄생<br>_(역)노르베르트 베버 신부의 고요한 아침의 나라<br>_(역)한국 최초의 의사 7인 |
| 3월 | _(자)도시의 유인원<br>_(인)법정스님의 아름다운 마무리<br>_(과) 남자의 말 여자의 말<br>_(자)칼라하리의 방랑자 미어캣과 부시맨 | _(인·홍)밴쿠버 비밀코드 '그들은 기적이라 말하지 않는다'<br>_(탐)JSA 그곳의 이야기(외)<br>_(과) 창의성, 남의 얘기라는 당신에게(외) | _(시)도요타 신화는 무너지는가<br>_(국)정권교체 6개월, 일본 아시아로 돌아오는가<br>_(자) 동물의 건축술 3부작 |
| 4월 | _(인·홍) 58년 개띠들의 바보인생<br>_(자)대보초의 하얀 죽음<br>_(인)승가원의 천사들 | _(과)기적을 부르는 백세인의 유머<br>_(인·홍) 마르고 싶으세요?(외)<br>_(탐) 두부 견문록 2부작(외) | _(시) 천안함 침몰, 9일의 기록<br>_(인) 수단의 슈바이처 故 이태석 신부<br>_(역)4·19혁명 특별기획 2부작<br>_(자) 야생의 운명 2부작: 오카방고/세렝게티 |
| 5월 | 파업 | _(인·홍)가족의 페르소나 3부작<br>_(자)방랑식객 4: 아이들의 봄을 찾다(외) | _(과) 세계최초! HD생중계<br>_(과)화장품 회사가 알려주지 않는 진실<br>_(국)2010년 5월 북한에 무슨 일이 있는가<br>_(시)부처님 오신 날 특집 3부작<br>_(시)긴장의 서해 NLL을 생각한다<br>_(시)저출산 고령화 특집 3부작 |
| 6월 | _(인)이순재<br>_(인)사랑 시리즈 4부작 | 월드컵 | _(역)한국전쟁 10부작 중 4회 방송 |
| 합계 | 인간 13회<br>자연환경 15회<br>인간적 흥미 6회<br>탐험·기행 3회<br>역사 1회<br>시사 1회<br>과학 1회 | 인간적흥미 15회<br>자연환경 10회<br>과학 8회<br>탐험기획 6회<br>시사 3회<br>인물 2회<br>역사 1회<br>교육 1회 | 시사 21회<br>역사 13회<br>국제 11회<br>자연환경 8회<br>인물 7회<br>과학 4회<br>사건사고재난 3회<br>인간적 흥미 2회 |

주류 소재: 인간(인)/자연환경(자)/인간적 흥미(안·홍)/시사(시)/국제정세 및 문제(국)

비주류 소재: 역사(역)/탐험기행(탐)/과학(과)/사건사고재난(사)/교육(교)/문화예술(문)

[표 2] EBS 〈다큐 프라임〉, NHK 〈NHK 스페셜〉 소재별 분석 (2009년 5월~2010년 6월)

| | EBS | NHK |
|---|---|---|
| 5월 | 엄마는 무엇으로 사는가 | _천황과 헌법<br>_사하라 수수께끼의 바위그림: 이집트문명의 기원<br>_인도의 충격 시리즈 2부작 |
| 6월 | _설득의 비밀<br>_하늘이 내린 소리 코리안 벨<br>_위대한 발명<br>_한반도의 인류<br>_참매 | _일본의 등장 시리즈 4부작<br>_머니자본주의 5부작 |
| 7월 | _아이의 사생활 2<br>_기억력의 비밀<br>_아동범죄 미스터리의 과학 | 이집트 발굴 시리즈 |
| 8월 | _한국 신화를 찾아서<br>_아이의 밥상<br>_햄버거 커넥션 | 일본 해군 400시간의 증언 |
| 9월 | _아시아 원시부족 탐험<br>_혈액 | _정권교체<br>_신종 바이러스: 일본<br>_ON세대: 듀엣 방송인, 인물 |
| 10월 | _천수관음<br>_예술, 일상을 만나다<br>_생명의 디자인<br>_참매와 나 | _빈곤 아동<br>_원전발전소 해체<br>_친환경 자동차: 도요타 로드맵 |
| 11월 | _인간과 고양이<br>_동양의학기행<br>_레인보우 합창단<br>_굿모닝 판다<br>_바퀴<br>_영상기록 기후 | _정권교체 탄생과 붕괴<br>_한일교섭 알려지지 않은 핵공방<br>_마성의 난재: 리만 가설<br>_차이나 파워 |
| 12월 | _말라위 물위의 전쟁<br>_삼동초등학교 180일의 기록 | _진주만 수수께끼<br>_차이나파워<br>_머니자본주의 |
| 1월 | _매를 가진 사람들<br>_사라져가는 야생동물을 찾아서<br>_키르기스스탄<br>_카자흐스탄 | _100세 시인: 인물<br>_거대한 지진<br>_메이드 인 재팬의 운명<br>_무연사회: 자살 |
| 2월 | _생명<br>_북극열전 | _미라클 바디<br>_아사다 마오 금메달 싸움<br>_정치인 유아사 마코토 씨 |
| 3월 | _개항과 전쟁<br>_천재<br>_이야기의 힘 | _거대한 지진<br>_존엄사<br>_재생의학의 위험 |
| 4월 | _부적<br>_당신의 성격<br>_한반도의 매머드 | _아프리카 드림<br>_허블 우주 망원경 우주의 도전<br>_재팬시리즈 일본과 한반도<br>_상하이 백년 |

| 5월 | _말하기의 다른 방법<br>_1935 코레아 스텐베리만의 기억<br>_호모컨버전스 | _아프리카 드림<br>_자동차 혁명<br>_피파월드컵 |
| --- | --- | --- |
| 6월 | _10대 성장보고서<br>_춤, 세상을 흔들다 | _아프리카 드림<br>_피파월드컵<br>_일본과 한반도<br>_심층붕괴가 일본을 덮친다 |

# 시간을 달리는 TV
SBS <패밀리가 떴다>(1기) vs KBS2 <1박 2일>

조은미

## 1. 서론

일요일 저녁은 아쉬움이 쌓이고 마음이 무거워지는 시간이다. 내일은 휴일 동안 느슨해진 몸이 다시 긴장해야 하는 월요일. 출근과 퇴근이 갈마드는 일상. 지겹고 지루한 반복의 세계로 진입할 때가 임박했음을 감지하는 바로 그 일요일 저녁, SBS <일요일이 좋다>의 <패밀리가 떴다>(1기)(이하 <패떳>)와 <해피선데이>의 <1박 2일>이 방영된다. 두 프로그램은 가족 공동체라는 향수와 여행을 통한 일상탈출의 욕망을 자극한다. 각각 다른 기제로 작동하는 두 프로그램이 효과를 발휘하는 지점은 동일하다. 현실 외면을 통한 현실 버티기. 1시간 넘게 웃다 보면 어느새 엔딩 크레딧이 올라가고, 일요일도 거의 증발한다. 월요일이 찾아든다. 사람들은 까만 날을 살면서 빨간 날을 고대한다. 까만 날과 빨간 날이 촘촘히 배치된

달력. 그렇게 한 주, 한 달, 일 년이 지나 세월이 흘러간다.

일하는 날과 쉬는 날의 구분은 중요하다. 일하는 날의 시간은 시간당 얼마로 바뀌는 재화다. 반면 쉬는 날의 시간은 수치로 파악되지 않는다. 일하는 날의 시간이 모두에게 적용할 수 있는 절대적 표준이라면, 쉬는 날의 시간은 표준화되지 않는 상대적 시간이다. 한 시간의 독서, 한 시간의 TV시청, 한 시간의 운동이 각각 얼마만큼의 가치를 지니는지 누구나 납득할 수 있게 설명하기란 불가능하다. 이처럼 다른 영역에 속하는 시간 개념이 생겨난 건 임금노동이 보편적인 노동 형태로 자리 잡은 다음의 일이다. 컨베이어 벨트는 쉬지 않고 돌아가고 그 위에서 일하는 노동자의 시간은 언제나 같은 강도의 노동으로 채워져야 한다. 이 때문에 화장실에 다녀오거나 동료와 수다를 떠는 짧은 시간의 노동 낭비도 용납하지 못하는 자본가는 노동자가 지각하거나 자리를 비우면 벌금을 매겼다. 근대 초기 유럽에서, 그리고 1970~1980년대 한국 공장의 얘기다.[1] 민주화 이후 인권이란 가치가 새롭게 조명받고, 주 5일제 근무가 생겨나는 등 노동환경은 점차 개선됐다. 하지만 시간이 돈으로 치환되는 체계는 계속되고, 요일제 구분법도 여전히 유효하다. 이런 일상을 영위하는 대부분의 사람들에게 일하는 날과 쉬는 날을 상징하는 월요일과 일요일의 구분은 중요할 수밖에 없다.

<패떴>과 <1박 2일>은 시청자와 일요일에 만난다. <패떴>의 일요일은 가족이 한데 모여 어울려 살던 과거의 시간이다. <1박 2일>의 일요일은 멤버들이 모여 여행을 떠나는 미래의 시간이다. <패떴>의 일요일은 누군가의 고향이거나, 할머니의 집처럼 기억의 한 부분을 가만히 비춘다. <1박 2일>의 일요일은 "언제 한 번 놀러가자!", "이번에는 갈 거야" 같은

---

1) 한경애, 「4강 화폐의 권력, 반 화폐의 정치학」, 이진경 편저, 『모더니티의 지층들』(그린비, 2007), 119쪽.

다짐이 짙게 깔린 아직 도착하지 않은 시간이다. <패떴>과 <1박 2일>을 보는 시청자의 일요일은 단순히 쉬는 날이다. 시청자는 지금 현재 쉬는 날인 일요일에 과거의 일요일(<패떴>)이거나, 미래의 일요일(<1박 2일>)과 만난다. 과거, 현재, 미래. 브라운관 안팎을 넘나드는 제각각의 시간이 어떻게 흐르는지 살펴보자.

## 2. 본론

### 1) 한집에 머무르는 가족 vs 같이 길 떠나는 멤버

각자의 삶을 살던 '패밀리'들이 한곳에 모여든다. 몇 사람이 집을 나서고, '패밀리'가 집에 들어선다. 이제 얘기가 시작된다. 한결같은 <패떴> 도입부다. <패떴>은 가족을 재현한다. 이들은 같이 일하고, 밥 먹고, 잠드는 전통적인 의미의 가족이다. <패떴>은 집 떠나는 할아버지, 할머니를 대신해 집 지키는 동안 일어나는 에피소드이다. 주인 떠난 집에 손님은 머물 수 없다. 주인 없는 집에 있으려면 또 다른 주인이거나, 가족이어야 한다. 그 때문에 <패떴>은 이렇게 말한다. "여러분의 가족이 되어 드립니다." 여기에는 가족의 공간인 집에 기거할 자격이 있음을 선포하는 동시에 그 가족의 일을 이어간다는 약속이 들어 있다. 집 잘 보기, 유채꽃 베기, 비닐하우스 고치기, 개 밥주기 등. 집 지키는 큰일부터 그 사이사이 수행해야 할 작은 일을 하는 것. <패떴>은 집과 일터라는 익숙한 생활공간에서 벌어지는 일을 남는나. 프로그램 이름부터 가족을 뜻하는 <패떴>의 무대는 당연히 집일 수밖에 없다.

<패떴> 안에는 유재석, 이효리라는 국민남매가 있다. 또 김수로와 이천희는 계모와 신데렐라 캐릭터이다. 윤종신은 어르신이거나 나이 많은 형으

로 등장한다. <패떴>의 패밀리들은 부분부분 모여 가족의 다양한 모습을 보여준다. 하지만 이런 다양한 조합은 가족이라는 틀 안에서만 자유롭게 변주된다. 이효리 - 김종국, 박예진 - 김종국 등의 조작 스캔들은 가족의 범주를 벗어나고자 하는 적극적인 시도라기보다 가족이라는 굳건한 틀 안에서 맛볼 수 있는 금기의 쾌감이다.

<1박 2일>은 출연자들이 집을 떠나면서 이야기가 시작된다. 집을 나온 이들은 길을 떠난다. 때로는 정해진 목적지로 향하고, 때로는 상황과 우연에 기대 움직인다. 그렇게 거리와 거리를 지나온 이들이 다다르는 곳은 베이스캠프. 베이스캠프는 6명의 출연진뿐 아니라 100여 명에 가까운 <1박 2일> 제작진 모두의 집이다. <패떴>이 정해진 집을 찾아가고, 고정된 집을 지킨다면 <1박 2일>은 집을 떠나 새로운 집을 만들어간다(실제로 강원도 인제군 아침가리로 떠난 혹한기 대비 캠프에서 <1박 2일> 멤버들은 스티로폼과 비닐로 어디에서도 보지 못한 집을 지었다). <1박 2일>은 기존의 제한된 생활 공간을 떠나 세상이라는 더 넓은 생활공간으로 진입한다.

<1박 2일>은 가족이라기보다 유희를 목적으로 한 집단이다. 이들은 남매, 계모 같은 가족의 조합으로 뭉치지 않는다. YB-OB, 해남 라인, 섭섭당 같은 이들만의 문법으로 뭉친다. 가끔 김C가 '엄마'로 불리지만 이는 가족의 틀 안으로 들어가는 게 아니라, 가족의 바깥에서 가족의 이름을 잠시 가져오는 것에 지나지 않는다. 창조와 양육이라는 가족 내에서 여성의 특징을 발현한 사람에게 부여하는 별명일 뿐이다. <1박 2일> 출연진의 별명은 시베리아 야생 수컷 호랑이, 은초딩, 허당승기, 국민일꾼 등 가족의 언어가 아니다.

<패떴>이 가족공동체라는 따스하지만, 실재하지 않는 상상의 집을 단단하게 다진다면, <1박 2일>은 야생이라는 집 밖 공간에서 집을 뛰어넘

는 베이스캠프를 건설한다. <패떴>은 농촌이나 농경사회라는 과거의 감정으로 회귀하고, <1박 2일>은 언젠가는 일상에서 벗어날 수 있다는 가능성으로 현재의 시계를 앞지른다. 여기서 시청자는 <패떴>으로 대표되는 과거와 <1박 2일>이 의미하는 미래 사이, 곧 브라운관 밖 어느 일요일 저녁에 살고 있다. 시청자의 몸이 현재의 시계에 영향을 받는 동안 <패떴>을 보는 심리적 시간은 거꾸로 돌아가고, <1박 2일>과 만나는 욕망의 시간은 미래로 흐른다.

### 2) 예측 가능한 집안 세상 vs 예상 못 한 집밖 세상

한집에 모인 가족이 함께 밥을 먹는다. <패떴>은 이처럼 굉장히 일상적이고 너무 당연해서 종종 잊는 사실을 매회 재현한다. 하지만 이제 널따란 밥상에 여러 식구가 모여앉아 달그락 덜그럭 소리를 내며 식사하는 풍경은 다큐멘터리에서나 구경할 수 있는 멸종위기 동물 같은 처지로 전락했다. 같이 밥을 먹는다는 건 다들 비슷한 생활 리듬을 갖고 있어야 가능한 얘기다. 해 뜨면 다 같이 일하고, 해 지면 다 같이 쉬는 농경사회에서는 인위적인 노력을 가하지 않아도 식사 시간을 맞출 수 있다. 하지만 산업사회 출현 이후 자연의 흐름이란 단일하고 견고한 시간은 수없이 많은 개인들의 시간으로 분화됐다. 아버지의 아침과 자녀의 아침이 다르고, 아버지의 점심과 어머니의 점심이 제각각이며, 자녀의 저녁과 부모의 저녁이 어긋난다. 각자의 시간을 사는 사람들이 한곳에 모여 밥을 먹는 건 가족 행사 같은 '일'이거나 명절 같은 의례가 아니면 이뤄지기 힘든 소망이 됐다. 식구 수대로 수저를 놓고, 밥과 국을 푸는 밥상. 갓 지은 밥에서 피어나는 온기 같은 소망으로 <패떴>의 밥상은 푸짐해진다.

낮에 고구마를 캐면 저녁에 고구마 반찬을 먹는다. 낮에 배를 타면 저녁 밥상에 매운탕이나 생선구이가 등장한다. 육체를 움직여 교환가치를 생산하는 노동과 밥 먹는 활동이 분리되지 않는 식탁, 시장을 거치지 않은 식탁. <패떴>의 식탁이다. <패떴>의 가족들은 밥을 사 먹지 않고 해 먹는다. 대부분의 사람들은 자신이 기른 것들로 음식을 만드는 시간을 지나와 자신이 사 온 것들로 식탁을 채우는 시대에 살고 있다. 브라운관 안에 차려진 <패떴>의 식탁이 논밭과 가깝다면, 브라운관 밖에 차려진 시청자의 식탁은 마트와 더 가깝다. 논밭과 마트 사이. <패떴>은 과거와 현재, 소망과 현실의 간극에서 과거와 소망을 절취해 포장한 프로그램이다.

<1박 2일>은 밥상을 차리지 않는다. 그 대신 <1박 2일>은 복불복 게임을 통해 밥을 쟁취한다. <패떴>의 밥상이 분리할 수 없는 노동과 활동으로 차려진다면 <1박 2일>의 밥상은 온전히 노동으로 채워진다. 여기서 노동이란 행위의 대가로 임금이 주어지는 활동을 말한다. 혼자서 노래를 부르거나, 밥을 짓는 건 남에게 팔기 위한 가치를 생산하지 않는 순수한 활동으로 남는다. <패떴>의 유채꽃 베기나, 고구마 캐기는 활동인 동시에 노동이다. <패떴>의 출연진이 지금 당장 임금을 받는 건 아니지만, 이들은 잠시 집을 비운 '가족'의 노동을 같은 층위의 노동으로 이어받는다. 반면 <1박 2일>의 게임은 밥이라는 가치를 구매하기 위한 교환가치로서 노동에 속한다. 복불복은 그냥 놀고 즐기기 위한 게임이 아니라 출연진들이 수행하는 노동의 한 형태이다.

<1박 2일> 멤버들은 게임에서 이겨야 수저를 들 수 있다. 일하고 밥 먹는 것처럼 노동에서 활동으로 이어지는 <패떴>의 법칙은 <1박 2일>에 적용되지 않는다. 일하는 일상에서 벗어나 여행을 떠난 <1박 2일>은 새로운 일을 통해 밥상에 앉는다. 그리고 이 일은 여행지라는 낯선 공간에서 새로운 체험이나 추억으로 처리된다. <1박 2일> 멤버들은 푸짐한 밥상을

제 것으로 만들기 위해 편을 나눠 싸우고, 퀴즈를 풀거나, 구구단을 외운다. <1박 2일>은 그렇게 제시된 절차를 마친 후에야 밥을 먹을 수 있다. 일이 잘 풀리지 않을 때면 밥을 굶기도 하고 잠자리라는 새로운 카드를 걸고 협상을 진행하기도 한다. 이런 식의 예기치 못한 협상은 집밖 세상에서 밥과 잠자리를 얻는 방식을 상징적으로 보여준다. 낙오한 멤버가 살아남기 위해 낯선 곳을 헤매고, 물고기를 잡고, 자신이 서 있는 여행지를 소개하며, 용돈을 벌기 위해 방송 출연이라는 알바를 한다. 또 자신이 자전거로 달려야 할 거리를 줄이기 위해 물에 빠지는 퍼포먼스를 준비한다. <1박 2일>에서는 수시로 협상 테이블이 차려진다. 이는 <1박 2일>의 출연진과 제작진이 시청자에게 웃음을 선사한다는 단일한 목표를 갖고 있기에 가능한 일이다. <1박 2일> 출연진과 제작진은 시청자에게 고스란히 전달될 웃음과 재미, 감동이라는 가치를 생산하기 위해 노동한다. <1박 2일>이 큰 소리로 외치는 '야생'은 예상치 못한 일이 벌어지는 사회의 특성을 고스란히 드러내는 말이다.

<패떴>이 이미 있는 내 것을 기르고 가꿔서 밥상에 올린다면 <1박 2일>은 아무것도 없는 곳에서 게임이라는 노동을 통해 밥을 먹고, 잠자리를 마련한다. <패떴>이 농경사회라는 과거이자 가족공동체의 전자본주의 시대라면, <1박 2일>은 산업사회이자 개인화된 자본주의 시대를 뜻한다. 이들의 밥상은 같은 시간에 차려져도 각각 서로 다른 시간대에 속한다.


### 3) 추억, 한징된 재화 vs 끝없이 생성되는 욕망

평범한 일상은 어떤 특정한 상황과 감정적인 조건이 만나 추억으로 결정된다. 추억은 대개 지난 시간의 산물로 발견되거나, 소비될 뿐 새로 만들어지지 않는다. 1년 8개월로 마무리된 <패떴> 1기의 향수가 종내에는 날아갈 수밖에 없는 구조적인 이유다. 반면 일상 탈출은 지금 이 시간 발현되는 감정인 동시에 미래를 지향한다. 이처럼 현재에 발 딛고 미래를 곁눈질하는 욕망은 끝없이 생겨난다. 추억은 회상하기 좋지만 반드시 바닥이 드러나는 한정된 재화다. 반면 미래는 열린 가능성을 바탕으로 한없이 나열할 수 있다. 3년이 넘는 동안 전파를 타고도 여전히 평균 시청률 20~30%를 기록하는 <1박 2일>의 힘은 바로 여기에 있다.

## 3. 결론

프로그램은 끝나고, 일요일이 얼마 남지 않았다. 같이 밥상에 앉아 된장찌개를 먹던 기억의 시간. 자연에서 걱정 없이 뛰놀던 심리적 시간. 산으로 해변으로 향하는 휴가를 상상하는 시간. TV 앞에 앉아 일요일을 지나는 물리적 시간. 이제 제각각 흩어진 시간을 하나의 시간으로 통합해야 한다. 시계가 돌아간다. 한 치의 지나침도, 어긋남도, 겹침도 없이 한 바퀴를 지나 1분이 지나고, 1시간이 지나고 마침내 1,440개의 1분이 지나 하루가 바뀐다. 오늘은 월요일. 시계는 또 돈다.

"도끼질은 저렇게 하는 게 아닌데…", "저렇게 하나씩 해서 언제 콩나물을 다 씻어?", "천데렐라 불쌍해". 같은 프로그램을 봐도 식구들의 반응은 각각이다. 누군가는 과거의 노동을 기억하고, 누군가는 현재의 활동과 비교한다. 또 다른 이는 '패밀리'들의 관계에 주목한다. "저기 경치 좋다. 언제 한 번 가면 좋겠다", "어제의 적이 오늘의 동지가 될 수 있다니까". 같은 프로그램을 봐도 반응은 제각각이다. 누군가는 여행 정보를 얻고, 누군가는 브라운관 밖에서도 적용되는 삶의 비법을 배운다.

TV가 바보상자라거나 대화의 단절을 가져온다는 건 부분적 진실이다.

TV는 사람들을 한자리로 모으고, 공통의 화젯거리를 던지기도 한다. <패떴>과 <1박 2일>은 시청자의 시간을 파고든다. 과거와 미래라는 시간의 텃밭을 건강한 웃음으로 일구는 예능 프로그램. 앞으로도 시청자의 시간을 더욱 풍성하고 비옥하게 가꿔줄 프로그램이 많이 등장하길 바란다.

# 웃음과 감동, 낯선 공간에서 두 마리 토끼 잡기
MBC <단비>와 SBS <패밀리가 떴다>를 중심으로

경진주

## 1. 왜 두 마리 토끼를 잡기 위해 '낯선 공간'으로 떠나려 하는가

어느새인가부터, 주말의 TV 속 예능 프로그램들에 '낯선 공간'이 들어서기 시작했다. MBC <무한도전>의 출연진들은 스튜디오를 벗어나 도심 속을 자유자재로 활보하며 일상생활에서 쉽게 해볼 수 없었던, 아니 감히 하려고 생각하지도 않았던 특별하고도 소소한 '미션'들을 열정적으로 수행하기 시작했다. KBS2 <해피선데이>의 <1박 2일> 출연진들 또한 로드무비를 연상시켜 볼 법한, 1박 2일이라는 한정된 시간 속에서 국내 곳곳을 여행하는 개성 강한 남자들의 '코믹하고 엉뚱한 여정'을 담아내기 시작했다. 이는 '리얼 버라이어티(real variety)'라고 부르는, '한국형' 예능 프로그램의 새로운 장르 유행을 이끄는 신선한 변화였다.

리얼리티(reality)와 버라이어티(variety)의 합성어인 '리얼 버라이어티'의 특성상, 잘 짜인 각본하에서 출연진들의 거친 입담과 남·여 커플게임으로 이뤄지던 기존 예능 프로그램의 진행 방식은 지양되어야만 했다. 그 때문에 주로 '리얼 버라이어티'를 표방한 예능 프로그램에서, 바로 '낯선 공간'의 설정이 이뤄지게 된다.

그렇다면, '낯선 공간'이란 무엇일까? 이는, '누구에게 낯선' 공간을 의미하는가?

'낯선 공간'은 단순히 시·공간적인 차이가 존재하는 의미로서만이 아닌, 21세기를 살아가는 '우리들에게' 낯선 공간이다. 비록 일상생활에서 쉽게 경험하는 공간일지라도 '리얼 버라이어티'의 출연진들이 그곳에서 시청자들에게 '낯선 느낌'을 만들어주기만 한다면, 그 공간은 단숨에 '낯선 공간'이 되어버리기 때문이다. <무한도전>은 종종 우리들에게 도심 속 익숙한 공간에 스며들어 있던 지난한 삶, 묵묵히 일하는 사람들의 일상을 투영시켜 주며, 평범하게만 보이던 '공간과 일상'을 새롭게 바라보게 해주었다. <1박 2일> 역시 대도시가 아닌 지방도시의 구석구석을 쏘다니며 그곳에서 살아가는 사람들의 일상을 넌지시 비춰주었다. 이는 물론 출연진들의 각본 없는 대화와 행동을 전제로 하기에, 시청자들에게 더 큰 '웃음'을 줄 수 있었던 것일 테다.

이렇듯 '낯선 공간'은 바로 현대를 살아가는 우리 자신에 의해 정의된다. '21세기의 지금 이 순간'을 살아가는 우리는 자신들만의 삶과 공간에 매몰되어 있기 때문이다. 그러면서도 우리는 끊임없이 변화하는 삶의 다양한 양상에 민감해하고, 그 속에서 타인들과 함께 행복하기를 원하며, 웃음과 감동 또한 찾기를 바란다. 그 때문에 시청자들은 예능 프로그램에서 '낯설음'을 맛보고 싶어 하는 건지도 모른다. 그 '낯선 공간'에서, '낯설음'을 느낌으로써 매몰되어 있던 자신만의 삶 속에서 탈피하는 '즐거움'을 맛볼 수 있기 때문이다. 이와 동시에 타인의 시선 속에 담긴 자신의 혹은 타인의 삶을 바라보며 위안과 용기를 얻고 싶어 하기도 한다.

하지만 '리얼리티'와 '버라이어티' 사이에서 균형을 유지하기란 생각보다 쉽지 않다. 이러한 '리얼 버라이어티'가 한참 인기를 끌기 시작하면서, '리얼'에 치중한 혹은 '리얼'의 탈을 쓴 자극적이기만 한 '버라이어티' 역시 꽤나 증가했다. 그래서 '웃음' 이상으로, '웃음'에 대한 '리얼 버라이어티'의 차별화와 진정성을 목표로 하는 '감동'이란 조건이 추가되었다.

이제, 웃음에 감동을 더하기 위해 예능 프로그램은 더욱더 '낯선 공간'으로 떠나간다. 제3세계 개발도상국으로 떠난 MBC <단비>와 할아버지·할머니들이 계시는 시골로 들어간 SBS <패밀리가 떴다>가 그 대표적 예이다. 이 두 프로그램을 통해 예능 프로그램에서 '웃음과 감동'이란 두 마리 토끼가 어떻게 구현될 수 있을지, 그 방식을 비교해보려 한다.


## 2. 두 마리 토끼는 어디로 갔을까?


<단비>와 <패밀리가 떴다>, 이 두 프로그램은 주로 낯선 공간의 돌발적 상황에서 '웃음'을 주었던 기존 '리얼 버라이어티' 예능 프로그램과 약간의 차별성을 갖는다. 바로 '특정 목적'을 갖고 '낯선 공간'으로 떠나간다는 점에서 그렇다. 이는 기존 리얼 버라이어티의 출연진들이 짝을 이뤄 수행하던 '미션'이나 '게임'들 혹은 '가상현실'만의 틀에서 벗어남을 의미한다. 기존 리얼 버라이어티의 '낯선 공간'이 앞서 언급한 '미션, 게임, 가상현실에서의 역할극' 등 '웃음' 그 자체를 위한 상황을 더욱더 돌발적이고 예측 불가능하게 만들어주던 '무대장치'에 불과했다면, <단비>와 <패밀리가 떴다>에서의 '낯선 공간'은 '무대' 그 자체로서 존재하기 때문이다.

글로벌 나눔 캠페인이란 이름 아래 시작된 <단비>는 '단비우물 만들기'라는 뚜렷한 목표를 갖고 개발도상국으로 떠난다. 물론 MC들과 '아이돌 스타' 혹은 '그냥 스타'들로 절묘하게 결합된 팀이 '우물'이나 '학교'를 세우는 등의 특정 미션을 수행하는 점은 기존 예능 프로그램의 특성과 같다. 하지만 출연진들이 미션을 수행하며 주고받는 장난 섞인 멘트도, 지역의 아이들과 함께하는 짤막한 나들이와 게임도 모두, <단비>에서는 '웃음'을 위한 '목적'이 아닌 '과정'일 뿐이다. 그 때문에 '우물'에서 물이 세차게 뿜어 나오는 순간, 이제 막 완성된 '학교'에서 아이들이 환하게 웃음짓는 순간, 우리는 출연진들이 흘리는 감동의 눈물과 그 순간을 함께 공감할 수 있다. 바로 이 지점에서, 웃음과 감동이라는 두 마리 토끼가 <단비>에서 구현된다.

반면, <패밀리가 떴다>에서는 어느 순간 한 마리의 토끼가 실종되어버렸다. 프로그램 초반에 미약하게나마 균형을 이루고 있던 '웃음'과 '감동' 사이의 균형이 점차 깨져버린 것이다. <패밀리가 떴다> 시즌 1은 출연진들이 시골에서 1박 2일 동안 '즐거운 시간'을 보내는 설정으로 시작되었다. 출연진들이 시골로 들어감과 동시에 그곳의 할아버지, 할머니 분들은 시골 밖으로 여행을 떠난다. 그 사이 출연진들은 팀을 이뤄 빈집에서 일손을 돕거나 밭일 등을 하며 적절한 장기자랑과 게임, 웃음을 유발하기 위한 촌극을 꾸며내며 서로에게 '즐거운 시간'을 보내는 듯하다. 하지만 <패밀리가 떴다> 출연진들이 시골이란 '낯선 공간'에 들어서는 동시에 그 공간에서 살아가던 할머니·할아버지 분들이 그곳을 빠져나가면서, 시골 마을의 일을 도우며 재미와 감동을 이끌어내겠다는 이들의 의도는 위태위태해진다. <패밀리가 떴다>에서 구현하려 했던, '웃음'과 '감동'을 위한 '낯선 공간 속 무대'가 출연진들과 시청자들 사이에서 정확하게 단절되어버렸기 때문이다. 또한 출연진들이 시골집에 들어갈 때 그리고 시골집에서 나오려 할 때에만 할아버지·할머니 분들과의 만남이 이뤄지면서, '시골집'이란 공간의 본래 의미가 상실되어버린다. 할머니·할아버지 분들의 여행 역시 단편적인 이미지들로만 채워지면서, 그들 여행의 '과정'이 아닌 <패밀리가 떴다>가 제공한 바람직한 '결과물'로서만 전파를 탄다. 서로가 '함께' 즐거운 시간이 아니라, '각자' 알아서 즐거운 시간을 보내고 오는 셈이다. 이러한 구도에서 시청자들이 쉽사리 '웃음'을 동반한 '감동'까지 느끼기란 힘든 일이다.

이렇듯 낯선 공간에서의 '과정'과 '소통'의 부재는 예능 프로그램의 스튜 디오와 소재를 그저 시골로 옮겨놓은 것은 아닌가 하는 착각마저 들게 한다. 그럼에도 MC 유재석과 이효리의 안정적인 진행, 출연진들의 개성 있고 감칠맛 나는 캐릭터 설정으로, 초반에 시도했던 '감동'의 구현은 점차 사라져갔지만 '웃음'은 나날이 커졌다. 결국, '감동'을 구현하려던 토끼가 사라져버린 것이다. 그 때문에 사람과 사람의 자연스러운 소통 혹은 출연진 과 시청자들 사이의 교감은 점차 <패밀리가 떴다>에서 찾아보기 힘들어졌 다. 출연진들이 하는 '일손 돕기'조차 '과연?'이란 의문을 불러일으키기 시작했다. '대나무 밭에서 죽순 따며 게임하기', '아침식사 당번 게임으로 정하기' 등 이색적인 소재를 활용한 게임들로 무장한 채, '낯선 공간'에서 끊임없이 '출연진 그들만의 재미있는 시간'을 보내다가 <패밀리가 떴다> 는 곧 한계에 직면한다.

출연진들의 개성 강한 캐릭터들은 점차 굳어져 식상해졌고, '리얼 버라이 어티'를 표방한 <패밀리가 떴다>의 '대본 여부' 논란은 애초에 목표로 두었던 시골에서의 진솔한 1박 2일에 대한 불신감을 시청자들에게 안겨주었 다. 결국 <패밀리가 떴다> 시즌 1은 2010년 2월 14일에 방송을 종료한다.

그 후 새롭게 개편한 <패밀리가 떴다> 시즌 2 역시 가장을 중심으로 마을의 일거리 혹은 부탁을 들어주는 설정을 다시 시도했지만, '웃음'과 '감동'의 균형이 이미 무너진 상황에서 이를 다시 회복하기란 쉽지 않았다. 이는 아이돌 스타에 의존한 과도한 러브라인 설정, 지난하게 반복되는 장기자랑과 게임만이 줄지어 선보였기 때문이다. <패밀리가 떴다> 시즌 2 또한 소리 소문 없이 2010년 7월 11일에 마지막 방송을 맞이한다.

## 3. 웃음과 감동, 21세기 예능 프로그램의 조건!

<단비>와 <패밀리가 떴다>의 '웃음'과 '감동'의 구현 특성을 살펴봄으로써, 21세기 예능 프로그램의 조건에 대해 다시금 생각해볼 기회를 갖는다. 사람들을 즐겁게 하고 그로부터 호응을 얻는 것은 예능 프로그램의 가장 큰 목표일 것이다. 그렇기 때문에 예능 프로그램은 더욱더 시대의 변화와 흐름에 민감해져야만 한다. 그리고 그 속에서 '웃음'과 '감동'을 길어내야만 시청자들로부터 큰 공감을 얻을 수 있다.

<단비>는 이러한 맥락에서, 21세기 예능 프로그램에서 어떻게 '공익성'을 '웃음'과 함께 진솔하게 그려내고 시청자들에게 공감을 얻을 수 있을지를 보여주는 사례라 할 수 있다. 인터넷을 비롯한 각종 매체를 통해 전 세계인과 하나로 이어진 기분을 맛보며 살아가는 20~30대(예능 프로그램의 주 시청자층이다)에게, 제3세계 개발도상국은 '낯선 공간'인 동시에 '친숙한 공간'이다. 알고 싶고, 나가고 싶고, 우리의 작은 관심이 그들 삶에 큰 도움이 되리란 것을 인지하고는 있지만, 그저 막연히 '도와주면 좋겠지', '근데 그게 어떻게 가능할까' 같은 생각만 하고 있을 뿐이다. 그래서 친숙한 연예인들이 그 공간으로 직접 떠나, 열심히 땀을 흘리며 미션을 수행하고

봉사하며 현지인들과 어울리는 모습은 시청자들의 내면에 '낯섦'과 동시에 '친밀감'을 가져다준다. 바로 이런 상호 모순적인 두 감정이 묘하게 맞부치며 낯섦에서 비롯된 '웃음'과 그것을 친밀감으로 품어나갈 수 있는 '감동'을 이끌어내는 것은 아닐까.

이와 더불어 전문적인 능력과 경험을 갖춘 국내·현지 NGO단체와 협력하여 지역에 필요하고 가능한 사업을 수행한다는 점, 요즘 대학생들에게 익숙한 '워크캠프(Work Camp)'와 같은 '단기 해외 봉사활동'의 구성을 그대로 옮겨놓았다는 점, '단비 기금'을 통해 시청자의 직접적인 참여를 이끌어낸다는 점 등은 <단비>가 '지구촌에서 상대적으로 열악한 환경에 놓인 타자에 대한 관심과 사랑'을 단순히 '웃음'과 '감동'의 소재로만 끌어 쓰기 위해 어설프게 도와주는 '척'을 하는 것은 아님을 시사해준다.

<단비> 출연진 중 한 명인 마르코가 "나 이 프로 출연하면서 클럽 끊었잖아!"(2010. 7. 4) 하고 말한 데서 드러나듯이, 출연진들은 어떠한 '척'도 하지 않는다. 물론 출연진 모두가 항상 진지하고 열심인 건 아니지만, 그들 역시 진심을 다하고 있고 그로 인해 변화하고 있음을, 시청자들은 충분히 느낄 수 있다.

이런 점에서 <단비>는 '공익성'을 진솔하게 '웃음'에 버무려놓은 듯하다. 말로만 방송에 '공익성이 필요하다'라고 내뱉는 것이 아니라, 무엇보다도 시청자들에게 쉽게 다가갈 수 있는 예능 프로그램에 이를 재현한 것이다. 그래서 <단비> 출연진들의 미션 수행이 결코 허투루 보이지 않을뿐더러, 오히려 이들을 통해 시청자들은 '감동'을 받고 자신의 삶에 긍정적 변화를 일으킬 만한 동력을 얻기도 한다. 결코 심각하거나 진지하기만 한 방식이 아닌, '웃음' 속에서 어떻게 타인을 위한 생각을 할 수 있고 이를 위해 직접 행동하며 즐거워할 수 있는지, <단비>를 통해 밀도 있는 간접경험을

할 수 있기 때문이다. 그만큼 <단비>의 '진솔'한 매력은 시청자들의 공감을 이끌어내기에 충분하다.

시청자들은 '웃음' 속에서도 무언가를 적극적으로 느끼고 싶어 하고, 이를 통해 자신의 삶에서 활력을 얻고 싶어 한다. 우리는 <단비>와 <패밀리가 떴다>를 통해, '웃음'과 '감동' 속에 '삶의 진솔함' 혹은 '타인을 생각하는 따뜻한 관심과 사랑' 등의 '공익성'을 구현하는 것이 어떤 식으로 성공할 수 있고, 그리고 쉽게 실패할 수 있는지 살펴보았다. 어찌 보면 이제 막 시작일 수도 있는, <단비>의 앞으로의 행보가 궁금해진다.

# 페르소나를 벗고 실체와 소통하는 공간, 탐라
MBC 여름 특선 드라마 <탐나는도다>

김정경

## 1. 왜 '탐나는도다'인가?: 원작과 창작의 아슬아슬한 외줄 타기

<탐나는도다>(이하 탐도)는 2009년 8월 8일 첫 방송을 시작으로 2009년 9월 27일까지 총 16부작으로 방영된 MBC 미니 시리즈다.

정혜나 작가의 동명제목 만화를 바탕으로 한 이 작품은 최근 제작 트렌드로 자리 잡은, 원작이 있는 만화·소설의 드라마화와 궤를 같이한다. 이런 추세가 증가하는 까닭은 매너리즘에 빠진 드라마 스토리에 염증을 느낀 시청자들이 신선한 이야깃거리를 접하고 싶은 욕구와 드라마 소재의 다양한 활로를 모색하려는 제작진의 시도가 맞아떨어졌기 때문이다. 그러나 그 이면에는 1차적으로 원작을 통해 수용자에게 시장 가능성을 검증받은 작품을 2차로 드라마화하면서 위험부담을 최소화하겠다는 제작진의 소극적인 기획 전략이 내포되어 있기도 하다. 따라서 다양한 스토리텔링을

모색하기 위해 드라마의 진입 장벽을 낮춘 시도가 오히려 참신한 이야깃거리의 생성을 막는 완고한 벽으로 작용하게 될 가능성이 높다.

<탐도>는 이 둘 사이에서 아슬아슬하게 외줄 타기를 한다. 원작 만화를 통해 잠재성을 인정받은 참신한 상황 설정과 캐릭터, 기본적인 스토리 라인은 고수했다. 그러면서도 원작이 아직 완결되지 않고 진행 중이었기에 다양한 전개 가능성과 함께 열린 결말을 드라마적 상상력으로 재창조할 수 있었다.

이 글에서는 실험적인 드라마 <탐도>를 텍스트로 장르, 캐릭터, 표현과 스토리 라인, 편성의 종합적 분석을 통해 변화하는 시대의 좋은 드라마란 과연 어떤 것인지 생각해보는 계기를 마련하고자 한다.


## 2. 장르 놀이를 통한, 새로운 드라마 문법 다지기: 장르

드라마에 영화적 장르 개념이 들어선 것은 최근의 일이다. 아니, 엄밀히 말하자면 이전부터 드라마에도 장르는 존재했다. 그러나 장르보다는 방영 시간과 횟수에 따른 분류법으로 정리되고 인식되는 경우가 일반적이었다. 단막극, 미니 시리즈, 일일 또는 주말 연속극 이런 식의 분류 말이다. 그러던 것이 최근 판타지, 공포, 수사극, 메디컬 드라마 등의 장르 개념으로 세분화된 것은 날로 부각되는 스토리텔링의 중요성과 함께, 시청자들의 위상이 높아졌기 때문이 아닐까 생각한다. 이는 드라마를 편성하고 내보내는 방송국의 입장에서 바라본 기존 분류법을 시청자 중심의 편의적 장르 구분으로 변화시켰다. 또한 앞서 서문에서 언급했던 위험부담을 최소화하고, 제작 효율성을 높일 수 있는 장점이 있다는 점에서도 최근에는 장르물을 선호하는 추세다.

이런 시각에서 <탐도> 또한 여타의 장르 드라마와 달라 보이지 않지만, 우리가 익히 알고 있는 장르에 대한 틀을 살짝 비트는 재치를 발휘한다. 우선 <탐도>는 표면적으로는 17세기 조선을 배경으로 펼쳐지는 이야기이기 때문에 사극으로 분류할 수 있다. 그러나 원작의 영향 때문인지 드라마 곳곳에서 만화적 상상력이 드러나 전체적으로 판타지적인 느낌을 준다. 또한 어떤 인물의 삶에 초점을 맞추느냐에 따라 장르는 변신에 변신을 거듭하는데, 우선 주인공 '장버진'(서우)에게 초점을 맞추면 휴먼 성장 드라마로, 암행어사로 분하여 사건을 파헤쳐가는 '박규'(임주환)에게 초점을 맞추면 추리수사극으로, 잉글랜드에서 이국적인 동양 문화에 심취해 모험을 감행한 '윌리엄'(황찬빈)과 뱃사람 '얀'(이선호)의 시각에서 본다면 어드벤처물이 된다. 여기서 끝이 아니다. 주인공 '박규'가 조사하는 사건은 탐라라는 공간을 차지하려는 지역 토착세력과 거대 상단, 외세와 맞닿아 있고 결국 그 이면에는 광해군과 인조가 자리하면서 정치극으로 변모한다. 마지막으로 우여곡절을 함께 겪은 '버진', '박규', '윌리엄' 사이에는 사랑이 싹트고, 현대 트렌디극 뺨치는 상큼한 사극 로맨스가 브라운관 위로 펼쳐진다.

이쯤 되면 우리는 이런 우려를 할 것이다. 여러 장르를 가지고 왔지만 결국 흥미를 끌기 위한 한낱 장치로 사용될 뿐, 외려 극 전체의 분위기와 스토리 흐름에서 응집력을 떨어뜨리는 결과를 초래하는 것은 아닌지 말이다. 그러나 작가와 연출자는 이런 유혹과 오류에 쉽게 걸려들지 않았다. 그들은 스토리텔링에 충실했다. 결국 장르 융합으로 발생할 수 있는 오류는 탄탄한 캐릭터와 구성을 기본 뼈대로 잘 세워둔 덕에 거기에 살을 붙여가는 식으로 장르를 적절히 녹여냄으로써 응집력 있는 한 편의 이야기로 발전해 갈 수 있었던 것이다. 극의 전체적인 분위기에서도 정치 이야기가 튀는 감이 없진 않았지만 전반적으로 통일감을 유지할 수 있었다. 결국 장르를 내걸었지만 장르라는 한계에 매몰되지 않는 생명력 있는 스토리를 통해 <탐도>는 장르를 자유자재로 가지고 노는 드라마의 신선함을 시청자에게 선사했다.

## 3. 페르소나를 벗고 실체와 소통하는 공간, 탐라: 캐릭터

이 드라마에서 시간과 공간의 설정은 매우 중요한 역할을 한다. 우선 시간은 17세기로 아직까지 문호를 개방하지 않은 보수적인 조선의 모습을 그리고 있고, 공간은 탐라라는, 당시로서는 교통이 발달되지 않아 한낱 유배지에 불과한 폐쇄적인 섬이 배경이다. 이런 설정이 중요한 까닭은 단순하게 사건이 펼쳐지는 배경을 제시하는 데에 그치는 것이 아니라 캐릭터의 한계를 설정하고 그로 인해 인물들 간의 내적·외적 갈등을 유발하게 하기 때문이다.

잠녀로 살아가는 '버진'을 제외한 '박규', '윌리엄', '얀', '이방', '광해군', '상단 호위무사' 등 대다수의 캐릭터는 각자의 사연을 품고 외지에서 탐라로 들어온 타지인들이다. 그들은 그들만의 사정 때문에 가면을 쓰고 생활한다. 우선 표류하게 된 이양인 '윌리엄'은 물리적인 가면이 필요한 인물이다. 폐쇄적인 조선에서도 고립된 섬이기에 외지와의 접촉이 없었던 마을 사람들에게 이양인의 존재는 도깨비를 방불케 하기 충분했기 때문이다. 주민들과는 다른 생김새와 머리카락 색깔 때문에 '윌리엄'은 탈을 쓰거나 얼굴을 넣을 수 있는 넓은 갓, 그리고 때로는 먹물로 머리를 검게 염색해야만 한다.

한편 '윌리엄'을 제외한 나머지 인물들은 조금은 다른 가면을 쓰고 살아간다. 그들은 물리적인 가면이 아니라 가짜 페르소나를 뒤집어쓰고 자신의 신분을 철저히 위장한다. 우선 주인공 '박규'는 글깨나 배운 부잣집 사대부이긴 하나 부녀자 희롱죄로 귀양 온 선비의 페르소나를 쓰게 된다. 진상품 도둑을 잡는 임무를 수행하는 암행어사의 신분이기 때문이다. '얀' 또한 임란 때 일본으로 끌려간 도공의 아들이지만 세상 풍파를 겪으면서 살아가는 법을 터득하고 일본인 뱃사람의 페르소나를 쓰고 살아간다. 마지막으로 드라마 속 '광해군' 캐릭터 역시 모든 사건을 꿰뚫어 볼 수 있는 혜안을 가진 전직 임금이지만 미친 거지 노인의 페르소나를 뒤집어쓴 채 속세를 벗어난 삶을 살아간다.

여기서 재미있는 점은 밀랍으로 만든 것처럼 견고한 듯 빈약한 이들의 페르소나가 탐라라는 섬에 와서 따뜻한 마음의 '버진'을 만나는 순간 여지없이 녹아버린다는 사실이다. 이 드라마 속 캐릭터는 모두 의뭉스러운 구석이 있고 이 점이 궁금증을 유발하고 극의 몰입도와 긴장감을 고조시키는 역할을 한다. 그러나 유독 '버진'만은 자신의 생각과 감정을 다른 사람에게 여과없이 드러낸다. 그녀는 숨기는 법이 없고 순수한 마음 때문인지 편견이 없다. 따라서 그런 그녀에게 '윌리엄'은 이양인이 아닌 동무이고, 그의 파란 눈, 금빛 머리카락은 '틀림'이 아닌 '다름'이기에 아름답다고 여긴다. '박규'에게도, 역시 남녀·반상의 차이가 엄연히 존재하는 시대임에도 편견이나 허물없이 대한다. 이런 '버진'의 태도는 다른 캐릭터를 감화시켜 '박규'는 사대부였기에 미쳐 보지 못했던 아래 세상을 볼 수 있는 눈과 그들의 입장에서 생각할 수 있는 배려심을 배우면서, 극의 말미에는 백성과 소통할 수 있는 의젓한 목민관으로 성장한 모습을 보여준다.

앞서 장르 이야기를 했지만 결국 이 드라마는 휴먼 성장 드라마라고 할 수 있을 것이다. 사건을 겪고, 사람을 만나면서 등장인물들은 소통하는 방법을 배우고 모두 성장을 경험한다. '버진'은 자신의 운명을 스스로 만들어갈 수 있는 잠재성을 가진 캐릭터로 표현된다. 이는 그동안 사극이 보여주었던 여성 캐릭터의 전형성, 수동적인 모습이나, 플롯으로 해결하지 못한 갈등을 여주인공에게 덮어씌워 문제만 일으키는 민폐녀로 만들어버리는 행태에 일침을 가한다. '버진'은 그녀만의 방법으로 위기를 극복하고 동료를 구하며, 잠녀로 태어난 자신의 팔자를 거부하고 결국 자아를 실현하는 적극적인 여성상을 보여준다. 이런 주인공 캐릭터는 포용력을 지닌 바다를 닮았고, 결국 드라마에서 '버진'은 '탐라'의 다른 이름이기도 하다. 그렇기 때문에 삶에 찌들지 않는 활력과 인간미 넘치는 탐라에서 등장인물들이 각자 자신을 짓누르던 페르소나를 벗고 맨 얼굴로 서로를 대할 수 있었던 것은 어쩌면 지극히 당연한 결과인지도 모른다.

결국 <탐·도>의 캐릭터들은 '지금 여기' 존재하는 우리에게 사극의 효용성을 다시금 생각해보게 한다. 사극은 물론 역사 속에 실재했던 과거를 고증해내는 것으로 사실성과 개연성을 확보하지만, 결국은 오늘날의 가치에서 재구성될 필요가 있다. 그런 측면에서 <탐·도>의 캐릭터들은 17세기를 사는 21세기형 인물들이었고, 그들의 고민과 갈등은 지금 드라마를 보는 우리에게도 유효했다는 점을 강조하고 싶다.


## 4. 한양 중심의 프레임과 이별하기: 표현 방식


드라마는 픽션이지만, 드라마가 우리의 가치관 형성과 사회화에 미치는 영향력은 지대하다. 시사 프로그램처럼 직접적으로 메시지를 전달하지 않기 때문에 오히려 물을 마시는 것처럼 의식 없이 무비판적으로 받아들여 더욱 위험할 수 있기 때문이다.

한국에서 방영된 대다수의 드라마는 철저하게 서울 중심이다. 역사극이라면 당시의 수도를 중심으로 사고하는 편협함을 보인다. 이런 발상 덕분에 주인공은 경상도에서 태어났든, 전라도에서 태어났든 무조건 표준어를 구사한다. 여기까지는 시청자의 이해를 돕기 위한 처사라고 생각할 수도 있다. 그러나 기타 부수적인 인물이나 더 나아가 극 중에서 부정적인 이미지의 인물은 꼭 사투리를 쓴다. 문제는 비단 언어에만 국한되지 않는다. 높은 시청률을 자랑했던 드라마나 대표적인 오락 프로그램인 <1박 2일>(KBS2) 경우만 보더라도 이른바 지방이라는 지역적 공간은 서울 생활에 지친 심신을 추스를 수 있는 한낱 휴양지로 그리기 십상이다. 사실 각 지역에도 그 지역민들만의 생업과 생활이 버젓이 존재하는데도 철저하게 수도권 중심의 일률적인 프레임에서 묘사하는 시선은 가히 폭력적이다.

<탐도>를 칭찬하고 싶은 이유는 바로 이런 점 때문이다. 우선 <탐도>는 따뜻한 시선으로 드라마 속 사람들의 생활 면면을 그리고 있는데, 이는 '제주'라는 공간성에 천착해 그들의 입장을 그리고 있다는 점에서 긍정적이다. 대표적으로 섬에서 태어났다는 이유로 잠녀로 살아가야 하는 탐라 여성들의 애처롭지만 씩씩한 생활, 물질과 밭일, 목장일 등 한양에 진상품을 바치기 위해 고된 고동을 하지만 거기에 매몰되지 않는 건강한 삶의 모습을 지속적으로 화면에 담아낸다. 또한 작은 에피소드에 있어서도 똥돼지, 감귤나무, 현무암 조각품, 감옷 만들기 등 제주라는 공간을 백분 활용한다.

대사에서도 몰입도가 떨어질 수 있다는 위험을 무릅쓰고 제주 방언을 충실히 구사하는 적극성을 보인다. 이해가 어려울 수 있는 부분은 자막을 함께 띄운다. 언어 구사는 비단 드라마 외적인 층위에서만 존재하는 것이 아니라 드라마 내부에서도 나타나는데 극 중 '윌리엄'은 탐라에 표류하고부터 줄곧 탐라 방언을 구사한다. 그래서 그의 대표적인 대사가 되어버린 '밥 먹어쑤까?'는 단순한 인사말 이상의 공감대를 형성하게 되는 것이다.

극이 중반으로 치달으면서 배경은 한양으로 넘어간다. 그러나 이때의 한양은 탐라의 삶을 긍정할 수 있는 장치로 부각되고 결말에서는 주인공들이 다시 탐라로 돌아온다는 설정이다. 물론 사건의 한 축으로도 다뤄졌던, 뭍에 속박되지 않는 탐라국 재건을 향한 힘찬 도전은 지금의 지방자치를 떠올리게 하는 요소였으나 당시로서는 급진적이었던 만큼, 애향심 깊은 한 제사장의 그릇된 욕망으로 치부되어 좌절되는 것으로 일단락된다. 문호 개방이나 고향으로 돌아가는 결말을 보였던 '윌리엄' 캐릭터도 제사장과 비슷한 맥락으로 마무리되면서 다소 보수적인 느낌을 남겨 아쉬웠지만, 자신들의 잇속 때문에 탐라를 탐내는 세력을 탐라 주민 스스로가 물리쳐 섬을 지켜냈다는 맥락을 강조하고 싶어 결정한 처사인 듯하다. 그렇기에 결국 <탐도>는 소재와 메시지 모두에서 서울 중심의 편협한 프레임을 벗어나 새로운 시선을 제시했다고 볼 수 있다.

## 5. 화룡점정이 못내 아쉬운 이유: 편성

편집과 CG, 음향 작업까지가 드라마의 후반 마무리 작업이라고 생각하는 이들에게 말하고 싶다. '편성'까지가, 아니 방영 후 시청자들의 다양한 의견을 모니터하는 것까지가 다 드라마를 만드는 과정이라고 말이다.

<탐도>는 참신한 설정의 원작과 완성도를 높이기 위한 사전 제작, 아름다운 영상미, 신선한 마스크를 위해 모험적으로 신인 배우를 기용했지만 캐릭터에 부합하는 캐스팅, 탄탄한 중견 배우들의 연기 뒷받침으로 드라마 자체로는 호평을 받았다. 그러나 시청률은 5% 남짓이었고, 종영을 앞두고 팬들의 항의가 빗발치는 소동이 벌어졌다.

그 이유는 다름 아닌 편성 때문이었다. 시원한 바다를 배경으로 했다는

점에서 여름 시즌을 겨냥한 점을 제외하고는 모두가 불합격이다. 일단 트렌디한 사극과는 어울리지 않는 주말 저녁 8시대 편성은 이 시간대가 기존 가족 연속극 시간대라는 발상을 뒤집는, 공격적인 편성이라고 하기에는 책임감 없는 무모한 시도로 느껴졌다.

더 큰 문제는 초반 촘촘했던 스토리가 14부쯤 이르러 엉성해지기 시작하더니 16부 마지막회에 와르르 무너져버린 것이다. 그 이유는 애초 20부작으로 기획된 드라마였지만, 시청률 부진으로 16부작으로 줄이겠다는 사측의 일방적인 편성 변경 때문이었다. 차라리 방영 전부터 16부작으로 축소했다면 전개를 해치지 않고 잘 편집할 수도 있었겠지만, 한참 방영이 되고 나서 뒤늦게 결정된 처사라 얼마 남지 않은 분량에서 무리하게 시간을 맞추다 이런 웃지 못할 사건이 생긴 것이다. 그로 인해 시청자들의 호기심을 자극했던 '얀'이라는 캐릭터의 정체는 한 줄 공허한 대사로 끝나 아쉬움을 남겼다.

<탐도>의 팬들은 이에 적극적으로 항의하여 시청자의 볼 권리를 되찾으려고 노력했다. 인터넷 카페를 개설하여 감독판 DVD 발매를 촉구하는 운동을 벌였고, 이런 노력에 힘입어 폭력적 편성으로 잘려 나갔던 필름들이 다시 생명을 얻을 수 있었다.

화룡점정이란 고사성어가 있다. 용을 그린 다음 마지막으로 눈동자를 찍는다는 말로 중요한 부분을 마무리하여 일을 끝낸다는 의미다. 완성도 높은 매력적인 작품을 만들고서도 최선을 다해 판매하지 못하는 바람에 <탐도>는 하늘로 승천하지 못했다. 그러나 <탐도>는 실험적인 시도를 통해 새로운 드라마 탄생의 가능성을 열었다는 점에서, 일방적인 편성 변경으로 작품성이 훼손되었지만 그로 인해 좋은 드라마를 볼 시청자의 주권을 다시금 돌아보게 했다는 점에서 상당히 생산적인 드라마라고 생각

한다. 이것이 5% 시청률이라는, 계량화된 양적 평가의 잣대로 <탐·도>의 질을 평가절하해서는 안 되는 이유이다.

# 일상을 뒤집어라! 예능이 뜨거워진다!
## MBC <뜨거운 형제들>의 시원한 일상 뒤집기

조사라

## 1. 예능, 뜨거운 웃음 찾기

현대사회에서 인간은 무한한 스트레스 상황에 놓인다. 직장에서 가정에서 심지어 자신이 원하는 종교 활동에서도 마찬가지이며, 가끔 들여다보는 신문이나 뉴스도 인간에게 한숨만 얹어준다. 이런 사회적 분위기에서 예능이 확대 양산을 보이는 것은 당연하다. 드라마처럼 연속적으로 챙겨 보아야 하는 부담도 없고, 뉴스처럼 보면서 한숨 쉬지 않아도 된다. 그냥 부담 없이 박장대소하다 보면 어느새 일주일 스트레스는 사라지곤 한다.

이렇게 스트레스를 해소해주는 예능이 누군가에게는 스트레스일 수 있다. 아마도 주말 예능에 가장 많은 스트레스를 느낀 건 MBC <일밤>일 것이다. KBS2 <해피선데이>의 <1박 2일>, SBS <일요일이 좋다>의 <패밀리가 떴다>(시즌 1)가 승승장구하면서, 동시간대 MBC 예능은 설

자리를 잃었다. 그간 이른바 '망'한 프로그램도 제법 많았다. 시청자들은 '오빠밴드' 이전 코너는 기억도 못 할 정도다.

이러한 MBC의 끊임없는 노력 덕분인지 이번에 내놓은 프로그램은 제법 괜찮은 반응을 얻고 있다. 다름 아닌 <일밤>의 새 코너 <뜨거운 형제들>이다. 이 프로그램은 기존 버라이어티의 기본 공식은 지니고 있으면서도 색다른 느낌을 준다. <뜨거운 형제들>의 어떤 색다름이 시청자들의 반응도 뜨겁게 하는지 궁금했다. 이 색다름에 대한 분석과 함께 <뜨거운 형제들>이 좀 더 뜨거워지기 위하여 경계할 부분들을 살펴보고자 한다.

## 2. 순도 100% 웃음 지향으로 리얼 버라이어티 뒤집기

<뜨거운 형제들>(이하 뜨형)은 기존의 리얼 버라이어티의 기본 공식을 모두 갖추고 있다. 우선은 게스트를 초대하기보다는 다수로 구성된 기본 MC들이 프로그램을 진행한다. 이 출연진들은 그들의 관계와 캐릭터 형성을 통해 웃음을 유발한다. 캐릭터 형성과 각 캐릭터 간의 관계가 웃음의 바탕이 되는 것이다. 성공한 리얼 버라이어티인 <무한도전>(MBC), <1박 2일>, <패밀리가 떴다>(시즌 1)'의 전형적 구조이다.

<뜨형> 역시 마찬가지다. 출연진들의 관계 형성을 바탕으로 프로그램을 진행한다. 각각의 캐릭터를 형성하고 이렇게 형성된 캐릭터를 바탕으로 상황을 부여하여 웃음을 유발하는 것이다. 다수인 MC들의 캐릭터를 중심으로 신행하는 리얼 버라이어티의 기본 골격은 지닌 셈이다.

그렇지만 <뜨형>은 기존의 리얼 버라이어티와는 다르게 진행된다. 기존의 리얼 버라이어티는 각각 개인의 의미 있는 주제로 진행되어왔다. 대한민국의 평균 이하의 한계를 극복하는 도전인 <무한도전>, 대한민국

방방곡곡의 숨은 아름다움을 찾는 <1박 2일>, 할머니 할아버지를 여행 보내드리고 가족의 따스함을 돌아보는 <패밀리가 떴다>, 현대사회의 가족과 결혼을 되돌아보는 <우리 결혼했어요>(MBC), 공익 예능인 <단비>(MBC)까지.

그렇지만 <뜨형>은 다르다. 톡톡 튀는 개성과 뜨거운 형제애로 똘똘 뭉친 예능 종합 선물세트라는 소개말에서 느껴지듯이 이들은 감동이나 교훈을 추구하지 않는다. 그들 스스로 말하듯이 '순도 100%의 웃음 지향'이 <뜨형>의 가장 큰 그림이다. 어쩌면 예능으로서의 당연한 기능이자 목적이기도 한데, 감동과 웃음, 공익을 챙겨야 했던 리얼 버라이어티의 강세 속에서 이런 그들은 당돌하기까지 하다. <뜨형>은 리얼 버라이어티를 뒤집기 시작한 것이다.

기존의 리얼 버라이어티와 장소 선정 면에서도 다르다. 기존의 리얼 버라이어티가 야외 중심이었다면 <뜨형>은 실내 중심이다. 대부분 촬영이 밖에서 이뤄지는 리얼 버라이어티들과는 다르다. 이런 <뜨형>의 리얼 버라이어티 공식 뒤집기는 '가상 MT'에서 가장 잘 나타났다. MT를 방송국 세트장으로 가는 예능이 얼마나 될까. 이 즐거운 역발상은 고스란히 웃음으로 이어진다.

이렇게 이들 캐릭터에 MT라는 상황을 부여한 상황극 같기도 하고, 실제 MT 같기도 한 모호함이 <뜨형>의 매력이다. 다른 예능이 '우린 Real(실제상황)이야'라고 외치다 대본이 공개되어 철퇴를 맞는 것과는 다르다. 상황과 캐릭터의 조화, 현실과 가상의 모호함이라는 기본 공식은 따르되, '가상'을 대놓고 드러내면서 리얼한 버라이어티를 추구하는 것이 <뜨형>이 기존 버라이어티와 가장 차별화된 점이다.

## 3. 독설, 호통, 아바타, 일탈을 통한 카타르시스

'뜨거운 형제들'이라는 프로그램명과는 달리, 과연 이들이 뜨거울까 싶은 출연진도 다수 포함되어 있다. 특히나 독설로 유명한 '김구라', 호통의 대명사 '박명수'가 그렇다. 이들에 대한 예상은 냉정할 것이라는 쪽이다. 여기에 맏형 '탁재훈'도 반응(reaction)이 좋은 편은 아니다. 오히려 약간 반항적인 이미지나 뺀질거리는 이미지가 더 크다. 이렇듯 냉정한 출연진들의 독특한 조합은 상상하는 것부터 유쾌하다.

이들과 함께하는 '뜨거운' 동생들은 대중의 기대를 뒤엎는 캐릭터들이다. 바른생활 이미지를 지녀야 할 아이돌아 악동 이미지를 얻은 '이기광', 능글맞은 신인 '쌈디', 분위기 있는 연기자였는데 알고 보니 말 많은 '한상진', 알 수 없는 전직 아이돌 '노유민', 개그맨인데 준비 없이는 못 웃긴다는 '박휘순', 이들은 대중의 기대를 뒤집는 캐릭터이다. 대중의 기대를 뒤엎는 동생들과 냉정한 형들의 조합은 기대 이상의 웃음을 창출한다. 시청자들은 이들을 통해 일탈을 통한 해방감을 느낄 수 있다.

냉정해 보이는 이들은 실제 독설과 호통을 통해 거짓 반응을 경계한다. 기존의 예능에서 대표 MC나 주변 출연진의 과장된 반응이 존재했던 것은 사실이다. 반면 뜨거운 형제들은 이러한 반응을 취하지 않는다. 심지어는 형들끼리도 마찬가지다. 이들의 호통과 독설 앞에서 시청자는 웃기지 않은 개그에도 웃게 된다. 멤버의 개그가 웃기지 않으면, 그들 간의 호통과 독설이 시청자를 웃게 하는 것이다. 시청자들은 그들의 호통과 개그에서 카타르시스를 느낀다. 일종의 대리 만족을 하는 것이다.

그리고 이러한 카타르시스는 '아바타'라는 설정에도 이어진다. 10~20대의 놀이 중에 '쪽 팔려 게임'이 있다. 정해진 룰에 의해 선정된 사람은 벌칙으로 전혀 모르는 타인 앞에서 다소 창피한 지령을 수행하게 된다. 이때 그 지령을 지시한 사람이나 수행하는 사람 모두 굉장히 유쾌해한다. 자신이 평소에 할 수 없던 행동을 수행하는 데 따르는 대리 만족이기도 하고, 직접 다른 사람에게 할 수 없던 행동을 타인이 시켰다는 명분하에 실행하기 때문이다. 이런 즐거움은 '아바타 소개팅'이나 '아바타 몰카'에 고스란히 이어진다. 이러한 유쾌함과 해방감은 뜨거운 형제들을 새롭게 하는 또 다른 강점이 된다.

## 4. 부조화의 웃음으로 소개팅 뒤집기

본디 웃음은 사람의 예상을 벗어나는 부조화에서 유발된다. 찰리 채플린 (Charles Chaplin)의 <모던 타임즈(Modern Times)>를 보아도 그렇다. 길을 걷는 사람이 넘어지면 웃긴 것은 바르게 걸을 것이라는 예상에서 벗어났기 때문이다. 이런 부조화에서 유발되는 웃음은 '아바타 소개팅'에서 전형적으로 드러났다.

<뜨형>의 가장 신선한 아이템은 '아바타 소개팅'이었다. 각 멤버가 짝을 이루고, 한 멤버는 다른 멤버의 아바타가 된다. 그 다른 멤버는 소개팅이라는 상황에서 아바타가 된 멤버에게 명령을 내리는 형식이다. 명령을 내리는 멤버들이 상황에서 전혀 벗어나는 행동을 지시함으로써 웃음을 유발한다.

사실 소개팅이라는 자리 자체는 긴장감과 잘 보여야 한다는 압박이 따른다. 이러한 긴장감과 가식을 깨뜨린 '아바타 소개팅'은 유쾌하기까지 하다. 극도의 긴장 상황을 벗어나는 부조화는 그 강한 긴장감만큼이나 강한 웃음을 유발한다. 극한의 스트레스 상황이 웃음으로 변하는 대리 만족과 공감은

그만큼 유쾌할 수밖에 없으며, 아바타 조종에 의했다는 명분마저 제시하고 있다. 단연 <뜨형> 최고의 아이템이다.

소개팅 뒤집기가 주는 파급력은 상당했다. 꾸며진 모습과 꾸며진 자리, 그리고 외모 지상주의의 사회가 보여주는 '껍데기'에 대한 지적이기도 했기 때문이다. '박휘순'이 애프터 신청에 성공할 때면 뜨는 '내면의 승리'라는 자막도 주의할 만하다. 장난스럽게 웃고 떠드는 가운데 씁쓸한 현실이 고스란히 녹아 있는 것이다. 외모 지상주의 사회에서의 외모와 내면에 대한 갈등, 그리고 보이는 나를 꾸며야 하는 극한의 긴장 상황인 '소개팅' 자리에서의 아바타는 일탈의 카타르시스와 함께 많은 함의를 담고 있었다.

<뜨형>의 또 다른 매력은 상황극이다. 사실상, 상황극의 원조라 자칭하는 '박명수'가 만들어내는 깨알 같은 상황극 말고도, 이들이 프로그램을 전개하는 방식에서 '상황극'을 빼놓을 수가 없다. 아바타 소개팅도 일종의 상황극으로 볼 수 있다. '네 형제를 알라' 편에서도 상황을 통해 그들의 캐릭터를 시청자들에게 인지시켰고, 매회 특수한 상황을 전제로 전개된다. 장점이 있다면 상황이 자주 변하는 만큼 매회 신선한 웃음을 유발할 수 있다는 것이다. 반면 상황 설정이 시청자에게 설득을 잃는다면 그러한 웃음은 반감될 수밖에 없다는 위험을 안고 있다. 그럼에도 <뜨형>의 상황극은 다양한 웃음을 내포하고 있다.


## 5. 일탈, 매너리즘의 경계


대중은 <뜨형>을 통해 일상을 일탈하는 즐거움을 누린다. 그 일상에는 기존의 리얼 버라이어티도 일부 포함된다. 대중의 일상이 힘들고 지칠수록 일탈의 즐거움은 배가 된다. 독설과 호통, 아바타 설정이라는 카타르시스

역시 일상에 대한 일탈에서 비롯된다. 대중의 기대를 뒤집는 캐릭터도 마찬가지다. <뜨형>이 추구하는 순도 100%의 웃음 역시 기존의 리얼 버라이어티에 대한 또 다른 일탈이다.

<뜨형>의 강점이 일상에서의 일탈이라면, 다른 측면에서는 이것이 <뜨형>의 맹점이 된다. 이들이 일탈을 일상화시키는 순간 <뜨형>은 매너리즘에 빠지고 만다. 일탈에서 오던 카타르시스가 일상화되는 순간 프로그램은 식상해지는 것이다. 이것에 대한 경계가 반드시 이뤄져야 한다.

가장 최근에 방송된 '아바타 워즈'는 <뜨형>을 매너리즘에 빠뜨리고 있는 것으로 보인다. 기존의 일탈이 일상화되기 시작한 것이다. 아바타 소개팅이 신선하고 매력 있었던 것은 사실이지만, 이 아이템은 지나치게 많이 사용되었다. 또한 '소개팅녀'들에 대한 논란으로 <스친소>(MBC)의 연예인 지망생 밀어주기와 뭐가 다르냐는 반응도 포착된다. 이런 곱지 않은 시선이 누적되면 프로그램에 대한 호감도가 흔들리기 마련이다. 또한 굳이 야외로 나가면서까지 아바타 소개팅을 할 정도로 꼭 필요한 아이템이 었는지도 의문이다. 가상과 리얼의 경계에서 가상임에도 웃을 수 있던 <뜨형>만의 매력이 반감되었다.

또한 <뜨형>은 비난이나 논란의 대상이 되기 쉽다는 위험에도 봉착해 있다. 이들이 독설과 호통, 아바타 상황 등에서의 매너리즘을 벗어나기 위해 더욱 독한 독설과 호통, 독한 지령을 해야만 하는 상황에 이를 수 있다. 이미 기존 수준의 독설이나 호통이나 황당한 아바타 지령에 대한 일상화가 이뤄질 경우 그렇다. 그렇다면 출연진은 부조화나 일탈을 위해 더욱 강도 높은 멘트를 할 수밖에 없을 것이다. 도에 지나친 지령이나 언행은 시청자들의 반감을 살 수밖에 없음을 유의해야 한다.

이렇게 이들의 웃음의 기반이 부조화 상황이나 호통, 독설, 냉정한 관계

등에 있음을 감안해보면, <뜨형>에 대한 관심도가 높아질 때 멤버 개인의 발언이나 극한 상황에 문제가 제기될 수 있다. 특히 어린 동생들의 발언이 불안하다. 능숙한 조절이 가능한 형들과는 달리, 자칫 개그를 위해 위험한 발언을 서슴지 않을 위험성이 다소 내포되어 있다. 이는 곧 개인과 프로그램의 도덕성 논란으로 연계될 수 있는 만큼 편집자와 개인의 주의가 요구된다. 이러한 부분에 대해 긴장을 늦추지 않는다면 얼마든지 극복 가능한 맹점이기도 하다.

## 6. 예능에서의 뜨거운 뒤집기 한판승

지금까지 <뜨형>을 살펴보았다. 기본적인 웃음 공식의 변칙 상황인 리얼 버라이어티를 역으로 전환한 프로그램이 <뜨형>이다. 리얼 버라이어티의 공식을 뒤집어 결국 기본의 웃음으로 돌아온 것이다. 자신들을 포장하지 말고 차라리 '검은 봉지'에 담아 달라는 '김구라'의 말이 생각난다. 그럴싸하게 포장된 감동이나 웃음이 아니라 자신들이 봉지에 담길망정 진정한 웃음을 추구하겠다는 말 같아 의미심장하다. 웃음 앞에서 냉정한, 순도 100%의 웃음을 지향하기에 이들은 그 누구보다 진정 뜨거운 형제들이다.

<뜨형>은 아직 초반이다. 이는 또 다른 강점이 된다. 앞으로 캐릭터나 캐릭터 간의 다양한 관계를 형성할 수 있는 기회가 충분히 남아 있다. MBC도 조급해하지 않고 조금 더 천천히 지켜본다면 충분히 좋은 결과도 가능해 보인다. 냉정하다 못해 독한 개인들이 모인 <뜨형>. 그들의 독함이 논란이 되지 않도록, 그리고 그들의 일탈이 일상화되어 매너리즘에 빠지지 않도록 경계한다면 충분히 뜨거워질 수 있다.

이들의 뜨거운 뒤집기는 또 다른 리얼 버라이어티의 신선한 자극제가

될 수 있다. 이미 주도권을 잡은 예능 프로그램들에 충분한 긴장을 제공할 수 있을 것이다. 이들의 뜨거운 뒤집기가 성공한다면, 시청자들의 주말은 더욱 즐거워질 수 있다. 그뿐만 아니라 일주일의 스트레스를 툭툭 털기에, 그리고 일상으로부터의 일탈과 해방감을 느끼기에 적합한 예능이기도 하다. 기존의 리얼 버라이어티, 기존의 캐릭터, 그리고 일상을 주야장천 뒤집은 프로인 만큼 주말 예능 판도에서 뜨거운 뒤집기 한판승을 기대해본다.

# 착한 드라마 <찬란한 유산> 속
# 장애아 은우 이야기

전옥선

## 1. 들어가면서

가끔 한 편의 드라마가 종영하고 한참의 시간이 지나도 몽롱한 꿈속을 헤매듯 그 드라마 속에서 헤어 나오기 힘든 경우가 있다. 마치 절친했던 친구가 어느 날 갑자기 소식을 끊은 듯 아련한 감상에 젖기도 하고, 문을 열고 나가면 그들이 바로 곁에서 살아 숨 쉬며 이야기를 계속 이어가고 있을 것만 같아 가슴이 설렌다. 2009년 정말 오랜만에 이런 드라마 한 편을 만났다. 막장 드라마들이 온갖 불륜, 폭력, 선정성을 앞세워 시청자들의 말초신경을 자극하면서 시청률 고공 행진으로 대한민국을 강타하고 있던 그때 <찬란한 유산>(SBS)은 홀연히 등장한다.

<찬란한 유산>은 주말 예능 버라이어티에서의 인지도를 바탕으로 고정 팬을 확보한 '이승기'를 앞세우며 순조롭게 출발한다. 그리고 '착한 드라마'

라는 수식어를 얻으면서, '착한 드라마'도 성공할 수 있음을 보여주고 2009
년 최고의 흥행 드라마라는 찬사와 함께 막을 내린다. 개인적으로 일주일을
초조하게 보내며 설레는 마음으로 드라마 방영 시간을 기다린 것은 실로
오랜만이었다. 드라마가 의도하고 보여주고자 했던 진정한 노블레스 오블
리제의 정신도 빛났다. 드라마 속 캐릭터들은 주위에서 흔하게 볼 수 있는
전형적인 인물들이었다. 개인주의 성향이 강하고 속물근성을 주저 없이
드러내던 준세의 후배 '이형진'과 은성의 친구 '정인영'은 딱 그대로 평범한
우리의 모습이어서, 비록 비중은 작았지만 은근 애착이 갔던 인물들이었다.
드라마에 꼭 등장하는 악녀도 '돈'이라는 악녀 나름의 당위성과 사회적
보편성을 부여해주며 누구나 그 상황이 닥치면 그럴 수도 있겠다는 공감을
끌어내 결코 욕만 할 수 없는, 살아 있는 캐릭터였다.

헤어졌던 가족이 만나고 악녀는 용서를 받고 화해하면서 착한 드라마는
끝을 맺는다. 그러다 시간이 흘러 <찬란한 유산>을 다시 보게 되니 처음보
다 그 매력에서 한 걸음 물러나 상황을 파악할 수 있는 여유가 생겼고,
과연 이 드라마가 착한 드라마였을까? 하는 의심이 들었다. 드라마 속
악인은 승미 모녀뿐이었을까? 환의 친구로 나왔던 '진영석'이라는 캐릭터
를 생각해보자. 부유한 친구 잘 만나 허구한 날 공짜 술에 공짜 밥 얻어먹고
살았다. 그런 한편 매우 현실적인 인물이어서 짬짬이 모아놓은 돈으로
가게를 떡 하니 차린다. 충분히 공감이 가는 캐릭터다. 나라도 환 같은
친구가 있었다면 공짜 술 정도야 아무렇지 않게 얻어먹었을 것 같다. 오히려
그런 친구 옆에서 정신 똑바로 차리고 돈을 모아 본인 가게를 차렸다는
건 박수 쳐줄 만하다는 생각도 했다. "이 가게 너 덕분에 얻었다"라고
진심으로 친구에게 공치사도 할 줄 안다. 여기까지야 우리 주위 누구에게나
있을 수 있는 캐릭터다. 그저 웃고 넘길 수 있을 정도로 일면 귀여운 구석도

엿보인다. 하지만 '은우'가 '진영석'의 인생으로 들어간다.

여기서부터 나의 사고 회로가 멈췄다. 어? 하면서 찬찬히 드라마를 다시 보았다. 그리고 발견한다. 드라마라는 좁은 세상 속에 무수히 많은 '진영석'이 있었음을. 그리고 그것을 나는 그저 무심히 지나치고 있었음을. 한심하다. 드라마 속 '은우'를 대하는 인물들의 태도가 현실에서 우리가 수많은 '은우'들을 대하는 태도와 닮아 있었다. 드라마는 현실을 반영하고 현실은 곧 드라마화한다. 드라마가 종영한 후 꼭 어딘가에 드라마 속 세상이 그대로 존재하고 있을 것만 같아 두근거리는 것은 드라마가 곧 현실임을 알기 때문이다. 우리 주위에 늘 일어나고 있는 보편적 이야기. 우리가 늘 접하는 현실. 우리가 무의식적으로 일으키는 파동. 그리고 그대로 받아들이는 당위성. 그 속에 장애아 '은우'가 있다.


## 2. '장애' 갈등의 시작


은우는 아주 특별한 아이다. 서번트 증후군을 가진 자폐아이다. 서번트 증후군은 뇌 장애가 있으면서 어느 특정 분야에 매우 특별한 재능을 보이는 천재를 말한다. 극 중 은우는 기억력과 피아노에 천재성을 타고났다. 은우에게는 아빠와 유학 중인 누나, 7년 전 가족이 된 새엄마와 새 누나가 있다. 그러다 사업을 하던 아빠 고평중에게 부도 위기가 닥친다. 홀로 힘든 세월을 이 악물고 싸워왔기에 든든한 울타리와 경제적으로 편안한 남편이 필요했던 새엄마 백성희에게 남편의 위기는 곧 자신의 위기가 된다. "당신 이렇게 무너지면 나는, 우리는 어떻게 되는 건데! 우리 자식들, 특히 돈 먹는 하마 은우는 어떡할 건데!"(1회, 백성희) 어떡하든 부도를 막기 위해 고평중은 친구를 찾아가지만, 결국 돈을 빌리지 못하고 친구가 적선하듯 건네준

돈마저 강도를 당하고 만다. 다음 날 깨어난 고평중은 어제의 강도가 가스폭발사고로 사망했지만, 자신의 신분증과 물품을 소지하고 있어 자신이 사망자가 된 것을 알게 된다. "나 죽으면 나올 보험금 생각나더라고 나만 쳐다보는 마누라에 새끼들… 5억이면 비참하겐 안 살겠다 싶은데… (메이는) 자살은 보험금도 안 나오잖냐."(1회, 고평중) 고평중은 오해를 바로 잡지 않고 죽은 사람이 된다. 고평중의 장례식이 끝나고 백성희는 남편의 빚잔치를 한다. 그리고 의붓자식인 은성과 은우에게 백여만 원을 쥐어주고 쫓아낸다. 이에 반대하던 승미는 "은성 아버지도 없는데 피도 안 섞인 자폐 동생까지 보살펴야 해."(2회, 백성희)라는 엄마의 말에 현실을 깨닫는다.

새엄마 백성희에게 은우는 보육의 의무가 없는 남인 동시에 피아노에 대한 천재성 때문에 끊임없이 돈을 쏟아부어야만 하는 '돈 먹는 하마'인 것이다. 그래서 백성희는 은성 남매를 양심의 가책도 없이 버린다. 부자 아빠가 있을 때는 아무런 문제가 되지 않고 오히려 축복이었던 자폐아 은우의 천재성이 아빠의 죽음으로 불행이 되어버린다. 그리고 주인공 은성의 고난도 함께 시작된다. 자폐아 은우의 특성 즉, 수학적 기억력이 뛰어난 것과 피아노에 대한 강한 집착은 드라마 속에서 끊임없이 새로운 사건을 발생시키는 동기이면서 해결의 열쇠를 쥐게 되고 각 등장인물 간의 주된 갈등 요인으로 관계를 구축하는 도구가 된다. 또 드라마의 시작이면서 드라마를 마지막까지 끌고 가는 원동력이기도 하다. 이런 장치적 배치 속에서 우리는 '장애=돈', '돈 없으면 장애아를 키우기 힘든 답답한 현실'을 간접적으로 인식하면서 드라마 곳곳에서 드마라가 장애아를 보는 시각을 만나게 된다.

## 3. 장애아를 형제로 둔 또 다른 형제

유학 중이던 은성이 일시 귀국한 것은 은우의 천재성을 키울 수 있는 학교에 은우를 데리고 가기 위해서다. 그러나 갑작스런 아빠의 죽음으로 은우를 보호해야 하는 입장이 된다. 어쩌면 은성은 "은우 때문이잖아! 은성인 평생 은우 보살펴야 하니까!"(28회, 고평중) 같은 말을 수시로 들으면서 자랐겠다는 것이 드라마 곳곳에 드러난다. 장애아를 자식으로 둔 부모의 운명이 장애아의 또 다른 형제에게 되물림된다는 이 논리는 일면 타당해 보인다. 왜냐면 가족에 장애인이 있다면 그 책임은 사회적 책임에 우선해서 가족의 다른 구성원에게 있다는 사회적 책무가 우리 사회의 보편적 개념이기 때문이다. 이것은 뒤집어 생각한다면 비장애인 가족에게 장애인 가족은 운명이며 '평생의 짐'이 된다는 논리가 성립한다. 그리고 <찬란한 유산>이라는 드라마는 이런 사회적 통념을 잘 따르는 여자 주인공에게 '착한'이라는 타이틀을 부여하고 끝까지 동생을 책임지기 위해 고군분투하는 모습에 박수를 보내게 만든다. 반면 '천사들의 집'에 은우를 데려다 놓은 백성희는 장애아를 버리는 비정한 새엄마라는 타이틀을 획득하고 은성과 극적인 대조를 이룬다. 더 독한 악녀의 탄생이다.

이런 드라마 속 상황은 현실로 그대로 전이되어 우리가 가지고 있는 '장애인은 가족의 책임'이라는 사회적 통념에 정당성을 부여해주며 선함의 기준으로 삼도록 유도한다. 가족의 책임이라는 부분, 이것은 맞는 말일 수 있다. 하지만, 사회가 외면하면서 벌어질 수 있는 일도 드라마 속에 나타난다. 은성은 새엄마에게 거의 무일푼으로 쫓겨나고 친구 집에서도 은우의 장애 때문에 나오게 된다. 그나마 있던 돈도 잃어버린다. 손 내밀 곳이 아무 데도 없다. 결국 은성은 은우와 함께 "우리… 여기서 날자.

은우야. 날아서… 아빠 엄마 만나러 가자"(2회, 은성)라며 높은 곳에 올라 동생과 함께 극단적인 선택을 하려고 한다. 은우의 특별한 특성 때문에 은성은 여타 드라마의 캔디형 여주인공보다 더 큰 시련을 겪고 더 많은 응원을 받으면서 주인공이 닥친 드라마 속 상황은 더욱 극적으로 주인공을 몰아간다. 동생을 끝까지 책임을 지든지 죽든지. 당연히 주인공은 동생의 손을 잡고 씩씩하게 헤쳐 나가리라 새삼 다짐한다. 그리고 우리는 그런 주인공을 보며 악의 축인 새엄마 백성희를 원망한다. 악인은 더 악인으로 선인은 더 선인으로 규정짓는다.

드라마는 우리에게 '나쁜 새엄마'와 '착한 누나'라는 가족의 문제로 은우를 보육하는 문제를 규정짓고 사회적 책임을 묵과해도 좋다는 일종의 면죄부를 발부한다. 그리고 장애는 평생 가족의 짐이라는 개념을 드라마 속에서 당연시 하게끔 한다. 마지막회에서 은성은 사랑하는 사람을 두고 동생의 손을 잡고 유학을 떠난다. 남자 주인공인 환은 유학을 가겠다는 은성을 말릴 수 없다. "은우 때문에라도 가야 돼요…"(28회, 은성), "(은우 얘기라면 할 말 없어진다) 은우…"(20회, 환) 환은 쿨하게 은성과 은우를 보낸다. 한 번쯤 떼를 쓸 법도 한데 그러지 않는다. 처남 매형 하면서 레전드급 명장면을 연출해서 시청자를 거의 졸도하게 만든다. 만약 여기서 환이 은성을 묶어두기 위해 이기적으로 나왔다면 시청자들의 반응은 어땠을까 하는 생각을 한 적이 있다. 그리고 유학을 다녀온 후에는? 동화의 결말이 늘 그렇듯 그들은 '아주 오래오래 행복하게 살았습니다'가 될 수 있을까? 환이라는 캐릭터에 빠져 혹여 이런 생각을 하지 못했다면 지금이라도 우리는 한 번쯤 생각해볼 여지가 있다. 과연 장애가 그 가족들만의 책임인 것인가를 말이다. '착한 드라마'가 만들어준 비현실적인 환상 속에서 허우적대던 정신을 새삼 가다듬고 과연 <찬란한 유산>이 장애아에게도 '착한 드라마'

였는지 생각해본다.

## 4. '은우' 버리는 사회

피아노를 향한 은우의 집착은 극을 이끄는 매우 중요한 요소이다. 은우가 은성의 손을 놓치는 것도, 피아노를 치느라 정신이 팔려서 핸드폰이 망가진 은성과 연결이 안 되고 새엄마인 백성희와 연락이 되면서부터다. 숫자를 잘 기억하는 은우가 백성희의 차 번호와 아파트 주소를 외워 백성희를 찾게 되자 백성희는 은우를 자신이 어릴 적에 지내던 '천사들의 집'에 데려다 놓는다. 이것은 은우가 버려지는 첫 번째 사건이고 백성희가 돌이킬 수 없는 악의 길을 가야 하는 이유가 된다. 하지만, 이 부분은 극의 흐름상 어느 정도 개연성이 있다. 인간 본성에 비추어 볼 때, 은성이 남매 몰래 보험금을 모조리 가로챘던 사실을 덮어버리기 위한 행동(나라도 저 상황이면 그럴 수 있겠다)이라고 생각한다면 한편 이해할 수 있는 면도 있었다.

그러나 "갈수록 아가 심해진다 아입니꺼? 차라리 경찰서에 신고하는 게 안 낫겠는교?(5회, '천사들의 집' 원장 부인), "부모가 버리고 간 아 신고하면 우얄낀데? 자폐라는 게 저런기다. 기다리면 우리 자식 될끼다…"(5회 '천사들의 집' 원장) 가족과 떨어진 은우를 처음 보살피게 된 '천사들의 집' 원장과 원장 부인의 대사 속에는 부끄러운 우리의 모습이 담겨 있고, 그렇게 해도 되겠구나 하는 위험한 모습도 내포하고 있다. 장애아는 쉽게 버려질 수 있다는 것과 버려진 장애아는 마음내로 해도 된다는 사실 말이다. 이곳이 장애아들을 위한 시설이기 때문에 당연히 버려진 아이일 거라는 생각을 할 수 있다. 하지만, 그것이 진실이라고 해도 우선 경찰에 신고는 해야 하는 것이 아닌가? 만약 극 중 은우가 비장애아였더라도 저런 행동을 했을까? 하는 의심을 떨칠 수가 없다. '시설'이라는 상황을 백 번 양보해서 여기까지 은우에게 일어난 일은 드라마 전개상 필요한 부분이었고, 현실적으로 다분히 가능한 상황이라고 생각하고 넘어가더라도 그 후에 은우에게 벌어진 일들은 도저히 이해할 수 없는 것이다.

시설에 아주 잘 있던 은우가 다시 그 문제의 피아노 집착증 덕분에 시설을 벗어나 서울까지 오는 상황이 전개된다. 물론, 간발의 차이로 은성은 다시 동생을 놓치고 가슴을 쥐어뜯는다. "또 오면 경찰 불러야지, 꼴 보니까 부모도 없는 애 같은데."(12회, 피아노 가게 주인) 서울을 헤매던 은우가 피아노 가게 주인에게 당하는 수모다. 드라마 전개상 당연히 가게 주인은 신고를 하지 않고 은우는 환의 친구 영석의 손을 잡고 영석의 가게에서 피아노를 치게 된다. 은우의 천재성을 알아 본 영석은 은우를 조카로 둔갑시켜 가게 매상을 올리는 데 이용한다. 그러면서 은우가 받는 보상은 잠자리와 식사, 복지관에 다니며 교육을 받을 수 있는 혜택이다.

"제발 신고만 하지 말아주라, 환아. 내가 영재, 아니 은우 구박하지는 않았잖아. 피아노도 치게 해주고…"(28회, 영석) 드라마 마지막회에 은우를 찾아 은성에게 데려다 주면서 은성의 환심도 사고 그동안 은성의 핸드폰을 본인이 깨버려서 은우를 잃어버리게 만든 장본인이라는 죄책감에서도 벗어난 환이 느닷없이 친구에게 주먹을 날리는 장면이 있었다. 그 장면을 처음 보았을 때 왜 환이 영석을 때리는지 이해하지 못했다. 은우가 홀로 길거리를 방황하다 나쁜 일을 당했을 수도 있는데 그나마 영석이 은우를 보호해주어서 고맙다고 생각했고, 은우가 환의 친한 친구인 영석의 가게에 있으니 어서 환이 은우를 알아보고 은성에게 은우를 데리고 가야 할 텐데 그 걱정만 했기 때문이다. 까칠했던 남자 주인공이 캔디 같은 여자 주인공을 만나 처음으로 미안하다는 말도 하고, 마음의 상처도 씻고, 완벽한 남자가 되어간다는 내용에 빠져, 나를 은성과 동일시해 마치 내가 환을 그렇게 멋진 남자로 변화시킨 것 같은 착각에 빠져, 드라마에서 진정 보아야 할 것을 보지 못했던 것이다.

은우 입장에서 생각해보자. 영석의 가게는 술을 파는 곳이다. 은우는 그 한 켠에 딸린 쪽방에서 영석과 기거한다. 침대와 조리기구 정도가 전부인 좁은 곳이다. 은우가 피아노를 치는 시간은 저녁 7시부터 9시까지다. 은우 또래 아이에게는 늦은 시간이다. 은우는 피아노가 마냥 좋아서 치는 것이지만, 영석의 입장에서는 돈벌이 수단일 뿐이다. 극 중의 멋있고 예쁜 등장인물들은 이런 현실을 망각하게 만든다. 드라마라는 세계에 시청자를 빠뜨리고 허우적거리며 깨어 나오지 못하게 한 후 극을 전개하기 위한 수단으로 장애를 이용하고 장애의 특성을 극의 긴장감을 고조시키는 하나의 도구로 사용한다. 착한 드라마 <찬란한 유산>은 비장애인의 시각으로 보면 착하다는 수식어를 붙일 수 있을지 몰라도 장애아 혹은 그 가족의 시각에서는 결코 착할 수 없는 드라마였다.

## 5. 나가면서

일명 착한 드라마 <찬란한 유산>은 마지막회를 기준으로 시청률 47%를 넘기는 기염을 토하며 종영했다. 다매체 다채널 시대에 진정 성공한 드라마가 아닐 수 없다. 시청률이 높은 만큼 사람들에게 많이 회자되고 많은 신드롬을 낳기도 했다. <찬란한 유산>은 우리에게 참 많은 찬사를 받았다. 그만큼 사랑받는다면 반드시 사회적 책임도 따른다는 사실을 생각한다. <찬란한 유산>의 열혈 시청자였던 누군가가 있다면 장애아는 사랑으로 크는 존재이지 돈으로 크는 존재가 아니라는 것을, 길에서 헤매는 장애아를 본다면 그 아이가 길을 잃고 부모 손을 놓친 장애아라고 생각하게 끔 드라마가 만들었는가. 그저 아이가 '장애'가 있다는 이유로 쉽게 버릴 수 있고, 버려졌다고 생각하게 한 것은 아닐까. 무방비 상태에 노출된 장애아가 있다면 그냥 데려다가 개인의 목적을 위해 이용되어도 된다는 인식을 심어준 것은 아닐까. 혹은 그렇게 해도 '장애'를 가지고 있기 때문에 나중에 주먹 한 대 맞으면 끝난다고 생각하는 건 아닌가. 이 모든 것은 장애아가 가족만의 책임이 아니라, 우리 사회가 풀어야 할 숙제이며 책임이라고 생각한다.

대박을 터뜨린 드라마에 이런 책임을 묻고 싶다. 많은 사람들이 시청했기 때문에 시청자로서 당연히 물을 수 있는 질문이며, 우리가 드라마에서 일어나는 일들을 의식 또는 무의식으로 여과 없이 받아들이고 있기 때문이며, 그렇게 받아들이고 형성된 우리의 사고가 현실에 그대로 재현될 가능성을 지니고 있기 때문이다. 만약 가족 중 장애를 가진 가족이 없다면 드라마가 보여주는 모습이 '장애'를 접하는 유일한 길일 수 있다. 그렇다면 '장애'를 보는 우리의 인식과 '장애'를 대하는 우리의 태도를 충분히 고민하고 생각해서 드라마를 만들어야 할 것이다.

# 교육의 상상력, EBS <다큐 프라임>

정다슬

얼마 전 외고에 다니던 한 학생이 옥상에서 투신자살했다. 엄마가 요구하던 성적에 도달한 바로 직후의 일이었다. 그 학생이 남긴 유서에는 단 네 글자만 적혀 있었다고 한다. '이제 됐어?' 얼마나 스트레스를 받았으면 아이가 자살을 했을까. 그 유서를 본 부모는 얼마나 후회에 가슴을 내려쳤을까. 악에 받친 네 글자가 평생 한으로 남을 부모의 심정이 고스란히 상상되어 한참 쓰린 가슴을 감출 수 없었다.

성적에 스트레스받지 않는 아이가 세계 어느 나라에 있을까 싶지만 그것이 한 아이의 목숨을 앗아갈 만큼의 압박으로 작용했다면 이것은 두말할 것 없이 문제가 있다. 교육은 삶을 풍족하게 만들기 위해서 있는 것이 틀림없는 데 오히려 그것이 삶을 황폐화하는 데 기여하고 있는 것이냐.

배운다는 것의 즐거움, 삶과 지식이 결코 단절되어 있지 않다는 것을 깨닫게 하는 계기, 교육을 '의무'가 아닌 '축복'으로 여길 수 있는 방법이란 과연 없을까? 여기에 대해서 조심스럽게 도전장을 내민 프로그램이 있다.

바로 EBS <다큐 프라임>이다.

<다큐 프라임>은 2007년 7월, 평생교육이라는 화두를 가지고 PD 17명이 교육기획 다큐멘터리를 만들고자 하는 모임에서 시작되었다. "다방면의 지식을 심층적으로 취재하고 가공한 다큐멘터리야말로 교육 전문 공영방송으로서 EBS가 제공해야 하는 최상의 교육 콘텐츠"[1]라는 생각을 가지고 만들어진 것이 바로 이 프로그램이다. 이를 통해 나이, 연령, 성별에 상관없이 누구나 양질의 콘텐츠를 제공받을 수 있게 됨으로써 평생교육이라는 공공의 과제에 이바지하고자 한다. 이러한 목표는 매주 다른 기획으로 구성되는 <다큐 프라임>의 전체적인 맥락을 관통하는 것이다. 즉, 여타 다른 다큐멘터리와 <다큐 프라임>의 차별성을 이해하기 위한 가장 핵심적인 요소라고 할 수 있다.

## 지식을 삶의 영역으로

다큐멘터리 자체가 현실에 주목하여 거기서 의미를 발굴해나가는 과정을 수반하고 있는 만큼 다큐멘터리를 최상의 교육 콘텐츠로 제공하겠다는 <다큐 프라임>의 발상은 그리 특별하지 않을지도 모른다. 그러나 그 태생적 배경으로 <다큐 프라임>은 또 하나의 시도를 하는데 그것은 '지식을 삶의 영역으로 끌어들이기', 즉 지식의 스토리텔링이다.

물론 <다큐 프라임>이 이런 시도 자체의 창시자는 아니다. <KBS 역사 스페셜>은 이를 시도한 대표 프로그램이고, 다른 다큐멘터리 프로그램 역시 부분적으로 이러한 시도를 해왔다. 그러나 <KBS 역사 스페셜>은

---

1) EBS <다큐 프라임> 홈페이지 http://home.ebs.co.kr/docuprime

그 탄생 배경상 역사에만 주목을 하고 있고 여타 프로그램의 경우, 어디까지나 제작진의 선택 사항에 머물렀다. 그러나 <다큐 프라임>은 '동과 서', '한반도의 인류', '한국 신화를 찾아서', '혈액', '개항과 전쟁', '한반도의 매머드', '원더풀 사이언스', '1935년 코레아, 스텐 베리만의 기억' 편 등을 통해 지식을 확장시켜 삶과 연결하려는 작업을 꾸준히 시도해왔다.

앎과 삶의 고리가 헐겁다는 것은 대한민국 교육의 문제점으로 꾸준히 지적되어왔던 것이다. 그도 그럴 것이 현재 지식의 범위는 교과서와 문제집으로 한정되어 있다. 여기에서 아이들은 어떻게 하면 답을 더 맞힐 수 있을까를 생각하지 이 지식이 나와 어떻게 연결되어 있는지를 고민하지는 않는다. 그러니 지식은 어디까지 지식으로 남아 있을 뿐이다. 지식을 어떻게 활용해야 나의 삶에 의미를 부여할 수 있는가에 대한 작업은 뒷전으로 밀린다. 그러나 배움이 진정 중요한 이유는 바로 이런 의미를 부여하는 것에 있다.

그 예로 2009년 9월 29일에서 30일까지 2부작으로 방영된 '혈액, 8%의 비밀' 편을 보자. '혈액'이라는 제시어를 통해 역사, 근대 의학의 발전 과정, 건강에서의 피의 중요성 등 다양한 주제를 거침없이 넘나든다. 그리하여 최종적으로 제시하는 것은 '피로서의 나'라는 '나'라는 주체에 대한 시각의 재정립, 그리고 확장으로 이어진다.

어머니 뱃속에서 있는 아홉 달 반 동안에 있었던 역사, 어머니의 몸, 신체 상황이라든가, 어머니의 정서 상황이라든가, 그 환경 그런 과정 환경 이런 것들이 내 발달 과정을 상당히 좌우했을 것이라는 거죠. 그리고 태어나서도 내가 먹었던 것, 나의 가정환경, 나의 인간관계 이런 것들이 내 몸에 들어와 있고, 내가 앓았던 병, 이런 것들이 내 피 안에 다 있는 것이거든요?

그러니까 내 피는 바로 나이고, 엄청난 양의 정보를 담고 있는, 생명의 역사를 담고 있는 그런 하나의 보물 창고인 거죠(<다큐 프라임> '혈액, 8%의 비밀' 편).

이처럼 지식을 삶으로 연결시키는 것은 '왜 배워야만 하는가'에 대해 자신의 답을 찾는 것이다. 우리는 이런 의미를 통해서 배움의 즐거움을 얻어나간다. 바야흐로 '인포테인먼트(infortainment)'의 시작이다. 또한 이런 즐거움은 그저 즐거움을 얻는 것에 그치는 것이 아니라, 새로운 앎을 추구하기 위한 원동력으로 작용한다. 통계에 따르면 OECD 국가 중 한국 고등학생의 학업 성취도는 세계 최고를 달리고 있는 반면,[2] '과학 흥미도',[3] '삶에 대한 만족도'[4]는 세계 최하위에 머무는 것으로 나타났다. 이런 결과가 나타내는 것은 아이들이 배움에 대한 즐거움을 느끼지 못하고, 오직 대학 입시라는 목표점을 향해 의무적으로 지식을 습득하기 때문이다. 본래 아이들이 배움의 즐거움을 얻어갈 수 있도록 하는 데는 부모와 학교가 그 중심 역할을 수행해야 하나, 현재의 기형적인 교육 환경에서는 그런 작업이 이뤄지지 못하고 있다. 또 제도적인 교육 환경에서는 이를 뒷받침할 자료가 턱없이 부족하다. 그렇기에 <다큐 프라임>의 시도는 더욱 의미 깊다.

---

2) 통계청, 「한국의 사회동향 2009」.
3) 경제협력개발기구(OECD), 「국제학생평가(PISA) 결과 보고서」.
4) 연세대학교 사회발전연구소 & 한국 방정환재단이 공동으로 조사한 2010 한국 어린이·청소년 행복지수의 국제 비교를 유니세프의 2006년 보고서와 비교 분석한 결과.

## 경험의 가치에 대한 존중

치열한 교육열은 오히려 아이들에게 스스로 체험하거나 만들어나가야 할 경험의 기회를 앗아가버린다. ─ '이런 건 엄마가 해줄게, 넌 들어가서 공부나 해', '조그만 게 벌써 연애니? 그런 건 대학 들어가면 다 하게 되어 있어. 그때까지 참아!', '아르바이트로 돈 벌 궁리 하지 말고, 등수 하나라도 올릴 생각을 해라!' ─ 그 결과 아이들의 성장판에 심각한 결함이 생긴다.

'나는 어떤 사람이며 어떤 사람이 되고 싶은가. 이를 위해서는 어떻게 해야 하는가'라는 물음에 대한 답은 쉽게 나오는 것이 아니다. 끊임없이 자아와 대화를 나누면서 정체성을 수립해나가고, 현재 이 사회는 어떻게 돌아가고 있는가에 대한 실물 감각을 익혀야 하는 것이다. 자기에 대해서도, 현실에 대해서도 아는 바가 없는 상태에서 미래를 향해 도전할 수 있는 자신감이 생겨나기란 극히 어려운 일이다.

<다큐 프라임>은 이런 교육 현실에 문제를 제기하고 있다. 그 방향은 교육제도에 대해 직접적으로 비판하는 것보다 우리가 생애주기 각각을 통해 얻는 경험이 얼마나 가치 있고 중요한가에 대해 강조하는 것이 중점이다. 이미 충분히 알고 있는 교육의 폐해를 새삼스럽게 강조하기보다는 시청자들이 직접 자신의 아이들을 교육하는 과정에서 적용할 수 있는 지식을 습득하게 하는 것이 <다큐 프라임>의 목적에 더 부합할 것이다. 또한 '부모가 되기 위한 교육'이 마련되어 있지 않은 대한민국 현실에서 <다큐 프라임>은 이러한 교육의 길라잡이 역할을 독독히 하고 있다.

2009년 7월 13일에서 15일까지 3부작으로 방영된 '아이의 사생활 Ⅱ' 편 1부의 제목은 '사춘기'로서 부모 자식 간의 섹스 토크이다. 이 방송에서는 부모 자식 간의 대화를 통한 올바른 성 지식을 확립하는 것이 얼마나

중요한지 역설한다. 음란물, 특히 폭력적인 음란물에 접촉했을 때 나타나는 폭력성에 대한 실험은 잘못된 성에 대한 인식이 미래에 어떤 악영향을 줄 수 있는지 보여준다. 동시에 청소년 때부터 지속적으로 성교육을 받아온 집단과 그렇지 않은 집단 간의 비교를 통해 섹스 토크가 낮은 성폭력 지수, 개방적인 성 태도, 성에 대한 주체성을 확립하는 데 도움이 된다는 사실을 이끌어냈다. 무조건 억압하고 금기시하는 것은 오히려 그 나이 때에 맞는 경험의 부족으로 이어진다. 여기서는 성에 대한 이야기로 제한되었지만 좀 더 논의를 확장해보면, 그것은 비단 성에 관한 이야기만은 아닐 것이다. 아르바이트, 연애, 친구와의 뜨거운 우정 등 무언가에 미친 듯이 빠져드는 경험은 공부를 방해하는 것이 아니라 한 사람의 인생과 인성을 결정하는 데 빼놓을 수 없는 배움으로 작용하는 것이다.

　2부 '미디어'에서는 부모 자식 간의 대화를 통해서 아이 스스로 미디어 사용을 조절하는 태도를 갖춰야 한다는 것을 말한다. '인터뷰 다큐 - 성장통'에서는 결혼, 입학, 취직 등 각각의 삶의 분절에서 인간이 어떻게 성장하는지를 밝힌다. '10대 성장 보고서'에서는 아이들이 올바르게 성장하기 위해서는 그때에 맞는 수면과 학습, 그리고 다양한 인생의 경험이 필수적이라고 주장한다. 각각 논조와 주제는 차이는 있지만 이 밑바탕에는 교과서나 문제집, 교실 안의 학습만이 배움이 아니라 내 삶을 둘러싼 모든 것이 앎과 배움의 영역에 들어가 있다는 것'을 인정하는 태도가 있다. 이런 인정이 경험에 대한 존중으로 이어져 비로소 아이들은 그 나이 때에 맞는 풍부한 경험에 대한 권리를 되돌려 받을 수 있다. 또 이것은 비단 아이들에게만 해당되는 이야기가 아니다. 어른들 역시 자신들이 지금까지 해왔던 경험을 반추해보고 좀 더 나은 자신에 대한 단서를 발견해낼 수 있다. 이것이 바로 <다큐 프라임>이 목표하는 '평생교육'의 첫걸음인 셈이다.

## 좀 더 풍요로운 교육 다큐멘터리로 자리 잡길 기대하며

<다큐 프라임>은 이 외에도 절실히 필요하지만 좀처럼 배울 수 없는 기술을 습득할 수 있는 기회를 제공하기도 하며(설득의 비밀, 기억력의 비밀 등), 다양한 철학적 주제(생명, 신과 다윈의 시대)들을 재미있게 풀어내기도 한다. 이렇게 영역과 차원을 넘나드는 <다큐 프라임>을 보고 있노라면 배움의 영역이란 결코 그 경계가 없는 것처럼 느껴진다. 그러나 한편으로는 표방하고 있는 '교육'의 범위가 너무나도 넓어 여타 다큐멘터리와의 차별성을 분명히 하기에 쉽지 않은 한계를 보인다.

이런 한계점을 극복하기 위해서는 구태여 교육의 범위를 좁히기보다는 각 주제 간의 긴밀성을 높이는 것이 더 바람직하다고 생각한다. 각 다큐멘터리의 독립성과 완결성을 유지하되, 그 전(前) 주제와 그 후(後) 주제와의 연결성을 이어나감으로써 하나의 기조를 유지하는 것이다. 이를 위해서는 각 방송을 제작하는 제작 팀 간의 소통은 물론이거니와 외주 제작과정에서 '이번 분기를 통괄하는 중심적인 주제'를 제시하는 등 제작 이전 과정에서 고민이 이뤄져야 한다.

또한 시청자 게시판뿐만 아니라 SNS(소셜네트워크서비스)를 이용하여 시청자들과의 소통의 폭을 넓히려는 노력 역시 중요하다. <다큐 프라임>은 교육이라는, 남녀노소를 망라한 화두를 가지고 있는 만큼 네티즌의 호응을 얻어낼 수 있는 가능성이 충분하다. 예를 들면, 트위터를 통해서 <다큐 프라임>를 중심으로 한 팔로어들의 네트워크가 형성된다면 어떨까? 네티즌들의 즉각적인 반응은 방송이 한층 더 성장할 수 있는 기반이 되는 동시에 방송이 방송으로만 끝나는 것이 아니라 프로그램 밖으로 빠져나와 실천적인 사회자본이 될 가능성이 충분하다. 예를 들면 '아이의 사생활' 편을 본 부모들이 트위터를 통해 서로 관계망을 형성함으로써 '섹스 토크를 위한 부모의 오프라인 모임'으로 이어질 가능성, '설득의 비밀' 편을 본 20대들이 '오프라인 스터디'를 조직할 가능성 등으로 무한하다.

　인간의 성장과 학습 과정에는 이렇듯 관계와 소통이 결정적이다. <다큐 프라임>이 한층 더 발전하여 대한민국 평생교육에 이바지하고 싶다면 소통에 대한 고민을 놓쳐서는 안 될 것이다. 앎과 삶, 그리고 소통의 연결 고리의 중심에서 풍요를 생산하는 다큐멘터리가 되기를 바란다.

# 흥부를 위한 세상은 없다
드라마 속 경쟁 사회와 성공 신화의 초상

이준목

흔히 어린 시절에 읽었던 전래 동화나 세계 명작동화에서 나타나는 보편적인 가치는 '권선징악'이었다. 흥부전이나 콩쥐팥쥐, 백설공주, 신데렐라 이야기는 대개 선량하고 올바른 주인공이 온갖 역경을 뚫고 마침내 행복을 찾게 된다는 내용이다. 반면, 주인공의 앞길을 가로막는 '악역'들은 스스로의 지나친 탐욕에 발목이 잡혀 불행한 결말을 맞이한다.

오늘날 수많은 소설·영화·드라마 등 대중문화 속 스토리텔링들도 알고 보면 궁극적으로 과거 동화들의 현대적 변주다. 특히 흥부전이나 신데렐라 스토리는 세대를 막론하고 그 형식과 구성만 바뀌었을 뿐, 본질적으로 한 뿌리에서 출발하여 끊임없이 재생산되고 있는 소재다.

주목할 것은 시대가 변화하고 가치관이 차츰 달라지면서 '전통적인 도덕률'에 의거하던 이야기의 공식들이 점차 새롭게 해석되고 있다는 점이다.

현대사회에서 선과 악, 이상과 현실, 정의와 불의를 획일적으로 가를 수 있는 기준이 존재할까. 선량하지만 어리숙하고 세상 물정 모르는 흥부는 현대사회에서도 과연 선인일까. 반면, 잘못된 방식일망정 더 나은 삶을 위하여 끊임없이 경제적 부를 갈망하는 놀부의 현실적 욕망 자체를 과연 잘못된 것이라고 단정할 수 있을까. 오히려 형 놀부에게 모든 재산을 빼앗기고도 속수무책이고, 자신이 부양해야 할 가족마저 궁지로 내모는 흥부의 '무능'은 현대 경쟁사회에서 그 자체로 용서받지 못할 악이다.

대중 예술은 곧 그 시대상을 반영한다. 그 시대를 구성하는 사회제도와 이념적 요소가 크게 요동치면서 사람들의 가치관이 여러 갈래로 교란되는 상황은 대중 예술의 정서와 트렌드에도 영향을 끼친다. 공공의 집단적 가치와 도덕률을 우선 덕목으로 여기던 과거에 비해, 현대인들은 저마다의 '성공과 행복'이라는 개인적인 가치를 더 중시하는 시대에 살고 있다.

현대사회에서 "뿌린 대로 거둔다"는 말은 더 이상 인물들의 도덕적 입장을 좌우하는 표현이 아니다. 오히려 그들이 원하는 것을 쟁취할 수 있는지에 대한 능력과 '자격'의 유무를 의미하는 말이다. 백마 탄 왕자나 대박을 물어다 주는 제비는 더 이상 동화에서처럼 앉아서 기다리기만 하면 저절로 찾아오는 게 아니다. 현대판 흥부와 놀부들은 선과 악이라는 틀에 박힌 기준에서 벗어나 각자 자신이 원하는 가치와 성공을 이루기 위해 피할 수 없는 '경쟁'을 해야 할 운명이다.


## 경쟁 부추기는 드라마 속 세상 : '흥부와 신데렐라도 경쟁해야 한다'

장르를 불문하고 하나의 스토리텔링을 전개하는 데 필수적인 요소는 바로 '갈등'이다. 그런데 최근 드라마에서 갈등이라는 용어는 사실상 '경쟁' 으로 대체해도 무리가 없을 만큼 보편화된 양상을 띠고 있다. 각기 다른 이해관계를 대변하는 두 인물과 집단 간 대립에서 유발되는 경쟁 구도는 드라마의 극적 쾌감을 높이는 가장 효율적인 수단으로 자리 잡았다.

최근에는 이러한 경쟁이 더 이상 선과 악의 흑백 구분이나, 개인 대 개인의 대결 구도를 넘어서, 세상을 바라보는 철학, 혹은 삶에 대한 신념의 충돌로 점차 다원화되는 양상을 띠는 데에 주목해야 하다. 여기서 경쟁은 단지 극적 재미를 높이는 수단을 넘어, 극 중 인물들의 성장과 성공을 통해 '인생역전 신화'의 판타지를 구현하기 위한 도구로 쓰인다.

학교에서 '문제아'로 분류되던 아이들이 특별반에 자원하여 명문대 입시에 도전하고(KBS2 <공부의 신>), 평범한 주방보조 여성은 우여곡절 끝에 어느덧 이탈리아 레스토랑의 일류 요리사로 성장하고(MBC <파스타>), 재벌 2세를 꿈꾸던 청년은 신분 상승을 위한 좌충우돌 모험 속에서 오히려 부자의 진정한 가치를 깨닫게 된다(KBS2 <부자의 탄생>).

성공 신화는 과거와 현재, 남성과 여성을 가리지 않는다. <대장금>(MBC) 이후 한국 시대극의 경향은, 특출난 재능을 가진 인물이 신분과 환경의 제약을 뚫고 최고의 자리에 오르는 성공담이 주류다. 이병훈 표 사극의 계보를 잇는 <동이>(MBC)를 비롯하여, <선덕여왕>(MBC), <거상 김만덕>(KBS1) 등은 역사에서 소외되었던 여성 주인공들을 시대의 중심으로 전면 배치하며 '여성 사극'의 구조 속에서 한국형 성공 신화의 새로운 모델을 그려낸다.

여기서 드라마 속 경쟁 구도가 추구하는 본질은 결국 상당 부분 '세속적인 욕망의 분출'에 가깝다. 오늘날의 드라마는 권선징악, 장인징신 같은 공공의 가치보다 오직 경쟁을 통한 성공의 쾌감 그 자체에 초점이 맞춰진 경우가 많다. <동이>는 주인공들의 직업윤리나 장인정신을 강조하던 이병훈 감독의 전작들에 비하여, 천민에서 왕의 후궁이 되는 동이의 신분 상승과 권력투쟁의 과정에서 나오는 볼거리에 더 주력한다. 심지어 10대 취향의 트렌디 드라마였던 <꽃보다 남자>(KBS2)나 성인 취향의 불륜 치정극이었던 <분홍립스틱>(MBC), <천사의 유혹>(SBS) 같은 작품에 이르기까지, 극 중 주인공들의 판타지를 극대화하는 것은 바로 그들이 누리는 어마어마한 경제적 부와 신분 상승의 과정이다. 과거처럼 영원한 사랑이나 가족에 대한 헌신 같은 전통적인 가치보다는, 점점 속물적이고 소비 지향적인 가치관이 대중에게 더 호소력을 가진다.

또한 과거의 드라마 속에서 경쟁 목표가 단지 사랑을 쟁취하거나, 잃어버린 지위를 되찾는 것이었다면, 현대의 경쟁은 온전히 상대를 쓰러뜨려야만 내가 살아남을수 있는 처절한 '서바이벌 투쟁'이다. <분홍립스틱>의 가은이나 <아내의 유혹>(SBS)의 은재는 초반부엔 지고지순하고 세상 물정 모르는 현모양처였지만, 자신을 파멸로 몰아넣은 남편과 정부에게 복수하기 위하여 그들보다 더욱 지독한 악녀로 변신한다. <선덕여왕>의 미실과 덕만, <동이>의 옥정과 동이의 경쟁은 여기서 더 나아가 한 남자를 둘러싼 궁중 암투를 넘어 삶에 대한 철학과 정치적 신념의 충돌을 보여준다. 착하고 선하다는 것은 더 이상 캐릭터의 미덕이 아니다. 함무라비 법전을 연상시키는 그녀들의 대결은, 자신의 것을 지키기 위해서는 수단 방법을 가리지 않고 상대보다 더욱 독해져야만 살 수 있는 '현대판 몬테크리스토'들의 애환을 보여준다.

<공부의 신> 도입부에서 스스로를 '입시 트레이너'라고 규정하는 강석호의 대사는 경쟁 사회의 생존 논리를 단적으로 보여준다. "이 사회에는 룰이란 게 있다. 너희들은 평생 이 룰 위에서 살아야 한다. 그럼 이 룰은 누가 만들었지? 바로 똑똑한 놈들이다. 그들은 자기 입맛대로, 자기들 살기 편한 대로 룰을 만든다. 반면 너희같이 멍청한 놈들은 똑똑한 놈들에게

평생 속기나 하고 끊임없이 손해만 보다가 결국은 패배한다. 너희 같은 놈들이 똑똑한 놈들에게 당하지 않고 살려면 방법은 딱 한 가지, 공부뿐이다”라고 일갈한다.

여기서 공부는 ‘성공’으로 바꿔도 큰 무리가 없다. “억울하면 출세하라”는 말처럼, 세상에서 살아남기 위해서는 누구나 어쩔 수 없이 경쟁을 받아들여야 한다. 만일 세상이 잘못되어서 억울하다면 일단 경쟁에서 이기고 살아남은 뒤 스스로 세상을 바꿀 수 있는 힘을 가지라는 주장이다. 현대인들이 개인의 행복을 지키고 더 나은 삶의 질을 지향하기 위하여 학벌과 가문, 금전 등의 세속적 가치에 더욱 집착할 수밖에 없는 명분을 정당화하는 논리다.

이런 설정들이 자칫 1960~1970년대의 과거 지향적인 결과 지상주의나 성공 만능주의에 대한 무분별한 예찬으로 치우치는 것에 대하여, 드라마는 그 나름대로 ‘합리적인 경쟁의 미덕’과 ‘노블레스 오블리주’를 대안으로 제시한다.

<공부의 신>, <파스타>, <부자의 탄생>에서 주요 등장인물들은 처음에는 각기 원치 않는 상하 주종관계 혹은 고용된 계약관계로 불편하게 엮여 있다. 하지만 이들은 좌충우돌하는 경쟁 구도를 통과하고 다양한 미션을 수행하면서 개인적·조직적으로 점차 성장해간다. 매너리즘에 빠져 있던 학교와 레스토랑은 외부에서 유능한 교사와 요리사들을 영입하여 조직의 수준을 한 단계 끌어올린다. 재벌 아버지를 만나는 게 평생의 꿈이던 속물 청년은 ‘진짜 부자는 피(혈연)가 아니라 노력으로 되는 것’임을 깨닫고 자수성가의 길을 걷는다.

<선덕여왕>의 미실은 덕만의 최대 경쟁자이자 숙적이지만, 동시에 ‘멘토’가 되기도 한다. 타고난 혈통을 지닌 덕만에 비하여 오히려 미실은

신분과 성별의 한계를 뛰어넘어 스스로 최고 권력자가 된 입지전적인 인물이다. 미실과 덕만이 백성을 대하는 철학의 차이를 놓고 설전을 벌이는 모습이나, 미실의 최후를 바라본 덕만이 "당신이 있었기에 나 또한 여기까지 올 수 있었다"고 고백하는 장면은, 비록 적일지라도 서로를 인정하게 되는 경쟁의 미학을 보여준다.

가진 자의 책임을 이야기하는 '노블레스 오블리주'는 자칫 승자의 논리만을 대변하기 쉬운 경쟁 논리에 균형 의식을 표방한다. <명가>(KBS1)나 <거상 김만덕>의 주인공들은 그들이 온갖 경쟁을 극복하고 이룩한 부를 종국에는 사회에 환원함으로써, 개인의 성공 신화를 그 사회의 성공으로 확장시킨 예이다.

철저한 경쟁 논리의 대변자인 <공부의 신>의 강석호나 <파스타>의 최현욱은 '독선적이지만, 동시에 합리적인' 실용주의형 리더를 표방하는 인물들이다. 이들이 조직을 운영하는 방식은 독선적이고 일방적이지만, 구성원들에게는 합리적인 경쟁을 통하여 최대한의 기회를 보장해주며 그들의 실패와 시행착오마저 감싸안고 책임지는 리더의 모범을 보여준다.

이처럼 선의의 경쟁은 단지 조직의 효율성을 높이는 것을 넘어, 각 인물들 간의 관계를 회복하고 진전시키는 계기가 되기도 한다. 앙숙이었던 두 개인·집단이 아옹다옹하면서 서로를 인정하고 소통에 눈을 뜨는 것은 물론, 신분과 지위의 한계를 뛰어넘어 진정한 사제관계로 진화하거나, 핑크빛 로맨스에 골인하기도 한다. 합리적인 경쟁이 오히려 인물과 사회에 건강한 활력을 불어넣을 수 있음을 예찬하는 대목이다.

## 소수자와 약자에 대한 배려

하지만 궁극적으로 속물적 경쟁 논리를 강조하는 드라마들이 부딪치는 한계는, 결국 소외받은 소수자와 사회적 약자의 목소리를 담아낼 수 없다는 점이다. 성공 신화는 등장인물의 자수성가를 통하여 '누구나 노력하면 성공을 이룰 수 있다'고 강조한다. 하지만 알고 보면 그 속에서도 흥부에게 대박을 물어다 준 제비처럼, 오직 '선택받은 자'들만이 누릴 수 있는 수많은 우연과 행운의 공식이 존재하다는 사실은 애써 외면한다.

동이는 왕의 성은을 입는 궁녀가 되어 천민이라는 신분의 한계를 뛰어넘었고, <선덕여왕>의 덕만은 미실에게는 없는 고귀한 혈통을 타고났다. <꽃보다 남자>의 금잔디는 재벌2세 구준표의 간택을 받았다는 이유로 왕따에서 신데렐라로 신분 상승한다. <공부의 신>의 특별반 문제아들이 실제 일반 서민이라면 꿈도 꾸기 어려운 국내 최고의 사교육 강사진에게 족집게 과외를 '공짜로' 받을 수 있었던 것은 일생일대의 행운이었다.

건전한 경쟁 사회가 가능하기 위한 필수 공식은 바로 기회의 평등이다. 그러나 성공 신화를 꿈꿀 수 있는 최소한의 기회조차 아예 박탈당한 이들은 종종 '노력하지 않은 패배자'로 취급당하고 묻혀버린다. 평생을 타고난 신분과 계급의 굴레를 안은 채 살아가야 하는 <추노>(SBS)의 노비들에게 인생 역전이란 처음부터 축복받은 소수만을 위한 환상일 뿐이다. 그들은 암울한 현실에 저항할 수 있는 최후의 수단으로 반란을 통한 체제 전복을 꿈꾸지만, 그 역시 기득권사들의 손바닥 위에 펼쳐지는 또 다른 게임의 규칙을 벗어나지 못할 운명이다.

"양반을 다 죽이면 우리 세상이 되는 건가, 그냥 양반, 상놈 구분 없이 사는 세상이 제일 좋은 것 아니냐"는 업복의 말은 이 드라마의 주제 의식을 함축적으로 담아낸다. 비극적이고 어쩌면 허무했던 <추노>의 결말에 시청자들이 열렬히 환호했던 것은 기존의 왕조 중심의 사극에서 벗어난, 아래로부터의 역동적인 민중사 속 인물들의 이야기를 통해, 비록 승자가 되지 못했어도 세상을 바꾸기 위해 도전하는 과정만으로도 충분히 가치가 있다는 것을 확인했기 때문이 아닐까.

경쟁의 단점은, 소수의 승자들만을 위한 승리일 뿐, '승자가 되지 못한 이들'이나 '경쟁할 기회조차 얻지 못한 다수'까지 한데 묶어 모조리 '루저'로 만들어버리는 모순에 있다. 2009년 가을 <미녀들의 수다>(KBS2)에 출연한 한 여대생이 "180cm 이하 남자는 루저"라고 발언한 내용이 사회적 파문으로까지 확대됐던, 이른바 '루저녀' 사태는, 그 사회가 요구하는 '스펙'이나 기대치에 미치지 못한다는 이유로 자칫 많은 이들이 경쟁 사회에서 낙오한 루저로 매도당할 수 있는 인식의 모순을 보여준다.

그런가 하면 시트콤 <지붕 뚫고 하이킥>(MBC)은 이른바 '88만원 세대'라고 하는, 자신의 의지와 무관하게 루저 취급을 받아야 하는 오늘날 젊은 세대의 자화상을 풍자적으로 드러낸다. 시트콤의 코믹한 이미지를 한 겹 걷고 나면 이 작품 속의 등장인물들, 특히 젊은 세대는 저마다 고단한 현실의 굴레에서 자유롭지 못하다. 박봉으로 남의 집 식모살이를 전전하는 세경이나, 학벌을 속여서까지 아르바이트로 생활비를 충당하고 취업 전선에서 번번이 고배를 마시는 정음, 형과 비교당하며 공부 못하고 싸움질이나 일삼는 문제아로 취급받는 준혁 등은 보통 청춘 드라마의 주인공들처럼 낭만적인 연애담이나 신데렐라 스토리와는 거리가 먼 인물들이다. 이들의 모습은 무한 경쟁과 청년실업 대란, 성공 지상주의가 지배하는 시대의 틈바구니 속에서 먼 미래를 꿈꾸는 것은 고사하고 단지 눈앞의 현실을 극복하는 것도 힘겨운 젊은 세대의 현주소를 보여준다. <추노>의 노비들

과는 또 달리, 사회적 지위(학벌과 가문)와 경제적 격차(부의 대물림)가 만들어
낸 새로운 신분제의 굴레 속에서 현대의 젊은 세대 역시 자유롭지 못하다.

한편 경제적으로 남부러울 것 없이 부유한 삶을 사는 이순재 회장 댁에서
도, 정작 그 가족 구성원들이 누리는 물질적 혜택과 삶의 질이 반드시
비례하지는 않는다. 부모의 무관심 속에서 자라 바른 말을 배우지 못하고
걸핏하면 '빵꾸똥꾸'라는 막말을 입에 달고 사는 소녀 해리, 기세등등한
장인과 아내의 눈치를 보느라 집에서 어떤 발언권도 가지지 못하는 무능한
중년 가장 정보석은, 심지어 같은 가족 구성원이라 할지라도 세대 간의
단절과 소외감에 시달리는 현실을 드러낸다.

설사 치열한 경쟁 사회를 뚫고 성공의 문을 열더라도, 사회적 성공 자체가
반드시 이후의 행복을 보장하지는 않는다. <지붕 뚫고 하이킥> 세경의
독백처럼 오늘도 젊은 세대들은 본인이 원하건 원치 않건 "계급의 사다리를
오르기 위해 하루하루 힘겨운 경쟁을 이어나가야 하지만, 그렇게 한 단계
올라서고 나면 정작 나 때문에 또 다른 누군가가 내 밑에 있어야 하는"
슬픈 상황에 맞닥뜨리게 된다. <선덕여왕>의 미실은 신분과 성별의 벽을
뚫고 최고 권력자가 되지만, 정작 정적들의 끊임없는 견제 속에서 외로운
삶을 살 수밖에 없다. "모든 것을 다 가졌는데도 황후가 아닌 것이 싫어서요"
라는 대사처럼 그녀는 내면의 외로움을 채우기 위하여 한없이 무언가를
갈구할 수밖에 없는 운명이다. 미실을 물리치고 권력을 장악한 덕만 역시
이후에는 자신의 지위를 지키기 위하여 스스로 자신을 사랑하는 사람을
죽여야 할 만큼, 외로운 길을 걷는 미실의 선철을 따라야 힌다.

<추노>, <선덕여왕>, <지붕 뚫고 하이킥> 등 최근 시청자들의 지지
를 받았던 드라마들이 연달아 비극적 결말을 선보이는 것은 어쩌면 희망조
차 마음 놓고 품기 힘든 사회 분위기를 대변하고 있다. 노비들의 혁명은

실패한 꿈으로 끝났고, 여왕은 세상을 다 가졌지만 정작 가장 사랑하는 사람은 지키지 못했다. <지붕 뚫고 하이킥>은 심지어 등장인물의 갑작스러운 교통사고로 이야기를 마감한다. 결과적으로 극 중 인물들이 처한 현실은 결말이 되어도 바뀌는 것은 아무것도 없다. 세상은 끊임없이 위만 바라보며 올라가라고 재촉하지만, 낙오된 이들에 대한 배려나, 정작 정상에 올라간 이후에 내려오는 방법은 그 누구도 가르쳐주지 않기 때문이다.

## 양극화와 다양성의 경계선에서

드라마가 곧 현실의 반영이라고 했을 때, 최근 드라마 속에서 경쟁 사회의 속성을 반영하는 이야기가 넘쳐나는 것은, 최근의 사회 정서나 분위기와 무관하지 않다. 가속화된 경쟁사회 논리에 맞추어 드라마 제작환경 역시 한층 더 노골적으로 현실 논리의 욕망을 정당화하는 데 치중하고 있다.

'양극화'는 드라마 내용 안에서만 아니라 밖에서도 현재진행형이다. 철저한 경쟁 논리와 시청률 제일주의 속에서 <수상한 삼형제>(KBS2), <아내의 유혹>, <너는 내 운명>(KBS1)처럼 일일극과 가족주의의 외피를 둘러썼지만 정작 선정적이고 자극적인 내용으로 도배된 '막장 드라마'의 전성기가 도래했다면, <결혼 못하는 남자>(KBS2)의 40대 독신남이나 <인생은 아름다워>(SBS)의 동성애 커플처럼 대중적이지는 않지만 주류에서 벗어나거나, 소외받은 약자의 목소리를 대변하는 이야기들도 미세하나마 공존했다.

또한 <아이리스>(SBS)처럼 한류 스타가 대거 출현하고 엄청난 제작비가 투입된, 물량 공세로 일관한 대작 드라마가 탄생하는가 하면, TV 드라마의 모태이자 젖줄인 단막극은 방송사의 무관심 속에 몇 년째 고사 위기를 맞다가 모처럼 부활의 시동을 걸기도 했다. 몇몇 스타 배우와 작가에 편중된 엄청난 몸값이 화제를 모으는 것과는 상반되게, 한국방송영화공연예술인 노동조합(한예조)의 출연료 미지급 사태는 외주 드라마 제작 환경의 고질적인 병폐를 드러내며 한국 드라마의 빈부 양극화 현주소를 보여주었다. 마치 인스턴트 식품처럼 당장의 자극성과 흥행 공식으로 무장한 '막장 통속극'과 실험적인 완성도와 그 시대의 트렌드를 대변하는 '마니아 드라마'가 불균형을 이룬 채 공존하고, 진보와 퇴행이 엇갈리며 제작 환경의 빈부 격차가 존재하는 풍경은 드라마나 실제 사회나 크게 다르지 않다.

여기서 드라마가 현실의 반영이라 할지라도, 중요한 것은 현실에만 안주하는 것이 아니라 또 다른 대안의 가능성을 포용해내는 것이다. 획일적인 경쟁 사회일수록 '다양성'이 인정받기 어렵다. 승자 혹은 주류의 논리에 따라 종종 '다름'이 '틀림'과 동의어로 취급받기 쉽기 때문이다. <개인의 취향>(MBC)과 <인생은 아름다워>, <결혼 못하는 남자> 등에서는 '독신주의'나 '동성애'같이 개인적인 성정체성이나 취향의 차이에 대해, 단지 남과 다르다는 이유로 삐딱하게 바라보는 세상의 편견을 꼬집는다.

경쟁은 단지 성공만을 위한 수단이 아니라 그 자체로 다시 희망을 꿈꿀 수 있고 자신을 성장시키는 디딤돌이 되어야 한다. <공부의 신>의 특별반 아이들 모두가 천하대 진학에 성공하지는 못하지만, 공부를 통해 스스로의 가능성과 꿈을 발견하고 각자의 길을 선택한다.

중국의 대문호 루쉰(魯迅)은 "희망이란 원래 마치 땅 위의 길과 같다. 하나둘씩 걸어가는 사람이 많아지면 그것이 곧 길이 되는 섯이나"라고 말한 바 있다. 이처럼 합리적인 경쟁 사회일수록 실패의 경험을 존중하고, 생각의 차이를 인정하는 것으로 경쟁 사회의 획일성을 보완한다.

드라마가 그 사회를 비추는 거울이라고 했을 때 중요한 것은 결국 '인간'

이다. 드라마가 어떤 형태의 인간상을 구현해내느냐는 곧 그 사회가 지향하는 가치관이나 정서와도 밀접한 연관이 있다. 경쟁을 극복하고 창출해낸 입지전적인 성공 신화는 대중에게 꿈을 안겨줄 수 있다. 하지만, 어쩌면 그보다 더 가치 있는 것은 실패한 자들의 목소리에도 귀를 기울이는 것이다. 경쟁은 그 자체로 선하지도 악하지도 않지만 약자의 목소리에 귀를 기울이지 않는 경쟁은, 종종 그 결과만 놓고 승자의 논리로 변질되기 쉽다. 당장의 시청률이나 대중성에 영합하지 않더라도, 다양한 목소리의 드라마들이 공존할 수 있다는 것은, 결과와 성공 지상주의의 조급함에 찌든 우리의 현실을 위로하는 작은 대안이 아닐까.

# 사적 영역의 화려한 귀환
KBS2 <감성다큐 미지수>를 통해 본 사적 영역

오원정

## 사물과의 소통

사물이 우리에게 말을 걸어온다. 사소하고, 흔하며, 오래되었거나 혹은 갓 태어난 사물이 우리에게 친구가 되자고 한다. 사물과의 소통은 가능한 것인가? 이는 쉽게 허락되지 않는 소통이다. 고정관념의 산물로 채워진 일상적 시각을 벗어던져야만, 사물은 우리에게 말을 걸어온다. 삶의 낯선 풍경은 순간순간 우리를 스쳐가지만 속도에 허덕이며 바쁘게 살아가는 현대인이 그 낯선 풍경에서 사물의 본질을 찾아내기란 쉽지 않다. 인간이 사물에게 덧씌워놓은 의미의 올가미를 벗겨내고 대상을 즉사적으로 바라볼 때야 비로소 사물은 제 모습을 찾는다.

사물들에게 물성을 찾아주려는 전위적인 프로그램이 있다. KBS2 <감성다큐 미지수>가 그것이다. 이 프로그램을 통해 인간이 사물에게 부여했던 의미를 재해석하고 낯설게 바라볼 수 있는 독특한 경험을 얻을 수 있다. 사람의 환경을 둘러싼 사물, 풍경, 빌딩, 자연이 상호 작용하고, 유기적 관계를 맺으며 생명력을 제공한다는 사실을 이 프로그램을 통해 확인할 수 있다. 특히 이 프로그램은 여기 이곳, 바로 우리가 살고 있는 '우리 동네', '우리 이웃'들 등 한국적 현실을 명징하게 보여주며 갑남을녀의 이야기로 엮어나가고 있다.

다큐멘터리 사상 최고의 시청률을 자랑한 블록버스터 다큐멘터리 MBC <아마존의 눈물>은 극장판이 나와 화제를 모으는 등 각 방송사의 다큐멘터리 아이템 발굴과 시청률 따라잡기 경쟁이 치열하다. 이런 틈바구니 속에서 20분 분량, 세 편의 옴니버스식으로 구성된 <감성다큐 미지수>는 대작들과는 다른 방식으로 시청자에게 감동과 여운을 준다.

또한 <감성다큐 미지수>는 "객체가 스스로 말하게 하라"는 다큐멘터리 본연의 모습을 찾아가기 위해 노력하는 제작진의 수고가 작품 속에 그대로 묻어난다. 수용자의 계몽을 강조하지 않기에 거대 담론을 주제로 한 형식은 배제했고, 시청자에게 공적 영역의 주제만을 주입하려 하지 않는다. 이 형식적 세심함과 차별성이 시청자의 공감을 얻는 절대적 요소다. 기존에 방영되어왔던 각 매체의 다큐멘터리는 문제의식을 잔뜩 제공하여 부담감을 준 면이 적지 않다. 앞서 언급한 <아마존의 눈물> 역시 원시 생태가 문명으로 파괴되어가는 과정을 보여주면서 카메라가 수용자의 우위에 있음을 나타내는 요소를 발견할 수 있었고 주제 역시 남성적 성격을 띠었다.

<감성다큐 미지수>에 나타나는 사적 영역으로서의 주제와 소재를 통해 지금껏 다른 다큐멘터리가 형상화하지 못한 사적 영역을 <감성다큐 미지수>가 어떤 방식으로 그려내는지 살펴보겠다.

## 사물, 잠재된 상상력의 집

다큐멘터리의 주제 의식은 대부분 남성의 관심사에 머물러 있었고, 지금 껏 각 방송사에서 다뤄온 주제 역시 남성적 시각을 내포한 공적 영역에 속하는 것이 대부분이었다. 사적 영역에 속하는 여성의 관심사는 드라마나 픽션 프로그램이 떠맡아왔다. 그러나 <감성다큐 미지수>에서는 사적 영역에 속하는 여성성을 당당히 소재로 가져왔고, 여성의 관심사를 포착하는 데 노력을 아끼지 않았다. '그녀가 호피 무늬를 사랑하는 이유' 편(2010. 1. 30)에서는 과거 중년 여성의 아이템이었던 호피 무늬가 지금 젊은 알파걸 들에게 왜 인기가 많은지 짚어보며 호피 무늬 열풍에 숨어 있는 심리적 코드와 여성성의 변화를 읽어나갔다. 이 프로그램은 호피 무늬를 선별하는 방법, 호피 무늬를 선호하는 연예인, 호피 무늬 애호가 인터뷰 등을 통해 호피에 대한 다양한 정보를 제공했으며, 호피 무늬를 선호하는 여성들의 심리에는 진취적이고 야성적인 남성성을 추구하는 심리적 기제가 깔려 있다는 이색 정보를 놓치지 않았다. 또한 기호품의 사회학적 의미를 파악함 으로서 이 시대 여성성의 변화를 살펴볼 수 있었다.

<감성다큐 미지수>는 또 기술 문명의 딜레마를 꼬집는다. 굳이 앤디 워홀(Andy Warhol)의 캠벨스프 통조림 라벨을 예로 들지 않아도 이미지의 복사와 편집은 일상화됐다. 우리는 엄청난 양의 사진과 동영상을 저장할 수 있는 디지털 카메라로 일상을 기록하고 있다. 디지털 카메라는 촬영하고 다시 보기를 반복할 수 있어서 사진을 수정하고 확인하며, 삭세힐 수 있는 편의성을 제공해준다. 그 덕분에 디지털 카메라 사용자들은 시간의 일회성 에 내재된 삶의 긴장과 무게를 쉽게 놓쳐버린다. 사진에 일가견이 있는 여성과 남성, 필름 카메라를 처음 만져보는 여성, 각양각색 3인의 손에

슬라이드 필름 한 통을 쥐어주며 낯선 '나'를 찾아 떠나보라는 숙제를 던진 '당신이 셀카를 찍는 이유?' 편(2010. 2. 6)은 이 실험을 통해 디지털 카메라 촬영으로는 체험할 수 없는 필름 카메라만의 시간성을 경험하게 한다. 필름 카메라를 사용해본 경험이 없는 여성은 자신이 극복해야 할 문제가 고소공포증의 시달림으로부터 벗어나는 것이라며, 케이블카를 타는 자신의 모습을 3일간 부지런히 촬영했다. 그러나 결국 자신의 일상이 모두 지워진 까맣게 탄 필름만 손에 넣게 되면서 되돌릴 수 없는 시간의 한계성을 마주한다. 사진에 일가견이 있는 남자 역시 달랑 필름 한 통에 무엇을 담을까 고민하다 모교를 찾는데, 남은 필름 수가 줄어들 때마다 긴장감에 휩싸인다. 전직 사진작가였던 여성은 시선을 끄는 옷차림으로 거리에 나가 자신을 바라보는 타인의 시선을 카메라에 담는 특이한 실험을 한다. 3인의 실험자가 출연해 '슬라이드 필름 한 통'이라는 한계상황을 설정한 상태에서 자신을 찾아가는 촬영 여행은 적잖은 공감을 불러일으켰고, 시간의 일회성이 주는 긴장감이 등장인물을 통해 현장감 있게 전해졌다.

<감성다큐 미지수>는 기획 의도에서 "단순한 미적 감각이 아닌 사물의 물성을 깊이 있게 탐구하는 카메라 앵글을 추구한다"라고 밝혔다. 다른 여느 편보다 시적 감각이 풍부했던 프로그램은 '부산 일상, 사소하지만 빛나는 순간들' 편(2010. 2. 6)이었다. 고속 카메라와 스틸 미속 카메라를 이용해서 육안으로 포착할 수 없는 사물의 물성을 미학적으로 잡아내 강렬한 아우라를 제공했다. 육안으로는 경험할 수 없는 이 아름다운 영상은 사물, 풍경과의 소통이 가능한 장면이었다. 이 장면들은 일상의 공간이 3차원으로 휘어지는 특별한 느낌을 고스란히 전해주었다. 부두 하역장의 생선 상자가 컨베이어 벨트에 실려 천천히 올라가는 장면, 부두에 정착해 있는 어선들의 살풍경한 장면, 경매장 상인들의 손을 클로즈업한 장면에

덧입힌 "사람이 풍경으로 피어난다"는 내레이션은 시청자를 사로잡기에 충분했다. 인간이 사물과 더불어 풍경이 되고, 사람과 풍경이 물질화되어 시청자를 '사유의 세계'로 안내했다. TV를 보는 게 아니라 읽게 했고, 화면 속 풍경을 투시하게 했다.

연안 부두 몽타주는 로우 앵글을 이용해 크레인을 기하학적으로 표현, 추상미를 더했다. 이어지는 쇼트에서 사람 또한 추상적 이미지로 환기되어 지금까지 보아온 사람이 아닌, 낯선 존재로 비춰진 것은 카메라를 통해 창의적 광선을 투시한다는 <감성다큐 미지수>의 기획에 적확한 영상이었다. 잠긴 열쇠를 클로즈업한 장면은 사물의 잠재태적 상상력을 환기시켜 특별한 인상을 주었다. 특히, 경매장 장면은 모든 소음을 삭제하고 1분간 침묵 상태를 노출해 시청자들의 개입을 적극적으로 유도하는 도발적이고 매력적인 형식이었다. 그 1분간의 침묵은 시간의 지속성을 단절시켰고, 사물화된 시간, 바로 순간성 위에 시청자들을 머물게 했다.

질 들뢰즈(Gilles Deleuze)는 순수 광학 이미지를 "그 자체를 강력하고 직접적인 표출로, 즉 시간 - 이미지, 가독적인 이미지, 사유하는 이미지의 표출"이라고 했다. <감성다큐 미지수>는 다른 다큐멘터리가 시도하지 않은 아방가르드적 형식미를 통해 시청자들에게 '사유하는 이미지'를 친절하게 제공한다.

모험과 탐험과 사냥이 남성의 몫이었다면, 여성은 기다리고 사유하며 몽상을 꿈꾸는 존재다. 사물을 시청자들의 정신세계에 귀환시켜 사유의 영역으로 안내하는 <감성다큐 미지수>에서 발견할 수 있는 사적 영역은 여성성과 닿아 있다. <감성다큐 미지수>를 시청하노라면 안방 서랍장을 마주하는 듯하다. 조그마한 서랍장은 그 속에 어떤 장식물과 소지품이 들어 있을까 궁금해서 열어보고 싶은 충동을 일으킨다. 20분 분량의 옴니버스식 구성을 선택했기에 가능한 서사 형식이 시청자들의 호기심을 끈다. 압축과 은유적 화법이 시적 이미저리를 생산해낸다.

'기다리는 자', '순응하는 자'는 일탈을 꿈꾸며 여행으로의 상상에 빠진다. '2010 골목길, 감성 지도 만들기' 편(2010. 3. 6), '꿈꾸는 여행자의 집' 편(2010. 5. 22), '길은 학교다 - 로드스쿨러' 편(2010. 6. 5)은 여행을 소재로 했다. 일상적 생활의 터전이었던 서울을 두 여행자의 낯선 시선으로 새롭게 들여다본 '2010 골목길, 감성 지도 만들기' 편은 시청자들에게 일상을 이루는 지리멸렬한 요소나 풍경이 살아 숨쉬고 있다는 것을 보여주었다. 세계 각지를 돌아본 여행 전문가에게조차 익숙했던 서울이 낯설게 다가옴을 보여주며 익숙한 일상에서 낯설음과 새로움을 발견해나갔다. 우리가 발 딛고 사는 일상의 공간 '서울'의 골목길을 여행지로 설정한 아이디어가 돋보인 작품으로, 내가 사는 '우리 동네'도 새로움을 발굴할 수 있는 '낯선 여행지'가 될 수 있다는 발상의 전환을 가져다주었다.

'꿈꾸는 여행자의 집' 편에서는 안정적인 직장을 그만두고 '자신이 하고 싶은 일을 기꺼이 하며' 인생의 즐거움을 찾아가는 여행 칼럼리스트, 뮤직비디오 감독으로 생계를 이어가면서 게스트하우스의 주인 역할을 당당히 해내는 20대 청년, 대학 시절 배낭여행 이후 여행의 매력에 빠져 늘 여행하는 것처럼 살기 위해 게스트하우스를 열게 되었다는 20대 여성, 이들의 공통분모는 사회가 요구하고 강요하는 길을 가지 않으며, 자신이 원하는 일을 찾아 개성 넘치고 능동적인 삶을 살아간다는 것이다. 그들에게도 '88만원 세대'의 현실적 그늘이 드리워졌을 것인데, 세상이 궁금하고 호기심 많은 이 젊은이들은 과감히 게스트하우스의 주인이 되어 세계 각국의 여행자들과 기꺼이 친구가 된다.

'길은 학교다 - 로드스쿨러' 편에서는 로드스쿨러(Road Schooler)들이 제도권 교육을 벗어나 자기 주도적으로 공부하고 교류하며 길 위에서 삶을 배우는 과정을 생생하게 전달했다. 여행을 통해 자신의 꿈을 스스로 찾아가는 10대들의 삶의 태도는 사교육에 떠밀려 타인과의 전쟁을 방불케 하는 일상을 보내는 동시대 10대의 것과는 전혀 달라 보였다. 여행을 통해 삶의 다양성을 획득하고 타문화에 대한 이해도가 높은 이들이 자신의 미래를 능동적으로 설계하는 모습은 한국의 입시 위주의 교육 현실을 돌아보게 한다.

<감성다큐 미지수>는 카메라의 실험적 기법을 통해 물성을 발견하는가 하면, 주제나 소재에 있어서도 사물을 배제하지 않는다. '버스는 지금도 진화하고 있다' 편(2010. 1. 23)은 우리가 매일 이용하는 버스에 대해 다시 생각하게끔 한다. 버스의 역사를 추적하면서 과거를 돌아보고 현재를 점검하며 미래를 상상하게 한 프로그램이었다. 버스가 소리를 내며 화면 속으로 들어오는 모습이나 빠른 속도로 거리를 질주하는 장면에서 인간과 함께 발전해온 '이동 수단'의 역동적 변화를 느낄 수 있었다. 버스 여행 애호가 동아리에 대한 소개 또한 이색적인 소재였다. 각양각색의 버스 모형을 들고 모인 이들은 버스 여행을 하면서 도시의 골목 문화를 제대로 향유했다. 이러한 참신한 소재 선택은 취재원을 발굴하고 섭외하기 위해 <감성다큐 미지수> 제작진이 얼마나 많은 발품을 팔았는지 짐작할 수 있게 한다.

'지금, 당신이 블루에 끌리는 이유는?' 편(2010. 4. 3)에서는 푸른색이 인간의 심리에 어떤 영향을 미치는지, 한국인이 왜 푸른색에 열광하는지, 한 예술가가 선택한 '블루'가 그의 작품 세계에 어떻게 투영되는지를 소개했다. 또 현대인의 스트레스가 푸른색을 사용한 색채 치료를 통해 어느 정도 해소된다는 것을 실험으로서 보여주었다. 시청자들이 갖고 있는 색채감에 대한 막연한 인식을 과학적 실험과 전문가의 의견, 생생한 인터뷰를 통해

조명해본 프로그램으로, 역시 사물의 물성을 화면에 담아내려는 <감성다큐 미지수>의 노력이 엿보였다.

그렇다면 <감성다큐 미지수>는 인간에 대해서는 어떻게 그리고 있는가? '15초에 담은 시대의 풍경 - 광고인 박웅현' 편(2010. 4. 24)은 성공 일로를 달리고 있는 유명 광고인의 광고제작 철학과 에피소드를 담담한 어조로 풀어냈다. 성공자에 대한 찬양 일색인 여타 인터뷰와는 달리 <감성다큐 미지수>는 시대의 광고인을 옆집 아저씨처럼 친근하게 그려내며 시청자와 대상의 거리감을 좁혔다.

<감성다큐 미지수>는 사회 이슈를 요란스럽지 않게 조용한 목소리로 영상에 담는다. '등록금에 대한 어떤 상상' 편(2010. 5. 29)에서는 등록금 1,000만 원 시대를 앞둔 학생들이 어떻게 자신들의 등록금 문제를 풀어나가는지 보여주었고, 연세대학교에서 시작된 특별한 기부 제도, 하루 1,000원씩 기부하는 '블루버터플라이'를 소개하면서 기부 문화의 진정성과 파급효과를 잔잔하게 그려냈다. <감성다큐 미지수>는 또한 세상의 시선으로부터 밀려난 소수자들의 삶도 간과하지 않는다. 동성애 파문을 일으키며 브라운관에서 사라졌던 연예인 홍석천 씨가 그동안 겪었던 세상과의 갈등을 담은 '어떤 10년, 홍석천 이야기' 편(2010. 6. 5)은 우리 사회가 얼마나 다양성을 인정하는 데 옹색한지 느끼게 한다.

<감성다큐 미지수>는 현대적 아이콘 또한 적극적으로 발굴한다. '트위터, 해보셨나요' 편(2010. 6. 19)은 현대의 키워드로 급부상한 트위터의 사회적 파급력과 트위터 이용자와 그들의 소통법을 통해, 정보와 지식의 교환 방식이 새로운 인간 네트워크를 만들고 이를 이용하는 사람들에게 특별한 정서를 형성한다는 사실을 알려주었다. 또한 '몰로 떠나는 여행, 몰링을 아시나요?' 편(2010. 1. 30)에서는 쇼핑을 하며 문화를 즐기는 몰링족과 몰링

의 역사를 살펴보며 색다른 쇼핑 문화를 영상에 담아 현대인의 라이프 스타일을 들여다보았다.

<감성다큐 미지수>는 거대한 역사의 소용돌이에 파묻혀 소외의 그늘에 가려졌던 이웃들의 삶도 놓치지 않았다. '소록도의 아주 특별한 음악회' 편(2010. 5. 8)은 역사와 사회가 외면했던 나환자들의 일상과 그들의 애환을 현장감 있게 전했다. 또한 소록도 주민의 사연을 듣고 찾아온 영국 필하모니아 오케스트라의 연주회를 방영해 시청자들의 심금을 울렸다. 지금까지 <감성다큐 미지수>의 형식과 주제를 통해 프로그램에 산재해 있는 사적 영역의 요소들을 살펴보았다.

## 사적 영역의 귀환

공적 담론의 사회적 효용성은 사회문제를 풀어나가고, 발전적 사회 모델을 제시하는 데 필수적인 요소이며, 미디어의 역할 또한 공적 주제에 더 가까이 자리하고 있다. 그러나 그 속에 묻힌 사적 담론은 사회를 구성하는 각 개인의 일상에 뿌리 깊이 자리 잡고 있음에도 공론화하기를 꺼려했다. 대형 다큐멘터리가 지향하는 공적 담론, '환경, 인권, 문명 파괴, 전쟁, 기아, 기술 문명' 등의 단골 주제는 결국 우리의 사적 담론의 텃밭에 기초해 기둥을 세우고 있고, 개개인의 정서에 의지해 생성된 정신적·사회 환경적 구조물이다.

시청자들은 대형 다큐멘터리들이 쏟아내는, 환경이 파괴되는 장면을 보며, 전쟁과 기아로 고통에 허덕이는 아프리카 난민들을 보며 연민을 느낀다. 그러나 그 연민의 기저에는 우리 스스로가 설정한 '타인의 눈'이 존재한다는 것을 간과해서는 안 된다.

　　수전 손태그(Susan Sontag)는 저서 『타인의 고통』에서 "우리가 보여주는 연민은 우리의 무능력함뿐만 아니라 우리의 무고함을 증명해주는 셈이다" 라고 했다. 우리가 타인의 고통을 바라볼 때, 우리의 마음에 샘솟는 연민은 우리의 무고함을 심리적 담보로 나타나는 감정이다. 이 왜곡된 '연민'은 그동안 대형 다큐멘터리들이 공적 담론의 무게를 시청자들에게 강요해온 결과물일 수도 있다.

　　<감성다큐 미지수>는 사적 영역을 이야기함으로써 거대 담론의 무게에 지친 시청자들의 정서를 환기시켜 주며, 동시에 사적 담론의 의미를 발견할 수 있게 한다. 사회 구성원과 이 시대의 기호와 사회 환경을 조용히 그려내면서 다양성을 발견해내고 발전적 모델을 제시하고자 한다. 사물의 본질을 찾아나가며, 물질, 즉 풍경, 빌딩, 기계, 사람 속에 그것들이 상호 작용하게 만드는 생명력을 찾아가는 노력을 <감성다큐 미지수>는 계속 해나갈 것이다. 그리고 사적 영역의 '화려한 귀환'을 가져올 것이다.

# <출발! 비디오 여행>이 새로 서는 출발점
MBC <출발! 비디오 여행>

곽수홍

## 1. 글머리에

현대에는 대중매체를 통해 영화라는 문화의 교류가 이뤄진다. 수많은 영화 중에서 대중에게 널리 알릴 만한 영화들을 선정하여 소개하는 TV 프로그램이 방송되기 때문이다. 요즘은 공중파 방송사뿐만 아니라 케이블 채널에도 영화 소개 프로그램이 넘쳐난다. 케이블 채널의 영화 소개 프로그 램들은 공중파 방송사 3사에서 몇 년째 고정적으로 유지해온 식상한 기본 포맷에서 탈피하여 다양한 변화를 시도하고 있다. 그 중에는 영화와 음악을 한데 묶어 소개하는 유형의 프로그램도 있고, 영화의 줄거리와 제작 과정 양쪽 모두에 큰 비중을 두어 진행하는 프로그램도 있다. 하지만 영화를 소개하는 케이블 채널 프로그램의 최대 단점은 최신 영화를 소개하는 데만 그친다는 것이다. 결국 이들 프로그램의 성격은 영화 소개 프로그램이라기보다는 영화 광고 프로그램 쪽에 더 부합하는 듯하다.

이러한 영화 소개 프로그램의 홍수 속에서 한국 방송의 역사상, 영화 소개 프로그램의 선두 주자라고 불리는 것이 바로 MBC의 <출발! 비디오 여행>이다. <출발! 비디오 여행>은 국내 처음으로 시도되었던 영화 소개 프로그램으로 처음에는 <비디오 산책>이라는 이름으로 출발했다. 1993년에 시작하여 2010년 현재 햇수로 18년째를 맞고 있는 이 프로그램은 타 방송사들이 영화 소개 프로그램의 간판을 수없이 바꿔다는 동안, 단 한 번을 제외하고 굳건히 제 간판을 지켜온 장수 프로그램이다. 8.8%(2010. 6. 27, TNmS 제공)라는 꽤 좋은 시청률을 기록하고 있는 <출발! 비디오 여행>은 SBS의 <접속 무비월드>(6.9%)나 KBS2의 <영화가 좋다>(6.5%)와의 시청률 경쟁에서 당연한 듯 우위를 점하고 있다. <접속 무비월드>와 <영화가 좋다> 두 프로그램은 모두 현재 토요일 오전에 방송되고 있는데, 시청률을 확보하는 데 좀 더 유리한 일요일 오전 시간대를 버릴 수밖에 없었던 이유 중에는 시청률 면에서 넘지 못할 산인 <출발! 비디오 여행>과의 경쟁을 피하려는 의도가 내재되어 있다고 볼 수 있다.

<출발! 비디오 여행>이 인기 있는 프로그램으로 장수할 수 있었던 비결에는 물론 여러 가지 요인이 있을 것이다. 하지만 동전에도 앞면과 뒷면이 있듯이, 아무리 잘나가고 오래된 프로그램이라고 해도 단점이 없을 수는 없다. 이제 <출발! 비디오 여행>의 한계를 짚어봄으로써 그것을 극복할 방법을 모색하고, 이를 이 프로그램이 서야 할 새로운 출발점으로 삼고자 한다.

## 2. 영화 소개 프로그램인지 영화 광고 프로그램인지

### (1) 도가 지나친 중복 소개

<출발! 비디오 여행>은 처음 영화를 소개했을 때로부터 몇 주 정도 지난 후, 전에 소개했던 코너와는 다른 코너에서 같은 영화를 소개말만 조금 바꿔 다시 소개하는 경우가 많다. 이에 시청자들은 '몇 주 전에 보여주었던 영화를 또 소개해?' 하고 고개를 갸우뚱하며 의아하다는 반응을 보일 것이다. 이런 식으로 중복 소개를 하는 영화의 수가 늘어날수록 중복 구성에 대한 실망감 때문에 시청자들은 채널을 돌리기 쉽다.

대중을 시청자로 하는 영화 소개 프로그램은 이른바 '재탕'으로 시청률을 확보하겠다는 태도는 버려야 한다. 영화를 만든 제작사·배급사 측은 <출발! 비디오 여행>이 반복적으로 홍보를 한 덕분에 긍정적인 효과를 누릴 수도 있다. 영화 개봉 당시의 높은 관객 동원율로 직접적인 수익뿐만 아니라, 극장에서 상영이 끝났다 하더라도 그 뒤에 출시하는 영화 DVD의 판매량 증가 등 부가적인 수익을 노릴 수 있기 때문이다.

하지만 영화 소개 프로그램과 시청자 양측에게는 영화의 중복 소개로 인한 손실이 더 크다. 영화를 홍보해주고 그에 대한 대가로 프로그램을 유지하는 영화와 TV 간 연계산업 구조를 고려해보면, 프로그램 입장에서는 단기적으로 보았을 때 최신작의 소개 비중을 높이는 것이 물론 유리할 것이다. 그러나 장기적으로 보았을 때, 계속 최신작 위주의 구조를 고집한다면 프로그램 탄생 20주년을 바라보고 있는 이 의미 깊은 영화 소개 프로그램이 최신 영화 홍보 도구인 케이블 채널과 무슨 차이가 있다고 할 수 있을까. 이는 스스로의 위상을 떨어뜨리는 일이 될 것이다. 또 시청자의 입장에서도 광고를 내보내는 것처럼 영화를 중복 소개하는 프로그램을 보는 것은 결국

[표 1] 중복 영화의 소개 (2009년 5월~2010년 4월 방송분)

| 영화 제목 | 방송<br>횟수 | 방송일자, 방송된 코너 |
|---|---|---|
| 해운대 | 5 | 09.05.17 커밍순, 09.07.12 무비유환, 09.10.04 영화 대 영화, 09.12.20, 10.01.03 코멘터리 |
| 국가대표 | 4 | 09.06.07 커밍순, 09.07.26 무비유환, 09.10.04 영화 대 영화, 09.12.13 코멘터리 |
| 김씨표류기 | 3 | 09.05.10 무비유환, 09.06.21 영화 대 영화, 09.10.11 코멘터리 |
| 트랜스포머2 | 3 | 09.05.17 커밍순, 09.06.14 커밍순, 09.11.15 기막힌 이야기 |
| 거북이 달린다 | 3 | 09.05.31 무비유환, 09.08.02 영화 대 영화, 09.10.25 코멘터리 |
| 게이머 | 3 | 09.06.14 커밍순, 09.09.13 기막힌 이야기, 10.10.25 영화 대 영화 |
| 차우 | 3 | 09.07.05 무비유환, 09.08.30 영화 대 영화, 09.11.08 코멘터리 |
| 2012 | 3 | 09.07.05 커밍순, 09.11.01 커밍순, 10.02.21 영화 대 영화 |
| 드림업 | 3 | 09.07.26 커밍순, 09.08.23 무비유환, 10.04.18 영화 대 영화 |
| 10억 | 3 | 09.07.19 무비유환, 09.09.13 영화 대 영화, 09.11.22 코멘터리 |
| 불꽃처럼 나비처럼 | 3 | 09.08.16 커밍순, 09.09.13 무비유환, 10.03.14 영화 대 영화 |
| 애자 | 3 | 09.08.30 무비유환, 09.10.11 영화 대 영화, 10.01.17 코멘터리 |
| 디스트릭트9 | 3 | 09.09.06 커밍순, 09.09.27 기막힌 이야기, 09.11.22 영화 대 영화 |
| 시간여행자의 아내 | 3 | 09.09.06 커밍순, 09.10.18 기막힌 이야기, 10.01.24 영화 대 영화 |
| 굿모닝 프레지던트 | 3 | 09.09.13 커밍순, 09.10.11 무비유환, 10.03.07 코멘터리 |
| 전우치 | 3 | 09.11.15 커밍순, 10.02.28 영화 대 영화, 10.04.25 |
| 퍼시 잭슨과 번개도둑 | 3 | 09.11.22 커밍순, 10.01.31 기막힌 이야기, 10.03.21 영화 대 영화 |
| 의형제 | 3 | 09.12.20 커밍순, 10.01.24 무비유환, 10.04.04 영화 대 영화 |
| 아빠가 여자를 좋아해 | 3 | 10.01.03 기막힌 이야기, 10.02.07 영화 대 영화, 10.04.11 코멘터리 |

시청자의 볼 권리를 빼앗기는 것이다.

또한 중복성의 문제는 <출발! 비디오 여행>에 나오는 영화들이 타 방송사의 영화 소개 프로그램에 나오는 영화들과 많이 중복된다는 점에서 찾아볼 수 있다. 이는 아무래도 타 방송사의 영화 소개 프로그램이나 <출발! 비디오 여행> 모두가 최신작을 위주로 영화를 소개하는 탓이라고 할 수 있다.

[표 1]에서는 <출발! 비디오 여행>의 2009년 5월에서 2010년 4월까지의 방송분 중 3회 이상 중복 소개되었던 영화와 중복 횟수, 그에 대한 구체적 근거로 그 영화가 중복 방송되었던 일자와 코너를 제시했다.

<해운대>의 경우, 처음으로 소개된 시점에서부터 8개월 이후까지 무려

5번이나 소개되었다. <국가대표>도 4번이나 중복 소개되었고, 그 외 무려 17편이나 되는 영화가 3번씩 중복 소개되었다. 참고로 이 외에도 40편의 영화가 2009년 5월부터 2010년 4월까지의 방송분 중 2번씩 중복 소개되었다.

### (2) 최신작만 추앙하는 프로그램

<출발! 비디오 여행>의 시청자 중에는 최신 개봉한 영화 중에서 어느 영화가 인기가 많은지 파악하기 위해서 이 프로그램을 시청하는 경우도 많다. 이런 시청자들의 성향은 최신 영화 위주로 편성된 이 프로그램의 제작 의도와 맞는다고 할 수 있겠다. 하지만 시청자 중에는 꼭꼭 숨겨져 있던, 혹은 잊혀졌던 명작에 대한 소개를 기대하는 이들도 많다.

이러한 시청자들을 위해 구작 전담 코너를 마련해놓고 있는 타 방송사 프로그램이 있다. <영화가 좋다>의 '추억의 부스러기' 코너가 그것인데, 예전에 사랑받았던 명작을 소개함으로써 시청자들에게 옛날 그 시절의 향수를 불러일으키게 한다는 의도로 만들어진 개성 있는 코너이다. <출발! 비디오 여행>에서 이를 본따, 소개하는 영화들 중 구작의 비중을 늘리거나 구작만을 위한 코너를 새로 만들었으면 하는 바람이다.

[표 2]는 최신작 소개를 모토로 하고 있지 않은 코너에서 소개되는 영화 중, 최근 1년 내에 국내 개봉된 영화와 그렇지 않은 영화의 비율을 코너별로 나타낸 것이다.

2009년 5월 3일에서 2010년 4월 25일까지의 방송분 중, '무비유환'과 '기막힌 이야기' 코너에서는 그간 소개되었던 총 49편의 삭품 중(800회 특집 제외) 2, 3편을 제외하면 나머지 모든 영화가 최근 1년 내 개봉작이었거나 앞으로 개봉될 개봉 예정작이었다. '영화 대 영화' 코너에서는 총 100편 중 16편을 제외하고 나머지 모든 영화가 그러했다.

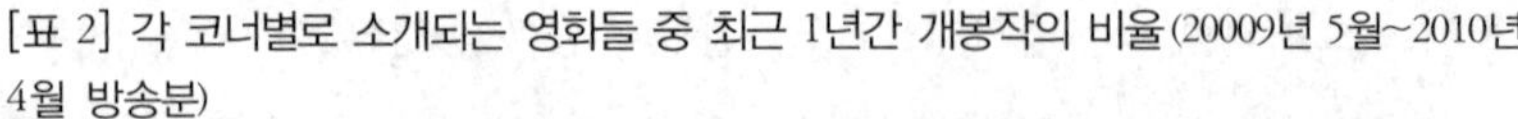

[표 2] 각 코너별로 소개되는 영화들 중 최근 1년간 개봉작의 비율(20009년 5월~2010년 4월 방송분)

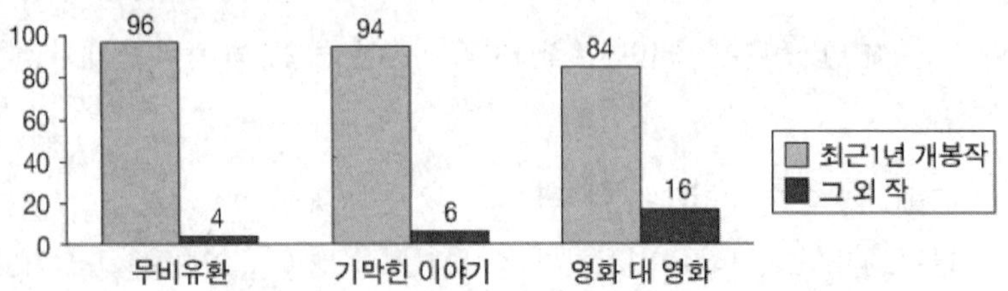


*최신작 소개와 연관성이 있다고 보이는 코너들 (커밍순, 코멘터리, 스탠바이)은 표에 미삽입

[표 2]에서 보다시피 프로그램에서 소개하는 작품의 비율을 보면 대부분이 최신작에 쏠려 있다. 이런 최신작 위주의 편파적인 편성은 영화의 중복 구성과 함께 하루빨리 개선해야 할 사항이다.

(3) 스크린 쿼터제의 정신은 어디에

스크린 쿼터제는 일정 기간 자국의 영화를 의무적으로 상영하도록 하는 제도이다. 2000년대 한국 영화가 극장 점유율 50%를 넘을 수 있었던 것에 스크린 쿼터제의 역할이 컸던 만큼 이 제도는 자국 영화를 보호하기 위한 획기적인 방안이다. 그러나 요즘 방송 중인 <출발! 비디오 여행>을 보면 극장 앞에서 아무리스 크린 쿼터제 사수를 외쳐대면 무엇 하나 싶은 생각이 든다. 대중에게 가공할 만한 영향력을 끼치는 TV라는 대중매체의 영화 소개 프로그램에서는 매회 외국의 블록버스터 영화들이 선전하고 있는데 말이다. 물론 한국 영화를 소개하기보다 외국에서 박스 오피스 1, 2위를 차지하고 온, 흥행이 검증된 영화들을 홍보하는 것이 시청률 면에서 더 좋은 결과를 낳는 것이 사실이다.

하지만 한국의 문화 발전을 위한 '문화방송'이라는 타이틀을 내걸고

[표 3] 각 코너별로 소개되는 한국 영화와 외국 영화의 비율(20009년 5월~2010년 4월 방송분)

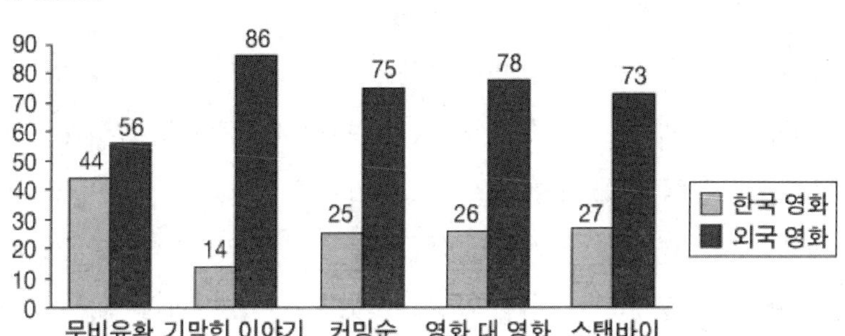


있는 MBC에서 대부분 외국 문화를 선전하고 있는 프로그램이 장수한다는 것은 아이러니가 아닐 수 없다. <출발! 비디오 여행>은 프로그램이 진행되는 사이 사이에 '한국 영화를 사랑하자'라는 메시지를 지속적으로 전달한다. 그러나 정작 방송 내용을 살펴보면 대부분 외국 영화들을 소개함으로써 표리부동한 태도를 취하고 있음을 알 수 있다.

[표 3]은 <출발! 비디오 여행>에서 소개되는 한국 영화와 외국 영화의 비율을 코너별로 살펴본 것이다.

앞서 말했듯이 화제가 되었던 한국 영화만을 대상으로 하는 '코멘터리' 코너를 제외한 모든 코너에서 한국 영화보다 외국 영화의 소개 비율이 더 높음을 [표 3]에서 확인할 수 있다. '스탠바이'라는 코너는 앞으로 개봉할 예정작들을 소개할 뿐만 아니라, 최근 개최되는 국내 영화제에 대한 정보도 제공하여 국내 영화 관련 산업에 좋은 영향을 주고 있다. 하지만 이 코너에서도 역시 외국 영화와 한국 영화의 소개 비율이 약 2 대 1로 외국 영화 소개에 더욱 힘을 쏟고 있다는 점이 아쉽다.

## 3. 장수 프로그램답지 않은 불완전한 구성

진정한 '소개'에는 대상에 대한 기본 정보와 장단점, 그리고 앞으로 대상이 나아가야 할 지향점을 제시하는 비판이 가미되어 있어야 한다. 그러나 이 프로그램은 대개 줄거리를 소개하는 코너로만 이루어져 있고 영화에 대한 비판적인 시각을 제공하는 코너는 찾아보기 힘들다. 영화의 줄거리를 소개할 뿐만 아니라 영화에서 아쉬웠던 점을 밝히거나, 이렇게 했더라면 영화가 좀 더 좋은 방향으로 바뀔 수 있었을 것이라는 조언을 첨가했더라면 좀 더 수준 있는 영화 관련 프로그램이 되지 않았을까 싶다. 또 시청자들이 그 영화를 볼 때, 눈여겨볼 만한 점이라든가 영화 관람 후 생각해볼 만한 사항들, 전문가나 일반인들의 영화에 대한 비판적인 평가 등을 첨가한다면 더욱 유익할 것이다.

또 '씬 스틸러'와 '코멘터리' 등 비정기적으로 방송되는 코너들을 정기적으로 편성하는 것이 더 좋을 것 같다. 이 코너들은 매회 방송되는 것이 아니고 격주 또는 한 달에 한 번 꼴로 방송되는 경우도 있어, 코너가 아예 폐지된 줄 알고 실망한 경험이 있는 시청자가 한둘이 아니다. 이 코너들이 폐지된 줄 알았다가 몇 주 후 다시 방송되는 것을 보면 고개가 갸우뚱하게 되는 것이다. 구성하는 코너의 비중이 매회 달라지는 점을 감안하더라도 이러한 특정 코너를 비정기적으로 방송하는 것은 시청자들에게 혼란만 준다.

마지막으로 코너의 재구성이 필요하다. 예를 들어, '영화 대 영화'와 같이 두 영화를 놓고 비교 분석하는 코너는 최초로 방송되었을 때 특이한 구도로 이목을 끌어 프로그램의 흥행에 좋은 영향을 주었다. 하지만 이러한 코너 유형은 어느새 타 방송사도 모두 가지고 있는 영화 소개의 기본 유형으로 전락해버렸다. 이제 영화 소개 프로그램의 열풍을 일으키기 위해서는 또 다른 유행을 선도할 만한 색다른 구성 방식을 모색해야만 한다.

## 4. 온 가족이 함께 볼 수 있는 프로그램으로

현재 <출발! 비디오 여행>은 최근에 극장에서 개봉하는 영화를 소개하기 위한 구조로 구성되어 있기 때문에 비교적 극장 출입이 잦은, 젊은 연령층을 위한 프로그램이라고 할 수 있다. 하지만 이 프로그램이 방송되는 시간대를 고려하거나 방송 햇수 18년째라는 장수 프로그램으로서의 특징을 생각해본다면, 주 시청자인 젊은 연령층만을 위하여 기존의 문제점들을 타개하는 것보다는 전 연령을 시청자층으로 삼아 방향의 전환을 꾀하는 것이 더 바람직해 보인다.

<출발! 비디오 여행>은 2009년 4월, "방송 언어, 폭력 묘사, 수용 수준 등에서 규정을 위반했다"고 대한민국 방송통신위원회로부터 주의 조치를 받은 바 있다. 이러한 주의를 받은 지 1년 정도가 지났지만 주의를 받은 사항에 대한 개선은 미비했던 것으로 보인다. 먼저, 비속어에 가까운 표현이 난무한다는 문제점이 있다. 현행법상 공휴일(일요일 포함)과 방학 기간의 청소년 시청 보호 시간대는 오전 10시에서 오후 10시까지로, 일요일 정오에 방송되는 <출발! 비디오 여행>은 청소년 시청 보호 시간대에 방송되는 프로그램이다. 그러나 가족이 함께 모여 앉아 TV를 시청하는 시간에 시청 연령이 15세로 제한된 방송 프로그램을 내보낸다는 것은 문제가 있어 보인다. 이에 대한 해결 방안으로 프로그램의 시청 등급을 하향 조정한다거나 프로그램의 방송 시간을 청소년 시청 보호 시간대가 아닌 시간으로 바꾸는 방법 등이 있을 수 있다.

또 영화를 소개하는 코너지기가 진행의 재미를 위해 비속어에 가까운 말을 자주 하는 점이 빨리 개선되어야 한다. 담배를 피우는 장면이나 칼 등의 흉기를 모자이크 처리하는 조치 또한 대중매체가 여과 없이 내보내는 폭력적인 장면으로부터 청소년을 보호하기 위한 것이므로 코너의 진행 멘트 같은 작은 부분에서도 청소년들에 대한 배려가 필요하다.

코너 진행 중에 개그 프로그램에서 유행하는 말을 따라 하는 것과 젊은층에서만 통용되는 은어의 사용 또한 지양되어야 한다. 예를 들면 '손발이 오글오글'이라는 표현이 있다. 보기에 닭살이 돋을 정도로 심히 민망한 상황에 손발이 오그라든다는 특징을 문장화한 표현인데, 이는 일종의 은어로서 주로 젊은 세대가 사용하는 표현이다. 2010월 1일 17일 방송분 중에 이 표현이 나왔는데, 이 말을 듣고 무슨 뜻인지 이해하지 못해 고개를 갸우뚱한 시청자가 많았을 것이다. <출발! 비디오 여행>은 다양한 연령대의 시청자들이 진행자의 멘트를 이해할 수 있도록 진행을 이어나가야 한다.

## 5. 글을 마무리하며

<출발! 비디오 여행> 제작진들은 이 프로그램의 매력을 긴 세월 동안 꾸준히 유지해오기 위해서 여러모로 노력했을 것이고 숱한 좌절도 겪었을 것이다. 하지만 프로그램이 무한 장수를 이루기 위해서는 타 프로그램과의 차별화를 지향하며 쉼 없이 노력해야 한다. 또한 주로 최신 개봉작과 외국 영화만을 소개하는 상업적 이윤 추구의 방식에서 벗어나야 하고, 온 가족이 함께 시청할 수 있는 프로그램으로 탈바꿈해야 한다.

앞서 언급한 점 외에도 기타 수많은 단점을 개선하기 위해서는 한국 내의 프로그램뿐만 아니라 외국 프로그램과도 비교하여 조그마한 요소이더

라도 본받을 만한 가치가 있는 것은 과감히 차용하여 질적인 면에서의 성장을 추구해야 할 것이다. 또한 사소한 사안일지라도 항상 시청자들의 의견에 귀를 기울임으로써 그들에게 한 발 더 다가서고자 노력하고 있음을 보여주어야 한다.

언젠가는 <출발! 비디오 여행>이 <출발! DVD 여행>으로 간판을 바꿔 달 때가 올 것이다. 그때쯤이면 이 프로그램이 꾸준히 발전을 추구하여 젊은 세대뿐만 아니라 노년 세대에게까지 사랑받는 프로그램이 되어 있기를, 욕심을 더 내본다면 20년 뒤 내 아이에게 '엄마가 어렸을 때에도 이 프로그램이 있었단다' 하고 말해주며 함께 시청할 수 있는 장수 프로그램이 되어 있기를 바란다.

# 진정한 명의

원준수

매주 금요일 오후 9시 50분이 되면 EBS에서는 <명의>라는 프로그램을 방영한다. 약사의 꿈을 가지고 있는 필자에게는 매우 흥미로운 방송이다. 이 프로그램에서는 매주 한 분야에 한 명씩 일명 명의를 소개한다. 그들의 섬세한 기술과 정확한 판단을 보고 있다 보면 이 명의들이 있기에 모든 병이 치료될 수 있다는 생각이 든다. 죽어가는 여러 환자들을 살림으로써 삶의 희망을 주고 좀 더 나은 의료 정보를 준다는 의미에서 명의의 긍정적인 측면도 있지만, 최고의 한 사람에게만 관심이 집중되는 부정적인 측면도 있다고 본다.

## 의사 줄 세우기

<명의>를 보다 보면 이런 말을 자주 듣게 된다. 이 의사 선생님은 이 분야 최고의 권위자이다. 물론 사실이다. 그런데 재미있는 점은 같은

분야를 기간이 조금 지나고 다시 방송하는 경우가 적지 않다. 예를 들어 2010년 1월 15일에 유방암 전문의 이민혁 교수 편을 방송하고 6개월여 뒤인 2010년 7월 2일에 유방외과 전문의 백남선 교수 편을 방송했다. 한 분야에 많은 명의가 있다는 것은 굉장히 좋은 일이지만 앞서 말한 이 분야 최고의 권위자라는 말과는 모순이 생긴다. 게다가 그 분야에서 열심히 환자를 돌보고 있는 다른 어떤 의사 선생님이 이 방송을 본다면 의욕이 꺾일 수도 있다. 왜냐하면 환자들이 현재 진료받고 있는 주치의를 신뢰하기보다 그 방송을 보고 방송에 나온 명의들을 더 신뢰하여 그 명의가 있는 병원을 찾을 수도 있기 때문이다.

<명의>에서는 병원 마크를 최대한 보여주지 않기 위해 노력한다. 하지만 이는 의미가 없다. 인터넷에 의사 이름만 치면 어느 병원에서 진료하고 있는지 나오는 데다가 병원 마크를 완벽하게 다 숨길 수는 없다. 방송 중간에 나오는 명의의 가운이나 침대 이불보에 있는 마크를 보면 대충 어느 병원인지 알아볼 수 있기 때문이다. 방송에 나온 명의들은 거의 다 일명 메이저 병원에 있다(메이저 병원이란 서울대병원, 세브란스병원, 서울아산병원, 삼성서울병원, 가톨릭대병원 등을 일컫는다). 물론 메이저 병원들은 실력도 좋고 시설도 좋다. 하지만 지방 병원에서 열심히 환자들을 돌보고 있는 의사들의 입장에서는 씁쓸할 수밖에 없다. 아무리 환자들을 잘 봐도 수술은 서울에 있는 종합병원에서 하는 환자들이 많기 때문이다. 필자도 작년에 지방의 한 대학병원에서 응급수술을 받았다. 그때 나에게 내려진 진단명은 충수염으로, 이는 맹장에 염증이 생긴 것이었다. 충수염 수술은 외과 의사라면 누구든지 할 수 있는 간단한 수술이었지만 필자는 처음으로 받는 수술인데다가 <명의>를 자주 시청하는 애청자로서 지방 병원을 100% 신뢰하지는 않았었다. 만약 응급수술이 아니었고 더 큰 수술이었다면 분명 서울의

메이저 병원을 찾아갔을 것이다. 분명 필자뿐만 아니라 대다수의 사람들이 그랬을 것이다. 하지만 수술을 받고 난 다음 나의 생각은 달라졌다. 지방 병원의 외과 의사들도 충분히 실력이 있었고 의료 서비스 또한 매우 좋았다. 그런데도 <명의>에서는 지방 병원 의사들을 찾아볼 수가 없다.

　필자가 충수염 수술로 입원해 있는 동안 필자 옆에는 위암 진단을 받은 환자가 한 명 있었다. 그 사람은 원래 이 지방 병원에서 수술을 받기로 했었으나 지인들의 추천으로 명의가 있다는 서울로 가서 수술을 받는다고 했다. 그의 수술을 집도하기로 한 사람은 이 지방 병원 외과의 원장인 의사로 우리나라 최고의 의대로 꼽히는 서울대학교 의대를 졸업한 뛰어난 의사였다. 그럼에도 그는 명의를 찾아 서울로 병실을 옮겼다. 그 사람의 마음은 충분히 이해가 간다. 사람이 아프면 남에게 의지하게 되고 특히 그 병이 큰 병이라면 더욱 그렇다. 명의들은 현재 예약이 몇 달씩 밀려 있다고 한다. 그들에게 수술을 받으려면 몇 달을 기다려야 하는 것이다. 굳이 방송을 하지 않아도 명의들을 찾는 환자는 넘쳐난다. 중요한 것은 지방 대학병원에도 그런 명의들이 있을 것이라는 사실이다. 그런데 지금까 지 <명의>에서는 주로 서울 메이저 병원의 명의들만 보여주었다. 안 그래도 서울로 편향되어 있는 의료 서비스를 광고한 꼴이 되었다.


## 의사의 신격화


　<명의>의 또 다른 문제점은 바로 의사를 신격화시킨다는 점이다. 의사 도 사람이기에 실수를 할 수 있다. 물론 명의들은 그 분야의 최고 권위자들 이기 때문에 실수가 적을 것이다. 하지만 방송에서는 명의들을 너무나 치켜세우고 있다. 특히나 암 같은 위중한 병들을 수술하는 의사들의 경우

그 정도가 더욱 지나치다. 원래 암은 수술도 중요하지만 그 이후가 더 중요하다. 다시 암이 재발할 수도 있는 것처럼 예기치 못한 일이 생길 수도 있기 때문이다. 하지만 <명의>는 수술 장면 위주로 방송하고 수술하고 나서의 모습을 간단히 보여줄 뿐 그 후의 모습은 보여주지 않는다. 그리고 성공한 수술 장면들만 보여준다. 시청자의 입장에서는 명의에게 수술이나 치료를 받는 것만으로도 병이 나을 수 있는 것처럼 보인다. 필자가 아는 어떤 아주머니는 지방 병원에서 받은 진단이 의심스러워 명의를 찾아갔다. 그러나 그 명의도 똑같은 진단을 내렸고 더 가혹한 치료가 기다리고 있었다. 그래서 그 아주머니는 굉장히 실망했다. 지방 병원 의사들도 우리나라의 수재들로, 명의보다 실력이 약간 떨어질 수는 있지만 분명 실력이 좋다. 그렇기에 명의를 찾아간다고 진단이 바뀌지는 않는다.

명의라고 할지라도 그들의 수술 성공률이 100%는 아니다. 수술을 받다가 죽는 사람도 있고 수술 후에 갑자기 죽을 수도 있다. 그런데 방송에서는 마치 모든 수술에서 성공했다는 듯이 나온다. 이는 사람들에게 헛된 기대감을 심어줄 수 있다. 만약 명의에게 수술을 받다가 잘못해서 죽는다면 그 책임을 누구에게 돌려야 하는가?

이렇게 의사를 줄 세우고 신격화하는 것은 좋지 않지만 새로운 치료법이나 수술의 가능성을 알려준다는 점은 칭찬할 만하다. 2010년 5월 14일 방송되었던 재활의학과 전문의 강성웅 교수 편에서는 호흡재활학에 대해 소개했다. 척수성 근위축증, 근육병, 루게릭 등의 신경 근육계 질환이나 폐쇄성 폐질환 또는 사고 등으로 적수신경이 마비되어 호흡곤란을 겪는 환자들은 보통 기도를 절개해 인공호흡기를 착용한다. 하지만 인공호흡기를 착용하면 말을 잘 할 수 없을 뿐 아니라, 음식을 제대로 섭취할 수 없고 가래와 같은 분비물도 많이 생성되어 일상생활을 하기 힘들어진다.

이에 강성웅 교수는 환자들에게 호흡 재활을 실시한다. 조금씩 자발적으로 호흡을 할 수 있도록 도와서 나중에는 일반인처럼 호흡할 수 있게 해주는 것이다. 강성웅 교수는 아직 많은 사람들이 이렇게 좋은 치료법을 모른다고 토로한다. 그래서 그는 <명의>를 통해 호흡 재활이 널리 알려지기를 원했다. 강성웅 교수 편의 시청률은 그리 높지 않았지만 방송뿐만 아니라 신문에서도 <명의> 호흡 재활 편에 대해 소개했기 때문에 이 치료법을 많은 사람들이 접했을 것이라고 생각한다.

또 하나의 예를 들어보자면 2010년 5월 28일 방송한 고도비만 전문의 허윤석 교수 편이 있다. 그는 비만을 비난의 대상이 아닌 치료의 대상으로 본다. 체질량지수(BMI)가 40이 넘는 초고도비만 환자의 경우 당뇨, 심혈관 질환, 관절 질환, 수면 무호흡증 등 합병증을 유발할 뿐 아니라 실제 사망률도 높기 때문에 허윤석 교수는 이들에게 수술을 권한다. 허윤석 교수는 비만으로 음지에 갇혀 있는 환자들이 아직 많은 것을 안타까워했고 의사로서 그들을 돕지 못한 데에 미안해했다. 그가 명의로서 대단한 점은 같은 병원에 일하고 있는 다른 분야의 의사들, 심지어 다른 병원의 의사들과 항상 정보를 교환한다는 점이다. 그리고 또 하나는 당뇨병 환자들에게 십이지장 우회술을 국내 처음으로 시도한 것이다. 자신의 지식을 혼자서 소유하는 것이 아니라 널리 퍼질 수 있게 남들에게 알리고 새로운 수술법을 적극적으로 도입하려는 태도를 보인 그는 과히 환자만을 생각하는 명의라 할만 했다.

새로운 치료법이나 수술의 가능성을 알려준다는 점에서 <명의>는 좋은 프로그램임에 틀림없다. 하지만 서울과 지방의 의료수준 격차가 점점 벌어지고 있고 환자들이 차츰 서울로 몰리고 있는 지금, <명의>는 서울 메이저 병원과 명의들의 광고용으로 전락해서는 안 된다. 지금 이 순간에도 돈이 없어 치료를 받지 못하는 사람들을 위해 봉사하는 의사들과 의료 시설이 뒤처져 있는 곳에서 열심히 환자들을 돌보고 있는, 어떤 의미에서는 누구보다도 진정한 명의들이 있다는 생각이 든다. 앞으로는 <명의>는 프로그램의 이름에 맞게 새로운 치료법이나 수술의 가능성을 널리 알리려는 참 명의를 소개하는 방송이 되어야 할 것이다.

# 주파수를 여행하는 히치하이커를 위한 안내서
KBS2 <유희열의 스케치북>과 KBS 2FM <유희열의 라디오천국>을
보고/듣고

강민우

## 백견이 불여일문?

'백문(百聞)이 불여일견(不如一見)'이라는 말이 있다. 백 번 듣는 것보다한 번 보는 게 낫다는 말이다. 예부터 사람들이 청각보다 시각을 훨씬중시하고, 또 그만큼 신뢰해왔음을 짐작케 하는 표현이다. 이러한 태도가동양에 한정된 것은 아니다. 서양에서도 보는 것을 중시하는 표현을 찾기는어렵지 않다. 'Seeing is believeing'이나 'I see' 같은 표현이 좋은 예다.'보는 것이 곧 믿는 것'이며, '봄이 곧 앎'인 것이다.

얼마 전 영화화되기도 했던 주제 사마라구(Jose Saramago)의 소설『눈먼자들의 도시』에는 어느 날 원인 모를 이유로 시력을 잃은 사람들이 등장한다. 이 작품은 앞이 보이지 않는 자들이 펼치는 아비규환을 생생히 묘사했다.

우리는 이 작품이 그려낸 지옥도를 통해 인간에게 본다는 것이 얼마나 큰 의미를 지니는지 새삼 깨달을 수 있다. 흔히들 청각, 촉각, 후각, 미각, 시각을 통칭하여 오감이라고 하지만, 이렇듯 시각은 나머지 네 감각을 압도해왔다. 그러나 시각이 유독 맥을 못 추는 영역이 하나 있다. 바로 라디오다.

라디오는 일찍이 멸종했어야 마땅한 매체다. 보는 것이 곧 믿는 것이며 동시에 아는 것이라고 여기는 사람들에게 오직 소리만 전달하는 라디오는 설 자리를 잃었어야 당연한 것이다. 그러나 라디오는 TV가 발명되기 이전에 인쇄물을 제외하고서는 거의 유일한 매체로서 독보적 지위를 누렸으며, 인터넷까지 등장한 지금도 여전히 생명력을 유지하고 있다. 보고자 하는 인간의 가장 원초적인 욕망을 원천 봉쇄했기에 라디오는 아직도 전파를 타고 있는지 모르겠다. 볼 수 없다는 최대 약점이 최대 장점인 셈이다.

영화 <라디오 스타>의 남자 주인공은 '한물간' 배우다. 영화계에서도, TV에서도 아무도 그를 찾지 않는다. 그런 그가 마침내 짐을 푼 곳은 라디오 방송국이다. 이런 설정은 그간 라디오가 TV에 등장하기에는 전성기가 살짝 지난 연예인들의 집합소 같은 구실을 해왔음을 반영한다. 그러나 우리는 희귀한 사례를 목격하게 되었다. 이 희귀한 사례의 주인공은 음악인으로 시작해, 라디오 DJ로서 성공을 거두었으며, 이제 TV로까지 진출한, 바로 유희열이다.

## 토이 유희열

음악인으로서의 유희열은 그의 본명보다 '토이(TOY)'라는 이름으로 더 잘 알려져 있다. 토이는 유희열의 프로젝트 밴드다. 유재하 음악경연대회 출신인 그는 1994년 토이 1집을 발표하며 데뷔한다. 「내 마음속에」라는 곡으로 평단과 대중에게 좋은 반응을 얻는 데 성공한 그는 그 뒤 연이은 히트곡 행진을 시작한다. 2집 「내가 너의 곁에 잠시 살았다는 걸」, 5집 「좋은 사람」에서 최근작인 6집 「뜨거운 안녕」까지, 단명하는 음악인이 많은 한국 가요계에서 보기 드물게 롱런 중이다.

유희열은 토이의 음악 이 외에도 윤종신의 「환생」이나 김장훈의 「난 남자다」 등을 작곡해 프로듀서 겸 작곡가로서도 확고한 지위를 다져왔다. 선배 음악인인 공일오비의 정석원은 언젠가 이렇게 말했다. "유희열, 너는 언젠가 가요계의 법이 될 것이다."(공일오비 6집 앨범 속지 중) 정석원의 예언은 허언이 아니었다. 유희열은 한국 가요계에서 '토이'라는 하나의 장르를 구축하는 데 성공했다.


## DJ 유희열


음악인으로서 승승장구하던 유희열이 방송에 본격적으로 모습을 드러낸 것은 1996년 <신해철의 음악도시>(MBC FM)에서였다. 음악을 소개하는 코너를 맡은 것이다. 토이의 오랜 팬들은 그의 등장을 반가워했고, 기대했다. 그리고 이내 당황하게 된다. '초라한 날 거울에 비춰 단장하곤 해'라는 섬세한 가사를 쓴 그가 "1980년대 에로3걸", "김완선 누나 님" 같은 말들을 하리라고는 누구도 예상하지 못했기 때문이다. 그의 수다는 수줍은 청년을 기대했던 청취자들을 당황시키기에 충분했다. 그러나 유희열의 이러한 '양면성'은 음악인으로서뿐 아니라 방송인으로서도 롱런한 비결이 된다.

1997년 가을, 신해철이 중도 하차하고 유희열이 후임을 맡는다. 청취자들 은 <음악도시>의 DJ를 '시장'이라고 불렀다. 신해철 시장을 신임하고 지지하던 시민들은 신임 시장에 당황했다. 당시 <음악도시>는 높은 청취율을 자랑하던 프로그램이었다. 유희열이 게스트로서 한 코너를 성공적으로 이끌었다고는 하지만, 말 그대로 코너였을 뿐이다. 일주일에 30분 출연하는 것과, 수장이 되어 방송을 이끌어가는 것은 큰 차이가 있었다. 유희열은 진행자가 되기에는 그 실력이 채 검증되지 않았으며, 대중적인 인지도도 낮았다. 그러나 방송국은 모험을 했다. 검증되고 유명한 외부 인사를 영입하는 방법이 아니라 내부의 친근한 인사를 등용하는 전략을 택한 것이다. 결과는 성공이었다.

때는 외환 위기로 경제 주권마저 박탈당했던 시기였다. 일자리 없는 이들은 일자리를 찾느라 힘들어했고, 일자리를 찾은 이들은 그 일자리를 잃지 않기 위해 힘들어했다. 신해철의 카리스마 강한 언변보다는 어떤 고민이라도 들어주고, 자신의 경험을 조곤조곤 들려줄 동네 형 혹은 오빠 같은 유희열이 진행자로서 적합했을지도 모른다. 방송국의 선택이 옳았음이 입증되는 데는 오랜 시간이 걸리지 않았다. 진행자의 옆자리가 아닌 진행자 자리에 앉은 유희열에게 방송인으로서의 길이 활짝 열리게 된다. 그는 <음악도시>의 시장으로서 장기 집권한 데 이어 <올댓뮤직>(MBC FM), 그리고 지금의 <라디오천국>(KBS 2FM)까지 DJ로서 인정받는다. 그리고 마침내 TV까지 진출하기에 이른다.

### <작은 음악회>에서 <스케치북>까지

토이의 노래 제목에서 방송명을 따온 <스케치북>은 작년 여름 시작되었다. 그러나 이 프로그램의 시작을 그때로 보는 것은 부당하다. 이 프로그램의 유래는 그보다 훨씬 깊다. <스케치북>의 기원은 1993년 <노영심의 작은

음악회>(KBS2)다. 노영심의 후임으로 이문세가 등장하고, 그 뒤 이소라와 윤도현으로 진행자가 교체되는 동안에도 프로그램의 성격은 크게 바뀌지 않았다. 평소 보기 힘든 음악인이 출연했으며, 출연자와 진행자 간의 진솔하고 소박한 대화가 이뤄졌다. 주말 밤이라는 방송 시각까지 변함없었다. 오랜 시간, <작은 음악회>와 그 후예들은 시청자들의 사랑을 받아왔다. 이에 자극받은 경쟁 방송사가 <김정은의 초콜릿>(SBS) 같은 유사 프로그램을 제작할 정도였다.

노영심에서 윤도현까지 모두들 매끄러운 말솜씨와는 거리가 멀었지만, 시청자들이 그들의 진행을 아무런 불만 없이 지켜봤던 근본적인 이유는 그들의 주업이 말이 아닌 음악이었기 때문이다. 인정받는 음악인이 다른 동료 음악인을 초대해 함께 음악 이야기를 나누는 흐뭇한 광경을 지켜볼 수 있었기에 다소 어눌한 말투 정도는 묻혔던 것이다. 그러나 음악인 출신 진행자 기용이라는 전통은 윤도현에서 끊기게 된다. 음악인이 아닌 연기자를 기용한 <이하나의 페퍼민트>(KBS2)가 등장한 것이다. 그러나 전통의 단절에 시청자들은 등을 돌린다. <이하나의 페퍼민트>는 단명했다. 이에 다시 전통을 이어가려는 움직임이 생긴다. 이것이 유희열이 마이크를 잡고 무대에 서게 된 계기다.


'음악' 방송!


유희열이 라디오와 TV 두 프로그램을 모두 성공적으로 이끌고 있는데는 선곡의 영향이 크다. 우선 <라디오천국>의 선곡표를 보자. TV는 물론 동시간대 타 방송에서조차 듣기 힘든 곡들이 가득하다. 검정치마, 브로콜리 너마저, 장기하와 얼굴들 등이 모두 이 프로에서 가장 먼저 소개되

다시피 했다. 지금도 '선곡 다큐'나, '야설 무대' 등의 코너를 통해 주목받지 못한 유능한 음악인을 발굴하고 소개하는 데 주력하고 있다. 아직까지 음원이 아닌 음반을 사기를 좋아하고, 좋은 음악을 찾아 듣기를 원하는 청취자에게 <라디오천국>은 독보적인 음악 방송이다. 음악 소개라는 FM 본연의 임무에 충실한 방송이라 할 수 있다. <스케치북> 역시 음악성 출중한 음악인들에게 문이 활짝 열려 있다. 최근에도 베란다 프로젝트나 이승환 등이 출연해 열띤 호응을 얻었다. 특히 <스케치북>의 주목할 만한 특징은 라디오의 특징을 차용했다는 점이다. 방청객의 이야기를 듣고 즉석에서 작사를 한다든가, 매주 주제를 선정해 시청자의 사연을 공모하는 코너 등은 모두 라디오 특유의 수용자와의 즉각적인 양방향성을 채택한 것이다. 탁월한 진행자 유희열 앞에서 TV와 라디오 사이의 굳건한 경계는 무너져간다. 이것이 시청자들이 늦은 밤, 기꺼이 TV 앞에 앉는 이유다.

## "떠든 아이 유희열"

그러나 음악만이라면 아쉽다. 음악 소개에 그쳤다면 오늘의 유희열은 이 자리에 없었을 것이다. 그보다 음악을 많이 아는 사람은 동네에도 여럿 있다. 그만의 진가는 바로 그의 잡담에서 발휘된다. 잡담은 영어로 'small talk', 작은 이야기라는 뜻이다. 그러나 우리는 '작은 이야기'를 잡스러운 것이라며 천시해왔다. 학교에는 늘 잡담 금지라는 경고문이 붙어 있었으며, 칠판 한구석에는 '떠든 아이'의 명단이 적혀 있었다. 떠든 아이에게는 화장실 청소 등의 벌이 내려졌다. 그러나 이제 엄숙주의의 시대는 자취를 감추어 가고 있다. 잡담은 작은 이야기라는 다른 이름을 얻는다. 거대 담론만을 중시하고, 요점만 간단히 말해야 하며, 정숙해야 하고, 사내라면 모름지기

입이 무거워야 하는 시대는 가고, 바야흐로 수다의 시대가 도래했으니, 이제 떠든 아이에게 벌이 아니라 상이 내려지기 시작했다. 마이크만 잡으면 조잘조잘 잘 떠드는 아이 유희열에게 시청자와 청취자는 호응이라는 상을 내린다.

### 토이남 토이?

한 칼럼니스트가 그의 글에서 새로운 부류의 남자들에 관해 언급한 적이 있는데, 그들의 특징은 이렇다. 여성성을 지닌 20대 후반에서 30대 초반까지의 남성으로 나르시시즘이 강하고 예민한 감수성을 지녔다. 마초와 달리 여자의 마음을 잘 이해하고 감수성을 공유한다. 그는 이런 그들에게 '토이남'이라고 이름을 붙였다. 토이의 노랫말 때문이다. 그렇다면 유희열은 실제로 토이남인 걸까. 그가 실제로 날씨가 좋으면 바구니를 들고 피크닉을 즐기는지는 알 수 없다. 어쩌면 유희열은 토이남이 아닐지도 모른다. 그러나 중요한 것은 실제로 그가 토이남인지 여부가 아니라 그가 토이남으로 보이느냐 아니냐이다. 그는 방송에 비춰진 이미지로 대중에게 소화되기 때문이다. 그렇다면 대답은 자명해진다. 유희열은 토이남이다. 음악과 수다를 좋아하는 토이남 말이다. 그러나 토이남으로만 규정하기에는 부족한 면이 유희열에게는 존재한다. 기묘한 양면성이다.

토이의 음악의 장르를 규정하자면 발라드다. 「좋은 사람」이나 「뜨거운 안녕」 같은 예외도 있지만 「내가 너의 곁에 잠시 살았다는 걸」 같은 빠르지 않은 템포의 음악이 더 많으니 토이의 음악 장르를 발라드라고 해도 그리 틀린 말은 아닐 것이다. 그러나 가끔 그는 일탈을 한다. 정반대의 음악을 한다. 피아노와 현악이 주로 편성되는 발라드가 아닌 인공적인 전자음이 가득하고, 사람이 아닌 컴퓨터가 연주하는, 일렉트로닉스라는 장르를 한다. 동료 음악인들과 「Walk Around The Corner」라는 음반을 냈으며, 토이 정규 음반에서는 「길에서 만나다」 같은 곡을 발표하기도 했다. '발라드 가수의 외도'쯤으로 치부하기에는 전문 일렉트로닉 음악인에 뒤처지지 않는 성과였다. 유희열은 음악인으로서도 양면성을 지녔지만, 진행자로서도 양면성을 갖고 있다.

감수성 넘치는 음악을 만드는 음악인은, 왠지 말을 시키면 양 볼이 붉어진 채 눈도 제대로 못 맞추고 땅만 바라보며 우물쭈물할 것 같지만, 그는 오히려 반대다. 말이 많다. 잘도 떠든다. 발라드 음악을 하는 음악인과 수다스러운 남자라는, 이 공존하기 어려운 두 면모를 동시에 지닌 유희열. 그의 이런 양면성은 지켜보는 이로 하여금 의외의 반전을 목격한 것 같아 즐거움을 유발한다.


Radio Killed Video Star!


영국의 팝 듀오 버글스(buggles)는 MTV가 등장하자, 비디오가 라디오 스타를 죽인다고 노래했다. 보고자 하는 욕망은 충족되겠지만, 시각에 압도된 탓에 음악에 집중하지 못할 것이고, 결국 진정한 음악인들은 사라지게 되리라는 염려였다. 그 염려는 기우가 아니었다. 능력 있는 음악인들은 점차 설 자리를 잃어갔다. 이대로 라디오 스타들이 멸종하는 것 같았다. 그러나 우리는 유희열이 진두지휘하는 프로그램에서는 통쾌한 반전을 본다. 곧 그 생명을 잃을 것 같던 라디오가 멸종하기는커녕 오히려 TV까지 영역을 확장한 것이다. 시각이 청각을 압도하고 교란하는 걸 더 이상 간과하지 않겠다는 듯이 말이다. 이제 여기서 몸을 사려야 할 대상은, 라디오 스타가 아니라 비디오 스타다. 유희열의 TV 입성은 늦은 밤 라디오에 귀 기울이던 모든 라디오 키드들의 영토 수복 선언인 것이다.

# 가장 보통의 존재를 향한 가장 보통의 시선, <다큐멘터리 3일>

김정민

공룡, 아마존, 북극, 차마고도, 국수에 이르기까지 최근 한국 다큐멘터리의 소재는 다양하다. 이와 동시에 미처 알지 못했던 깊은 역사와 전통을 자랑한다. '한국 다큐멘터리의 진화'라는 말 역시 누가 일부러 하지 않아도 다큐멘터리를 보는 이가 먼저 느낀다. 광활한 대지를 누비는 제작진의 열과 성이 담긴 작품을 보다 보면 4년에 한 번 월드컵 때나 발휘되던 애국심이 마음을 툭, 건드리기도 한다. 그러다 보니 점점 제작 규모도 커지고, 제작 기간도 길어진다. 하지만 여전히 여기, 보통 사람들을 주시하는 '가장 보통의 다큐멘터리'가 있다. 바로 매주 일요일 밤에 방송되는 KBS2 <다큐멘터리 3일>이다.

## 참 이상한 프로그램 <다큐멘터리 3일>

2007년 5월 3일, 첫 방송을 시작한 <다큐멘터리 3일>은 참 이상한 프로그램이다. 이 프로그램은 '특정한 공간'을 '제한된 72시간' 동안 관찰하고 기록하는 새로운 형식의 다큐멘터리다. 흔히 다큐멘터리 대가들의 제작 노하우를 엿듣다 보면 공통되는 말 하나가 있다. '기다리고 기다리다 보면 결정적 순간을 찾을 수 있다'는 것. 이 말은 <다큐멘터리 3일>에는 허락되지 않는다. 3일, 72시간이라는 주어진 시간(실은 촬영일자는 날수로 따지면 3일이 아닌 4일이다), 그 주의 방송 소재가 되는 특정 공간을 벗어날 수 없는 기획 의도 자체의 제한성 때문이다. 72시간이라는 시간 안에 모든 것을 해결해야 한다.

그렇다고 제작 기간이 긴 다큐멘터리에서 '시간의 흐름으로 인해 느낄 수 있는 인물의 변화' 같은 재미를 찾을 수는 없겠구나 하고 생각하는 것은 섣부른 편견이다. 미디어의 변화로 인해 사람들은 카메라에 좀 더 익숙해졌다. 물론 맨 처음부터 뼛속 깊은 곳, 자신의 이야기를 들려주는 사람은 없다. 하지만 우리는 <다큐멘터리 3일>을 통해 3일, 72시간은 한 사람이 한 사람의 마음에 다가갈 수 있으며, 대화가 가능한 시간이 될 수 있음을 알 수 있다. 더불어 시시각각 변화하는 '뜨거운 영토, 대한민국'에서 살아나가는 사람들은 '드라마, 그 이상의 이야기'를 가지고 있으며, 그 이야기를 들어줄 누군가를 원하고 있었다.

## '인물의 변화', 그리고 '인물의 발견'

<다큐멘터리 3일>의 가장 큰 재미로는 매주 다양한 공간의 다양한 사람들의 '일상'을 방문하는 성격에서 찾을 수 있다. 방송이 시작된 시점부터 <다큐멘터리 3일>의 시선은 조금 남달랐다. 모두가 해외 축구스타들에게만 집중할 때, 몸값이 1조 원에 이르는 맨유 축구스타들의 이동을 돕는

버스 운전기사 아저씨의 긴장감을 주시했으며(2007. 7. 26, '맨유, 한국에 오다' 편), 베이징 올림픽 스타들의 반짝 인기가 저물어갈 때쯤 태릉선수촌을 방문하여 올림픽 이후에도 변함없이 훈련하는 선수들의 땀(2009. 2. 14, '투혼 - 태릉선수촌 72시간' 편)을 담는다. 아무도 주목하지 않는 시기, 태릉을 찾은 <다큐멘터리 3일>은 베이징 올림픽에서 유도 금메달을 딴 최민호 선수가 '올림픽 이후 쉬어서 몸이 풀리지 않는다'라고 솔직하게 풀어낸 이야기를 여과 없이 카메라에 담는다. 또한 '국가대표'라는 묵직한 이름을 달았지만 여느 평범한 청춘들과 다름없는 수영 여자 국가대표 선수들은 담당 PD에게 '소녀시대 봤느냐? 예쁘냐?'라는 질문을 던지기도 한다. 그들 사이에 카메라가 있기는 한 것일까라는 생각이 들 정도로 평범하고, 일상적이다.

더불어 <다큐멘터리 3일>이 가진 '일상'의 힘을 더욱 강력하게 보여주는 방송분이 있었다. 바로 2010년 6월 6일에 방송된 '대한민국 최동단은 숨·쉰·다 - 독도 72시간' 편이다. 일본의 역사 교과서 왜곡으로 다시 한 번 한일 양국 논쟁의 중심에 선 독도 그 독도를 논쟁의 중심으로서 다루는 것이 아니라 '경상북도 울릉군 울릉읍 독도리 1-96번지'의 사람 사는 공간으로서 찾았다. 그곳에서 생활하는 대한민국 사람들의 모습은 시청자로 하여금 '이렇게 대한민국 사람들이 살아가고, 스스로 가꾸며 지키는 공간이 대한민국의 땅이 아니면 누구의 땅이란 말인가'라는 생각을 자연스레 끌어낸다. 가족을 그리워하는 독도 경비대의 모습부터, 독도에서 군 복무 중인 아들을 만나러 온 부모님의 모습, 그리고 오염되지 않은 자연으로서의 독도의 모습. 독도라는 그 작은 섬 안에서 어느 것 하나 우리 것이 아닌 것이 없다.

## 이유 있는 목소리로 전달되는 삶의 향기

<다큐멘터리 3일> '대한민국 최동단은 숨·쉰·다 - 독도 72시간' 편은 독도에서 사는 도민들의 모습뿐만 아니라 평소 독도에 관심을 가지고 '독도 지킴이'로 국내외에서 적극적으로 활동하고 있는 가수 김장훈의 내레이션을 통해 더욱 힘 있는 다큐멘터리로 거듭날 수 있었다.

요즈음 다큐멘터리에서 가장 주목받는 것은 내레이션이다. 과거 다큐멘터리 내레이션은 주로 작품의 주제를 그 누구보다 잘 알고 있는 다큐멘터리 감독이나 목소리의 전달이 분명한 아나운서, 성우가 담당했다. 하지만 근래 들어 유명 연예인이 다큐멘터리 내레이션에 참여하는 것은 더 이상 낯선 일이 아니다. MBC의 다큐멘터리 중 <북극의 눈물>의 안성기, <아마존의 눈물>의 김남길, <법정, 살아 있는 것은 다 행복하라>의 고현정 등 연기력이 바탕이 되는 연기자들의 목소리가 주제를 좀 더 호소력 있게 전달한다는 취지에서 시작된 작업이다. 하지만 주객이 전도되어 다큐멘터리보다는 객(客)인 연예인이 더 주목받고, 그러다 보니 자신의 이미지 향상을 위해 다큐멘터리 내레이션을 맡으려는 이들도 늘고 있다.

하지만 <다큐멘터리 3일>의 내레이션은 시청자 스스로도 좀 더 의미를 모색해볼 가치가 있다. 독도 편의 가수 김장훈 이 외에도 한국예술종합학교를 소개하는 배우 권해효, 대학로를 추억하는 가수 이소라, 피맛골을 보듬는 배우 최주봉, 낙원상가 편의 배우 변희봉, 고 김수환 추기경과의 마지막을 추억하는 배우 신구, 입양인들의 첫 모국 여행을 따뜻하게 전하는 배우 신애라. 그 외에도 단골 내레이션 손님인 가수 양희은, 배우 양희경, 가수 유열을 비롯해 방송인 김미화, 방송인 배칠수, 배우 최수종, 배우 안정훈, 방송인 이윤석 등의 다양한 내레이션을 만날 수 있다. 그저 연기력 있는,

감정에 호소하는 섭외가 아니라 내레이션을 하는 사람이 다큐멘터리가 이야기하고자 하는 주제에 근접해 있다. 2007년 7월 26일에 방송된 '맨유, 한국에 오다' 편에서는 가수 김C가 맨유의 경기가 있기 전, 동일 경기장에서 팬으로서 축구를 즐기다 즉석에서 내레이션으로 섭외되는 화면이 생생하게 방송되기도 했다.

## '지금', '여기'가 아니면 할 수 없는 이야기들

2009년 11월 14일 방송된 '덕수궁 돌담길' 편의 72시간을 담던 제작진의 카메라에 낯익은 얼굴이 나타났다. 바로 방송인 김제동. 여타의 사람들처럼 김제동에게도 덕수궁 돌담길은 추억의 공간이며 사색의 공간이다. 그 날도 생각할 것이 있어 덕수궁 돌담길을 찾았다는 김제동은 '카메라를 피해 이곳에 왔는데, 이곳에서 카메라를 만날 줄이야'라는 말과 함께 제작진에게 이렇게 묻는다.

"몇 시간째예요? 오늘이?"

아마 우리 중 누구라도 우리가 살아가는 공간에서 <다큐멘터리 3일>의 카메라를 만난다면 이런 질문을 거리낌 없이 던질 것 같다.

"다큐멘터리가 없는 나라는 가족 앨범이 없는 가족과 같다."

이는 칠레의 유명한 다큐멘터리 감독 파트리시오 구스만(Patricio Guzman)이 남긴 말이다. 우리의 가족 앨범은 매일 슬프지만도 않고, 매일 기쁘지만도 않다. 더불어 영광스러울 만큼 놀라운 일도 드물다. 공룡, 아마존, 북극, 차마고도, 국수와 같은 소재를 통해 과거를 되살피고, 전 지구적으로 사고하며 더 넓은 사람이 되는 것도 중요하다. 하지만 지금(now) 내가 살아가는 이곳(here), '일상'의 행복에 충실하며 살아나가는 삶. 이것이 가장 보통의 사람들이 추구하는 가치가 아닐까? 행복, 도전, 꿈, 삶, 인생, 일상, 희망, 기적, 터전, 고단한, 소박한, 소소함, 그리고 인순이가 부른 「거위의 꿈」. 일상을 도식화하는 위험이 늘 도사리고 있지만 <다큐멘터리 3일>을 통해 우리가 보고 느끼고 싶은 것은 우리 삶 구석구석을 생생하게 바라보는 '따뜻한 시선'이다. 인터뷰이의 재미있고 따뜻한 말 한마디도 좋지만, 그저 길고양이 한 마리, 처마 밑의 빗방울, 사람들의 발걸음을 응시하는 <다큐멘터리 3일>의 '시선의 틈'이 잘 간직되었으면 좋겠다. 시청자들이 사실과 사실 사이에 존재하는 그 '틈'을 이해하며 <다큐멘터리 3일>에 몰입한다는 것을 잊지 말았으면 한다.

단조로운 내 삶에도 언제가 <다큐멘터리 3일>의 카메라가 등장하지 않을까 기대해본다. 단 한 명의 주연배우가 아닌 각각의 주연배우들이 호흡을 맞추며 살아가는 세상, 그런 우리의 삶 자체가 한 편의 다큐멘터리니까.

# 변함없는 스포츠 중계의 식상함

한경희

## 서론

2010년은 굵직한 스포츠 행사가 있는 해다. 2월 13일에서 3월 1일까지는 동계 올림픽이 있었고, 6월 11일에서 7월 12일까지는 월드컵이 치러졌다. 대한민국 국민이라면 모두 김연아 선수가 금메달을 따기를 염원했고, 우리 나라 축구 팀이 원정에서 첫 16강에 들기를 기도했을 것이다. 우리나라는 두 대회 모두에서 기대 이상의 성과를 거두었으며 명실공히 세계의 스포츠 강국으로 성장하고 있다. 이러한 스포츠 역사의 발전과 더불어 선수들과 국민들의 태도나 시각 또한 과거와는 사뭇 다른 양상을 띠고 있다.

과거 독재 정권, 군사 정권 때 스포츠는 국가의 위신을 세우고 국력을 과시하는 도구로 사용되었다. 마치 엘리트 스포츠 강국이 되어야만 진정한 강국이 되는 것처럼. 올림픽은 단순히 올림픽 그 이상의 의미가 있는 대회였 다. 특히 나라의 온 힘을 쏟아부은 서울올림픽을 치르면서 우리나라에서 엘리트 스포츠가 차지하는 의미는 세계 어느 나라보다도 크고 지대해졌다.

그러나 독재 정권이 막을 내리고 군사 정권이 종지부를 찍으면서 또, 급속한 경제성장을 이루면서 스포츠 또한 그 변화에 발맞춰 진화되어갔다. 라면만 먹고 뛰어서 금메달을 땄다던 임춘애 선수의 이야기는 더 이상 미담이 될 수도 없고, 가난에서 벗어나기 위해 운동을 하는 선수는 찾아보기 힘든 세상이 되었다. 오히려 돈이 있어야 운동을 할 수 있고, 축구 유학을 떠나는 게 별스럽지 않은 시대가 되어버린 것이다. 선수들은 올림픽에서 금메달을 따지 못해도 웃으며 시상식에 서고, '죽기 살기로' 경기에 임하는 게 아니라 '즐기며' 시합을 할 수 있는 여유가 생겼다.

국민들 또한 올림픽에서 금메달만이 최고이고, 무슨 수를 써서라도 금메달을 따야 한다는 생각에서 벗어나, 최선을 다한 선수들에게 박수를 보내고 은메달, 동메달 또한 값지다는 여기는 의식이 자리를 잡았다. 좀 더 유연하고 느긋하게 시합을 관전하며 응원을 보내게 된 것이다. 스포츠는 스포츠일 뿐 범국가적 국력 과시용으로 스포츠를 바라보던 시선은 과거의 일이 되어버렸다.

하지만 운동선수들과 국민들의 이러한 변화와 달리, 언론이 올림픽이나 월드컵 같은 큰 경기를 바라보는 태도는 크게 달라지지 않았고, 이러한 괴리는 스포츠 보도와 경기 중계를 보는 시청자로 하여금 뭔가 불편함과 답답함을 느끼게 한다.

## 본론

### 1) 효자 종목과 태극전사

아마도 올림픽 보도에 가장 많이 등장하는 단어가 있다면 '효자 종목'이란 말일 것이다. 그동안 역대 올림픽에서 금메달을 많이 땄고 그래서 금메달이 유력시되는 종목에 붙는 말이다. 스포츠에 효자라는 표현을 쓰는 것은, 국가를 부모로 생각하고 스포츠 선수들은 자식이며 금메달을 타는 일은 효도라는 의식이 깔려 있는, 지극히 전근대적인 유교 사상에 기인한 말이다.

태극전사라는 말 또한 마찬가지다. 전사, 즉 싸움터에 나가 국가와 민족을 위해 싸우는 군인이란 뜻이다. 원래는 2002년도 월드컵에 출전했던 국가대표 축구 선수들에게 썼던 표현이었으나 이제는 광범위하게 국가대표 선수들을 지칭한다. 국가를 대표하는 스포츠 선수가 국제 경기에서 전쟁터의 군인처럼 죽기 살기로 싸우던 시대는 지났다. '스포츠=전쟁', '선수=전쟁터에서 싸우는 군인'이라는 구시대적 발상이 2010년의 방송가에서 여전하다는 것은 참으로 시대착오적인 태도다.

'효자 종목'이나 '태극전사' 모두 국가대표 선수 '개인'이 아닌 '국가'에 초점이 맞춰져 만들어진 용어다. 이제 국가가 선수들을 통제하고 스포츠로 총성 없는 싸움을 하던 시대는 과거 냉전기로 종지부를 찍었다. 선수들이 개인의 장래를 위해 그리고 좋은 조건에서 운동하기 위해 국적을 바꾸는 일이 반역이 아닌 세상이 되었고, 올림픽 또한 각 선수들이 기량을 다투고 선의의 경쟁을 통해 스포츠를 발전시키는 행사의 하나일 뿐이라는 인식이 자리를 잡아 가고 있다.

하지만 아직까지 우리 언론은 굵직한 스포츠 행사가 있을 때면 만사를 제치고 모든 보도의 초점을 집중한다. 뉴스의 헤드라인을 장식하고, 뉴스 꼭지의 상당량을 할애하고, 월드컵 디데이의 카운트다운을 세고, 16강 성공 기원 콘서트를 수차례 개최한다. 마치 온 세상 사람이 모두 올림픽과 월드컵에 집중하고 있는 것처럼 설레발을 치고 호들갑을 떤다.

머리를 염색하고 액세서리로 치장하며, 시상대 위에서 시건방춤을 추는 신세대 운동선수들이 과연 '국가와 민족을 위해 이 한 몸 바쳐 싸우겠다'는 각오로 출전할까? 이미 그들의 사고는 과거에서 벗어나 자유롭건만 언론이 일방적인 짝사랑을 하고 있는 것은 아닐까 생각해보게 된다. 물론 국가대표는 국가를 대표해 시합을 하는 선수이고 여기에는 애국심이 반드시 필요하다. 하지만 애국심만이 전부인 시대는 끝났음을 언론은 인식해야 한다.

### 2) 금메달만이 최고

올림픽이 되면 각 방송사는 금메달을 딸 만한 유망 종목과 선수들을 소개하고 우리나라가 과연 몇 위를 할 것인지 예측하는 보도를 앞다투어 내보낸다. 올림픽 중계는 주로 금메달을 딸 만한 종목에 집중되고 메달 유망주들의 경기에 시선이 집중되어 보도가 이어진다. 특히 이번 올림픽은 SBS가 단독 중계를 하면서 이러한 성향이 더 심했다. 유력한 금메달 후보였던 김연아 선수의 몸 상태, 연습 장면, 상대 선수의 동정 등 김연아 선수의 보도가 지나치게 많았다. 심지어 김연아 선수의 연습 장면까지도 실시간으로 생중계했다.

물론 스노우보더 숀 화이트(Shaun White)처럼 세계적으로 주목받는 스타 선수의 경기를 중계해주고, 우리나라의 봅슬레이 선수들과 점프스키 선수들의 경기를 중계해주긴 했으나, 어디까지나 동계 올림픽 중계의 양념에 불과할 만큼 적은 할애에 그치고 말았다.

금메달을 못 따면 고개를 숙여야 하는 시대는 끝났다. 어느 선수나 시합에서는 최선을 다한다. 금메달을 딴 선수만이 최선을 다해 경기에 임한 것은 아니지 않는가. 누구나 다 그 자리에서는 최선을 다한다. 똑같은 열정과 노력이 똑같은 결과를 가져오지만은 않는 게 스포츠이며 세상사다. 꼴지 선수라도 그 선수 나름으로는 최선을 다했을 것이다. 결과가 나쁘더라도 열심히 했다는 이유 하나로 충분히 가치가 있는 것이며 이제 국민들의 의식도 그렇게 변했다.

하지만 방송에서 연일 동계 올림픽의 국가 순위를 빠뜨리지 않고 보도하는 것을 보면 과연 방송이 변화한 시대 가치를 얼마나 인정하고 있는지 회의가 든다. 국제올림픽위원회 홈페이지에는 메달리스트 명단만 있을 뿐 국가별 순위는 기록하지 않는다. 올림픽이 국가 간 대항이 아닌 각 종목 개별 선수들의 시합임을 인식하고 있는 것이다. 또, 우리나라 방송처럼 금메달, 은메달, 동메달을 차등해서 점수를 주고, 동메달이나 은메달을 아무리 많이 따도 금메달 1개가 더 높은 순위를 차지하도록 순위를 매기는 경우는 많지 않다. 유럽이나 북미 등 다른 나라 언론들은 금메달, 은메달, 동메달 할 것 없이 총 메달 개수를 합산해서 순위를 정하고 있다. 우리나라도 이제 이러한 방식으로 메달 집계를 해서 금메달 지상주의에서 벗어날 때가 되지 않았을까.

### 3) 지나친 자국 중심 중계 태도

이번 동계 올림픽 중계에서 가장 눈살을 찌푸리게 했던 것은 캐스터나 해설자의 변함없는 자국 중심의 중계 태도였다. 팔이 안으로 굽는 것은 당연하지만 그게 지나치다 못해 꼴불견으로 보인 것은 여전히 과거와 다름없는 중계 태도 때문이었을 것이다. 1980년대라면 이런 중계 태도에 아무런 거부감이 없었을지도 모른다. 하지만 지금은 2010년이고 시청자의 의식 수준은 1980년대를 벗어나 있다. 이런 의식 변화를 눈치채지 못하고 고리타분한 중계 태도를 고수하는 방송사에 문제가 있다.

자국 중심의 중계 태도는 스피드 스케이팅에서 여실히 드러났다. 다른 나라 선수들에게 '얘'라는 표현은 기본이고 '상태가 메롱'이라는 막말까지 서슴지 않았다. 선수 개개인에 대한 정보 부족과 경기 분석의 미진함으로 시청자에게 해설다운 해설을 전하지 못한 것은 크게 이슈가 되지도 못할 만큼, 우리나라와 경쟁하는 다른 나라 선수들을 향한 비하 발언은 도를 넘어섰다. '밥데용 넌 아무것도 아니다', '시합이 끝났으니 옷을 입든 풀어헤 치든 맘대로 하세요' 등 중계 후에 '막말 어록'이 나올 만큼 시청자들의 눈살을 찌푸리게 했다.

이러한 중계 태도는 월드컵에서도 마찬가지였다. 한국과 경기를 하는 다른 나라 선수들이 공을 잡을 때 으레 나오는 말은 '어림없습니다'이다. 상대 선수가 슛을 해서 골인이 안 될 때도 '어림없습니다', 상대 선수가 패스 미스를 할 때도 역시 '어림없습니다'라는 말이 나온다. 반면 우리나라 선수들의 실수에는 한없이 관대하다. 팔이 안으로 굽는 것은 인지상정이지 만 굽어도 너무 굽었다.

상대의 경기 내용이 형편없다는 식의 멘트는 상대적으로 우리나라 선수 들의 경기 내용을 추켜세우려는 의도에서였겠지만, 그렇다고 그 중계만 보고 진짜로 상대 선수들의 실력이 형편없다고 생각한 시청자가 과연 몇 명이나 되었을까. 그저 상대를 비하하는 발언에 짜증이 날 뿐, 우리나라 선수들의 실력이 보이는 것 이상이며 상대 선수의 실력이 보이는 것 이하라 고 생각하지 않을 것이다. 시청자는 지나치게 자국 선수 위주로 흐르는 중계를 보면서 애국심이 생기기는커녕 짜증만 날 뿐이다.

## 결론

우리가 국가 대항 스포츠에 기대하는 것은 무엇일까. 국가를 대표해서 좋은 성적을 거두고, 금메달을 많이 따서 국위를 선양하고, 세계 속에 대한민국의 국력과 위상을 드높이는 것? 방송이 기대하는 것은 이것일지 몰라도 국민들이 그리고 시청자들이 기대하는 것은 이런 것 외의 다른 것들도 포함된다.

스포츠 선수 한 개인으로서의 성공과 좌절, 경기에 임하는 선수들의 열정과 꿈, 세계적으로 우수한 선수들의 기록과 경기 모습, 그 분야에서 최고의 실력을 갖춘 선수들의 화려한 플레이 등으로 관심이 향하는 시대가 되었다. 시청자들의 눈높이와 의식 수준은 높아졌는데 방송은 이를 따라가지 못하고 과거에 발이 묶인 채 제자리걸음만 하고 있다.

우리 선수만이 '선'이고, 상대 선수는 적이며 반드시 무찔러야만 하는 '악'이 아니다. 올림픽이나 월드컵은 우리의 열정과 상대의 열정이 만나 한판 멋들어진 놀이를 즐기는 열린 장일 뿐이다. 금메달이건 은메달이건 동메달이건 최선을 다했으면 그걸로 족하고, 국민들은 그 결과가 노력에 부합하기를 응원할 뿐이다. 이제 시청자들은 은메달을 따고도 고개를 숙인 채 '국민 여러분께 죄송하다'라고 울먹이는 선수의 인터뷰를 원치 않는다. 좋은 성적을 거두는 것이 나라를 위한 일이기도 하지만 지극히 개인적인 일이기도 한 것을 인정해주는 시대이며 또 그래야만 한다.

언론의 역할은 대중의 의식을 반영하는 것이기도 하지만 때로는 대중의 의식을 선도하기도 해야 한다. 하지만 유독 국가 대항 스포츠 대회에서만큼은 의식을 선도하기는커녕 시청자들의 의식 변화에 발 빠르게 대처하지 못하고 제자리에서 뜀박질만 할 뿐이다.

스포츠는 생활의 일부일 뿐인데 마치 그게 전부인 양 호들갑을 떨 필요도 없고, 16강 성공 기원 콘서트를 몇 번씩이나 할 만큼 온 국민을 부추겨 요란한 잔치를 미리 할 필요도 없는 게 스포츠다. 시청자들은 이를 보고 설레는 게 아니라 '제발 설레발치지 말고 조용히 있어라' 하고 비아냥거린다. 스포츠를 바라보는 좀 더 성숙한 자세는 국민, 시청자가 아니라 방송사에게 필요한 덕목이다. 이제 스포츠 보도의 선진화만 이뤄진다면 우리나라는 진정한 스포츠 강국이 될 수 있을 것이다.

# 당신의 저녁 식사는 안녕하십니까?

한지민

## 글머리에

과거부터 현재에 이르기까지 드라마는 시청자들에게 항상 사랑을 받아온 TV 프로그램 중 하나다. 이렇게 드라마가 사랑을 받는 데는 여러 가지 이유가 있겠지만, 아무래도 가장 큰 이유는 우리의 인생을 주제로 다루면서 시청자들의 공감을 이끌어내기 때문이라고 할 수 있다. 그 중에서도 저녁 시간대의 드라마는 항상 포근한 이야기로 시청자들의 안식처가 되어준 덕분에 지속적인 사랑을 받아 장수 프로그램으로 군림해왔다. 22년 동안이나 꾸준히 사랑받았던 MBC <전원일기>, 훈훈한 시골마을 이야기로 시청자들의 가슴을 따뜻하게 해주었던 KBS1 <대추나무 사랑걸렸네> 등이 그 예가 되겠다. <전원일기>는 1980년부터 2002년까지 무려 1,088회라는 기록적인 분량을 시청자와 함께했다. 22년이라는 긴 시간 동안 여러 가지 일들이 있었겠지만, 그럼에도 이렇게 오랫동안 프로그램을 이끌어나갈 수 있었던 데에는 분명 시청자들의 사랑이 큰 몫을 했을 것이다. <대추나무 사랑걸렸네>의 장수 비결 또한 <전원일기>와 마찬가지였을 것이다.

이 두 드라마처럼 고향, 가족 등 소소한 일상을 다룬 저녁 시간대의 드라마들이 큰 논란 없이 '조용하게' 사랑을 받을 수 있었던 또 다른 큰 이유는 저녁 시간이라는 이른바 황금 시간대가 톡톡한 역할을 해주었다. 이 시간대는 지치고 힘든 일상에서 돌아와 가족과 함께 편안하게 저녁 식사를 하면서 TV를 볼 수 있는 시간대이기 때문에 고향, 가족처럼 편안하고 포근한 소재와 내용은 시청자들로 하여금 아무런 근심 없이 쉴 수 있는 안식처로 작용했을 것이다. 또한 주위 사람들의 소중함을 다시 한 번 느낄 수 있게 해주는 좋은 기회가 되었을 것이다. 그 덕분에 과거 시청자들은 저녁 시간에 가족과 오순도순 둘러앉아 화기애애한 분위기 속에서 따뜻한 TV 드라마를 보며 '체하지 않고' 맛있게 즐거운 저녁 식사를 할 수 있었다.

하지만 현재의 저녁 시간대 드라마는 이 드라마가 정말 저녁 시간대 드라마가 맞는지 의구심마저 들게 한다. 드라마 간의 시청률 경쟁을 의식한 나머지 시청자들의 심리는 안중에도 없다. 사실 시청률은 시청자에게서 나오는 것인데 말이다. 요즘의 저녁 시간대 드라마들은 끊이지 않는 논란 속에서 '시끄러운' 관심을 받고 있다. 이러한 '시끄러운' 관심에 대한 답으로 드라마 제작진들은 불편하면 다른 프로그램을 보라고 하지만, 정작 같은 시간대의 다른 방송사 드라마들 또한 마찬가지다. 이러한 상황 속에서 시청자들은 하릴없이 리모컨만 쉬지 않고 움직인다. 그렇게 해서 겨우 한 드라마를 골라서 보다가도 얼마 안 가서 펼쳐지는 낯 뜨거운 장면 때문에 서로가 민망한 저녁 식사를 하게 된다. 모든 방송사의 저녁 시간대 드라마 때문에 시청자들은 오늘도 불편한 저녁 식사를 하며 '체한 것은 아닌지' 확인한다.

# 최근 저녁 시간대 3개 공중파 TV 드라마의 경향

평일에는 KBS, MBC, SBS 등 3개 방송사 모두가 저녁 시간대인 저녁 7시에서 9시까지 드라마를 방영하며 주말에는 KBS와 MBC만 저녁 시간대에 드라마를 방영한다. 이렇게 현재 방영되고 있는 저녁 시간대 드라마 5개 중 3개가 여전히 시끄러운 논란을 불러일으키고 있다. 그래도 지금의 상황은 많이 나아진 편이라고 볼 수 있다. 작년만 하더라도 저녁 시간대 드라마는 백이면 백, 모두 파격적인 소재와 자극적인 장면으로 시청자들의 눈살을 찌푸리게 만들었다. 현재 방영되고 있는 저녁 시간대 드라마와 작년에 방영되었던 저녁 시간대 드라마들을 정리하면 [표 1]과 같다.

[표 1] 3개 방송사별 현재와 작년의 저녁 시간대 드라마(2009년 11월 기준)

| 매체 | 요일 | 기간 | 시간 | 드라마 제목 | 내용 |
|---|---|---|---|---|---|
| SBS | 월~금 | 현재 방영 | 19:15~20:00 | 아내가 돌아왔다 | 고아였던 여성이 따뜻하게 다가온 남자와 결혼했지만 시어머니의 계략에 의해 이혼당하고, 죽은 줄로만 알았던 그녀가 다시 돌아와 복수한다 |
| KBS1 | 월~금 | 현재 방영 | 20:25~21:00 | 다함께 차차차 | 사고로 한 날 한 시에 남편을 잃은 동서지간 두 여인의 가족 이야기 |
| MBC | 월~금 | 현재 방영 | 20:15~21:00 | 살맛납니다 | 세대별 갈등을 대표하는 다양한 부부를 통해 행복한 가정의 비밀을 말한다 |
| KBS2 | 주말 | 현재 방영 | 19:55~21:00 | 수상한 삼형제 | 부모의 편애를 받고 자란 형제들과 그 아내들의 이야기 |
| MBC | 주말 | 현재 방영 | 19:55~21:00 | 인연 만들기 | 피가 섞이건 안 섞이건 가족이라는 이름 하나만으로 가슴 뜨겁게 사랑하는 사람들의 인연 만들기 |
| SBS | 월~금 | '08. 11~ '09. 5 | 19:20~20:00 | 아내의 유혹 | 현모양처인 여자가 남편에게 버림받고는 남편과 그의 내연녀인 친구에게 복수한다 |
| SBS | 월~금 | '09. 5~10 | 19:20~20:00 | 두 아내 | 바람이 나서 조강지처를 버린 한 남자가 사고를 당하면서 겪는 이야기 |
| KBS1 | 월~금 | '08. 5~ '09. 1 | 20:25~21:00 | 너는 내 운명 | 친딸의 장기를 이식받은 아가씨를 딸로 입양하면서 겪는 이야기 |

| MBC | 월~금 | '08. 11~ '09. 5 | 20:15~21:00 | 사랑해, 울지마 | 서로 다른 상처를 가진 두 남녀의 사랑과 그들의 가족 이야기 |
| MBC | 월~금 | '09. 5~10 | 20:15~21:00 | 밥줘 | 집에 들어와서는 밥줘 소리밖에 못하는 남편과 그의 비밀을 알게 되는 아내 앞에 펼쳐지는 사건들 |
| KBS2 | 주말 | '08. 10~ '09. 4 | 19:55~21:00 | 내사랑 금지옥엽 | 홀로 힘들게 세 남매를 키웠지만 엇나가기만 하는 자식들 때문에 가슴 아픈 아버지. 세상의 모든 아버지들을 위한 이야기 |
| MBC | 주말 | '08. 8~ '09. 3 | 19:55~21:00 | 내 인생의 황금기 | 황, 금, 기 세 남매의 이야기 |

## 밥상 앞의 시청자들을 '체하게 하는' 파격적인 드라마 소재

드라마의 주된 목적은 사람들이 살아가는 현실을 반영하여 시청자들에게 웃음과 감동, 더 나아가 깨달음을 주는 것이다. 따라서 드라마의 중심에는 시청자들의 편의가 존재해야 하며 드라마는 시청자들의 심리를 배려해서 제작되어야 한다. 그렇기 때문에 더욱이 저녁 시간대 드라마는 제작에 심혈을 기울여야 한다. 앞서 말했듯이 저녁 시간에는 피곤한 일상으로부터 돌아온 가족이 모두 모여 편안한 분위기에서 저녁 식사를 하며 시간을 보낸다. 이때 TV의 드라마 내용이 그 편안한 분위기를 깨뜨린다면, 그것이 아무리 파격적이고 신선한 소재라고 하더라도 시청자를 고려한 드라마라고 할 수 없다.

시청자들 사이에서 이른바 '막장 드라마'라고 회자되는 드라마들이 있다. 여기서 '막장 드라마'란 갈 때까지 갔다는 의미로, 드라마의 소재는 불륜·살인·폭력 등이다. 요즘에는 이러한 뜻 외에도 극의 전개가 억지스러운 드라마에도 이 호칭이 붙는다. 실제로 최근 드라마들은 이렇게 강한 소재를 다루는 방향으로 흐르고 있다. 불륜은 이미 흔한 소재가 되어버렸고 심지어 19세

이하는 시청할 수 없는 폭력 영화의 한 장면처럼 섬뜩한 흉기들도 화면에 나온다. 제작자들은 과연 이런 드라마가 저녁 시간대에 적합한지 다시 한 번 심각하게 생각해봐야 한다.

여기서 올해 5월 인기리에 종영한 SBS <아내의 유혹>을 이야기하지 않을 수가 없다. 시청자들 사이에서 최고의 '막장 드라마' 중 하나로 손꼽히는 이 드라마는 일단 드라마의 소재부터가 남편의 외도 즉, 불륜이다. 여기에 한술 더 떠 아내의 친구와 바람이 났다. 하지만 드라마는 단순한 외도에서 끝나지 않는다. 이 드라마의 주된 소재는 남편의 외도가 아닌 아내의 처절한 복수에 있다. 이 드라마의 심각성은 드라마의 주 소재가 아내의 복수라는 데에 있다. 복수는 그 방법이 어떻든지 시청자들에게 편안함을 주기에는 무리가 있는 소재다. 살인이 나지 않는다면 그나마 다행이다. 그렇지만 이 드라마에서 남편은 아내를 바다에 빠뜨려 살해하려고 했다. 그러나 아내는 바다에서 빠져나와 살았고 성형까지 해서 남편과 그와 재혼한 친구를 향해 복수의 칼날을 간다. 여기까지의 드라마 내용만 들어도 속이 거북해진다. 하물며 저녁 시간대에 가족 모두가 둘러앉아 이 드라마를 시청한다고 생각해보자. 속이 불편한 것은 물론이고 식구들과의 저녁 식사 분위기 또한 싸늘해질 것이다. 이렇게 드라마 속 소재 하나가 시청자들의 저녁 식사 풍경을 다르게 만든다는 점에서 드라마 소재는 중요한 요소이자 시청자들을 위해 가장 배려해야 할 부분이다.

하지만 <아내의 유혹>이 기록한 높은 시청률에 탄력을 받은 SBS는 후속 드라마로 또 불륜을 소재로 한 <두 아내>를 방영했다. 이 드라마 역시 조강지처를 버린 남편의 이야기다. 이와 경쟁관계에 있는 또 다른 드라마 MBC의 <밥줘> 또한 남편의 불륜이 드라마의 소재다. 이처럼 드라마의 파격적이고 강력한 소재는 방송사 간의 시청률 경쟁 속에서 나온다. 방송사들은 조금 더 과감하고, 조금 더 파격적인 소재로 시청자들의 이목을 끌려고 한다. 그러나 과연 그렇게 얻은 시청자들의 관심이 '사랑'에서 비롯된 것인지 아니면 문제점을 지적하기 위한 '시끄러운' 관심에 불과한지 정확히 파악해야 할 것이다. 드라마 제작자들은 시청률을 얻기 위해 애써야 할 것이 아니라 시청자들의 마음을 얻기 위해 노력해야 할 것이다.

다시 한 번 말하지만 드라마는 사람들의 현실을 반영하여 시청자들의 공감을 얻어내는 데에 그 목적이 있다. 이와 같이 자극적인 소재들은 처음에는 현실을 반영해서 이를 고쳐보자는 깨달음을 주기 위해 나온 소재였지만, 지금은 방송사들 사이의 경쟁 속에서 이런 의의마저 퇴색된 느낌이다. 드라마 본래의 취지는 뒷전이고 그저 시청률을 올리기에 급급하여 자극성만 키울 뿐이다. 자극적인 소재는 적어도 무관심 속에서 사라지지는 않을 것이기 때문이다. 하지만 이처럼 현실성조차 없는 자극적인 드라마 소재는 시청자들의 공감은커녕 반감만 키울 뿐이다.

## 시청자들에게 '안 좋은 것'을 가르쳐주는 자극적인 장면과 대사

저녁 시간에 드라마를 보는 시청자들을 불편하게 만드는 요인은 소재뿐만이 아니다. 드라마의 자극적인 장면과 배우들의 거친 대사는 파격적인 소재보다 더 심각한 실정이다. 아무래도 소재가 자극적이다 보니 등장하는 장면이나 대사 또한 자연스레 거칠어지게 되었을 것이다. 하지만 그렇다고 해도 지금의 수위는 도가 지나치다고 판단된다. 몇 가지 예를 들어 살펴보자.

뜨거운 논란 속에 대단원의 막을 내린 <밥줘>에는 가족들이 같이 보기에 민망한 장면이 수도 없이 등장했다. 남편의 외도 장면은 물론이고 내연녀가 버젓이 안방 침대에서 남편과 잠자는 장면, 자신의 아내에게 폭력을 행사하고 강제 키스를 하며 아내를 강간했음을 암시하는 장면까지 전파를 탔다. 그뿐만 아니라 드라마 후반부에 접어들어서는 노예 계약서와 청부 실종까지 방영되며 논란에 논란을 거듭했다. 또 다른 드라마인 <아내의 유혹> 또한 마찬가지다. 남편의 내연녀가 남편을 혼내러 온 아내의 오빠의 머리를 돌로 쳐 기절시키는 장면은 약과에 불과하다. 술에 약을 타 강간을 시도하는 장면, 아내의 아이를 낙태하라고 시키고 말을 듣지 않자 살해하려는 장면, 알몸을 사진으로 찍는 장면 등 너무나 많아서 나열하기조차 힘들다. 과연 이런 드라마가 저녁 시간에 적합한 드라마인지 의구심마저 든다. 이런 장면들을 보면서 눈살을 찌푸리지 않을 시청자는 분명히 없을 것이다. 이렇게 자극적인 장면들은 저녁 시간 가족과의 식사 분위기를 망친다는 문제도 있지만 사회적으로 안 좋은 분위기를 조장한다는 데에 더 큰 문제가 있다. 드라마 본래의 취지는 불륜이 팽배한 현실을 돌아보자는 것이었지만, 시청자의 눈에는 그 취지와는 다르게 오히려 그러한 현실을 더 부추기고 있는 것처럼 보인다. 본래의 취지를 제대로 전달하려면 어떻게 해야 할지 좀 더 숙고할 필요가 있겠다.

보기에 민망한 장면과 거친 대사가 비단 자극적인 소재를 다룬 드라마만의 문제는 아니다. 따뜻하고 감동적인 소재로 시작한 드라마 또한 상황은 마찬가지다. 여러 '막장 드라마'와의 경쟁 속에서 '착한 드라마'라는 호평을 받으며 순조롭게 출발했던 MBC의 <사랑해, 울지마>는 따뜻한 가족애를 그리며, 경쟁관계에 있던 다른 드라마들과 차별을 두는 듯했다. 하지만 극이 전개될수록 남자에 집착하는 한 여자가 그의 여자 친구에게 보이는 심한 질투와 거친 대사는 드라마를 논란의 중심으로 가져다 놓았다. 또한 어느 날 갑자기 남자에게 숨겨둔 아이가 나타나 미혼부가 되는 장면, 고모의 자살시도 장면 등은 실망을 안겨주었다. 주말 드라마인 KBS2 <내 사랑

금지옥엽> 또한 본래 취지와는 다르게 자극적인 장면과 거친 대사로 논란을 일으켰다. 이 드라마의 본래 취지는 세상의 아버지들을 위한 이야기였다. 그러나 한 남자와 여자, 그리고 그 남자의 전 부인, 이렇게 셋의 삼각관계와 거기에서 나오는 전 부인의 자극적인 행동과 거친 대사, 그리고 미혼모의 이야기를 그리며 낙태 논란까지 불거졌다. 극 초반의 따뜻했던 이야기를 지켜내지 못한 것이 못내 아쉽게 느껴진다.

이렇게 장면과 대사는 소재 못지않게 중요한 요소다. 드라마의 소재 자체가 아무리 좋다고 하더라도 그 소재를 표현하는 장면이나 배우들의 대사가 자극적이라면 그것은 자극적인 소재만큼이나 많은 문제점을 양산할 것이다. 한 장면이나 대사는 그 드라마를 처음부터 끝까지 보지 않았더라도 충분히 이해할 수가 있다. 그렇기 때문에 앞서 말했듯이 사람들이 보고 배울 수 있는 요소로 쉽게 작용할 수 있다. 따라서 사회적으로 그릇된 분위기를 조장하는 무서운 요인이 될 가능성이 있다.

## 잔잔한 여운은 맛없는 밥도 맛있게 만든다

지금까지 살펴보았듯이 최근 저녁 시간대의 TV 드라마는 그 시간대에 방영되기에 적합하지 않을 만큼 자극적이다. 이러한 상황을 벗어날 수 있는 대안이 하루속히 마련되어야겠다. 하지만 그 해답은 지금의 드라마 속에서도 충분히 찾아낼 수가 있다. 최근 저녁 시간에 방송 중인 드라마 5개 중 3개가 논란을 일으키고는 있지만, 이런 와중에도 시청자들에게 큰 호평을 받는 드라마가 있었다.

MBC의 <살맛납니다>는 다양한 부부들을 통해 여러 가지 가정문제를 돌아보자는 취지의 드라마다. 이 드라마는 가족 중심의 잔잔하고 재미난

이야기로 시청자들에게 따뜻한 감동을 전하며 다른 드라마와의 차별성을 보여주었다. MBC 주말 드라마 <인연 만들기> 또한 큰 호평을 받은 드라마다. 시청자들은 이 드라마에 대해 막장 드라마들 속에서 따뜻하고 좋은 드라마를 발견해 기쁘다고 평가했다. 이 드라마는 결혼에 전혀 관심이 없는 남자와 정혼자를 만나기 위해 한국에 온 여자가 겪는 사건들을 다룬 것으로, 남녀의 사랑 이야기를 경쾌하게 그려 시청자들에게 큰 찬사를 받았다.

이 두 드라마에서 볼 수 있듯이, 우선 드라마의 소재가 자극적이지 않고 잔잔해야 한다. 잔잔한 여운이 시청자들에게는 큰 파도가 되어 울림을 주는 법이다. <살맛납니다>의 경우에는 다른 드라마들처럼 가정문제를 다루었지만 그 내용을 표현하는 부분에서 여타 드라마들과는 달리 따뜻하게 다가온다. 이는 다른 드라마들은 그 문제의 현상 자체에 초점을 맞췄지만 이 드라마는 그 현상을 극복하고 아름다운 화합을 이끌어내려는 긍정적인 측면에 초점을 맞췄기 때문에 그 차이가 두드러지는 것이라고 생각된다. <인연 만들기>의 경우는 가정문제와는 조금 다르게 남녀의 애정 전선을 소재로 삼고 있어 두 남녀의 아름다운 모습이 시청자들에게 보기 좋게 다가갈 수 있었다.

소재뿐만 아니라 장면과 대사 또한 잔잔한 여운을 줄 수 있어야 한다. 자극적이고 강한 인상을 주는 장면 내지는 대사가 시청자들의 마음에 더 깊이 박힐 것 같지만, 그러한 장면 혹은 대사는 절대 오래가지 못한다. 그저 사람들의 입에서 입으로 전해지는 악평의 소재가 될 뿐이다. 하지만 잔잔한 감동을 주는 장면이나 대사는 시청자들의 울림을 자극해 드라마가 종영되어도 오래도록 명장면이나 명대사로 남게 될 것이다.

다만 이와 같은 드라마에 해결해야 할 문제가 있다면 그것은 바로 시청률이다. <살맛납니다>와 <인연 만들기>가 큰 호평을 받았지만 시청률에서는 부진을 면치 못했다. 잔잔하고 훈훈한 드라마가 시청자들에게 좀 더 사랑받을 수 있게 하기 위한 대안을 고민해야 할 필요가 있겠다. 시청률이 낮았음에도 초심을 잃지 않고 잔잔하고 아름답게 이야기를 이끌어나간 두 드라마에 뜨거운 찬사를 보내고 싶다. 앞으로도 시청률을 의식하기보다는 시청자의 마음을 배려하고 이해해주는 드라마가 더 많아지길 바란다. 그리고 이런 드라마가 더 많이 사랑받았으면 하는 바람이다.

## 글을 맺으면서

드라마는 우리의 굴곡 있는 인생사와 함께 어언 40년을 달려왔다. 그 긴 세월 동안 우리에게 때로는 깊은 감동과 재미를 안겨주었고 때로는 눈물을 흘리게 했다. 문화가 발달하고 기술이 발전하면서 드라마의 내용 또한 점점 세련미를 갖춰갔다. 여러 드라마들이 전파를 타면서 이제는 드라마의 소재마저 고갈되어간다고 흔히들 말한다. 그렇다. 이러한 소재의 고갈 속에서 드라마가 자극적으로 흐르는 것은 어쩌면 당연한 일인지도 모른다. 드라마가 점점 더 자극적인 소재로, 화려한 기법으로 시청자들을 유혹하지만 도리어 사람들은 옛날의 드라마가 그립다고 입을 모은다. 이 대목에서 앞으로의 드라마가 나아가야 할 길에 대한 답을 찾을 수 있다.

드라마가 지금보다 더 발전하기 위해서는 단순히 당장의 시청률에 연연할 것이 아니라 진정한 드라마를 만드는 데 앞장서야 할 것이다. 훌륭한 학생은 학생의 본분을 다하듯이 진정한 드라마는 드라마의 목적을 다해야 한다. 드라마의 목적이란 앞에서도 말했듯이 사람들이 살아가는 현실을 반영하여 시청자들에게 웃음과 감동, 더 나아가 깨달음을 주는 것이다.

따라서 진정한 드라마가 되려면 시청자를 최우선적으로 배려하고 시청자들의 마음을 얻는 데 힘써야 한다.

드라마 중에서도 저녁 시간대에 방송되는 드라마는 좀 더 심혈을 기울여야 할 필요가 있다. 프로그램 방영 시간 중 황금 시간대인 저녁 시간에 많은 사람들이 TV를 시청한다. 특히 가족이 모두 둘러앉아 식사를 하면서 시청하는 경우가 가장 많다. 이럴 때에 방영되는 드라마가 하나같이 자극적이어서 분위기를 해친다면 시청자들은 눈살을 찌푸릴 수밖에 없다. 더 큰 문제로 한 드라마가 아이들에게 아니, 어른들에게도 안 좋은 것들을 가르쳐주는 수단으로 전락할 수 있다. 그렇게 된다면 드라마는 사회의 악습을 뿌리 뽑는 것이 아니라 오히려 그런 것들을 조장하는 매개체가 될 것이다. 제작자들이 의도한 본래 취지는 그것이 아니었을 것이다. 드라마 본래의 취지가 올바르게 전달되도록 노력해야 하겠다. 제작자들이 꾸준히 노력해서 드라마의 아름답고 훈훈한 취지를 시청자들에게 전달한다면 우리는 '맛좋은 저녁 식사'를 통해 더 '건강한 대한민국'으로 거듭날 것이다.

# 음악 프로그램 vs 음란 프로그램
지상파 방송 3사의 음악 프로그램이 보여준 낯 뜨거움

정구연

　요새 가장 큰 사회적 이슈라 하면, 뭐라 해도 단연 '아동 성범죄'와 관련된 사건들일 것이다. 9시 뉴스의 어느 앵커가 "최근 아동 관련 성범죄는 하루가 멀다 하고 일어나고 있습니다"라고 말했듯이 김길태, 조두순, 김수철 이름만 들어도 끔찍한 성범죄자들이 연일 화제가 되고 있고, 지금도 우리가 알지 못하는 곳에서 어떤 참혹한 사건이 일어나고 있을지 알 수 없는 일이다. TV 뉴스는 물론, 신문이나 잡지 등 각종 인쇄매체는 물론, 인터넷 기사에서도 하루가 멀다 하고 수많은 기사가 쏟아져 나오고 있다. 그러다 보니 당연히 '실시간 이슈 검색어' 상위권에는 이와 관련한 키워드가 올라가 있고, 이는 다시 수용자인 대중의 시선을 끌고 있다. 어쨌든 정말 마음 편히 살기 쉽지 않은 세상이 되어가고 있는 건 확실하다.

## 걸그룹과 성범죄와의 상관관계?

얼마 전, 여느 때와 다름없이 인터넷 기사를 훑어보던 중, '걸그룹 성상품화와 성범죄, TV가 만들어낸 나비효과'(뉴스엔 유경상 기자, 2010. 6. 13)라는 흥미로운(?) 제목의 기사를 발견했다. 그동안 비슷한 내용의 기사가 대부분이었는데 오랜만에 접하는 신선한 기사였다. '아 그렇구나, 이런 생각은 못해봤네' 하는 깨달음을 얻었다고나 할까. 한동안 보지 않았던 음악 프로그램을 다시 보았더니 예전에 비해 정말 세련된 무대 구성과 음향 장치들이 눈에 띄었고, 발라드 가수건 댄스 가수건, 실력이 좋건 나쁘던 간에 무조건 라이브로 무대를 꾸미고 있는 점이 흥미로웠다. 그런데, 아뿔싸. 아니나 다를까 이건 좀 아니지 않나 싶은 장면들이 이어졌다. 겉옷인지 속옷인지도 알 수 없는 짧은 하의를 입은 여자아이들이 온 몸을 튕기고 흔들어대며 바닥을 쓸고, 야릇한 표정까지 지어대고 있었다. 그리고 이런 그녀들의 모습에 남녀 할 것 없이 모든 관객들은 우렁찬 함성으로 답하고 있었다. 과도한 노출은 여자 가수들만의 전유물이 아니었다. 남성 모 아이돌 그룹은 아예 웃옷을 벗고 나와서 춤을 추었고, 소녀팬들의 자지러지는 듯한 환호성이 들려왔다.

## 음악 프로그램의 등급 조정, 그 효과는?

음악 프로그램 속에서 나타난 그들의 모습은, 도대체 그들이 이 방송이 끝나고 나면 교복을 입고 학교에 가게 될 아이들인지, 아니면 돈을 벌기 위해 자신을 내던지는 스트립 댄서인지 분간이 안 갈 정도였다. 무대에서 노래하고 있는 아이들과 그들을 보며 소리 지르고 있는 또 다른 아이들까지,

이 아이들은 무슨 생각을 하고 있는 걸까. 그보다는 이 아이들을 이렇게 만든 어른들은 도대체 무슨 생각을 하고 있는 것인지 알 수가 없었다. 아니, 사실 결론은 이미 나와 있다. 어른들이 생각하고 있는 것은 바로 '돈'이다. 아이들이 옷을 벗고 무대에 올라 야릇한 표정으로 춤사위를 선보인다. 이는 이슈가 되고 그들은 인기를 끈다. 그러면 돈을 벌 기회가 많아진다. 돈이 생긴다. 정말이지 매우 간단한 이치다. 그렇다고 무조건 가수와 소속사를 욕할 수만도 없다. 돈에 약해지는 건 그들만이 아니기 때문이다.

여기서 내가 문제 삼고 싶은 건 노출을 하는 걸그룹도, 노출을 시키는 소속사도, 노출에 열광하는 대중도 아니다. 바로 음악 프로그램을 기획하고 만들고 내보내는 제작진과 방송사이다. 지난 6월 10일, "지상파 3사 음악 프로그램이 등급 조정 권고 조치를 받았다"는 기사를 접했다. 이 기사에 따르면 '방송통신심의위원회는 KBS2 <뮤직뱅크>와 MBC <쇼! 음악중심>, SBS <인기가요> 등 3사 음악 프로그램에 대해 선정적이라는 이유로 권고 조치를 내렸는데, 이는 경징계에 해당하는 것이며 12세 이상 시청가에서 15세 이상 시청가로 바뀌었다'고 한다. 음악 프로그램의 의상과 안무 등이 선정적이라는 결론을 내린 것이다. 그렇지만 과연 이게 실질적으로 무슨 의미가 있을지는 잘 모르겠다. 아니나 다를까 이에 가요 관계자들의 의견은 엇갈리고 있다. 10대 청소년들이 주로 보는 프로그램인 만큼 자정 노력을 기울일 필요가 있다고 반기는 의견이 대다수이지만 예능 프로그램 중 유독 음악 프로그램에만 엄격한 잣대를 들이대는 것 같다는 지적도 제기된 것이다. 프로그램 등급 조정의 실효성에 관해 부정적인 견해를 가지고 있는 한 사람으로서, 이러한 조치는 그저 조치에 지나지 않을 뿐이라는 생각이 들었다. 오히려 등급이 올라간 만큼 앞으로는 더 거리낌 없이 벗어대고 흔들어대지 않을까 하는 걱정이 든다. 그리고 등급이 올라갔다고 해서, 정말 15세 이상의 청소년들만이 음악 프로그램을 시청할 것인가 하는 문제는 거론하기조차 우습다. 시청가능 연령을 제한하는 조치가 실질적인 효과를 발휘할 수 없다는 것은 방송통신심의위원회에서도 충분히 알고 있으리라 본다. 정말 실효성을 가진 대책이 필요하다.

## 청소년, 그들은 누구인가

청소년은 아직 정체성이 형성되지 않은 스펀지 같은 존재로서, 주변에 있는 것들을 여과 없이 빨아들이고 내뿜을 수 있다. 특히 청소년에게 TV 등의 각종 매체와 연예인은 그들의 부모보다도 훨씬 지대한 영향력을 행사한다. 선망의 대상, 우상, 소녀들의 대통령이란 말이 괜히 있는 게 아닌 것이다. 연예인이 청소년에게 미치는 영향력이 큰 만큼 청소년들의 최대 관심사는 연예인이다. 어제 연예인들이 무엇을 입고 나왔고, 어떤 행동을 했는가가 청소년들의 주된 대화 소재이고, 이는 아주 평범한 일상의 단편이다.

얼마 전, 필자는 정말 충격적인 장면을 목격했다. 한눈에 봐도 초등학생밖에 안 되어 보이는 소녀가 진한 눈화장을 하고 하이힐을 신은 것이었다. 그 소녀는 어쩌다 그런 차림새를 하게 되었을까. 엄마, 선생님, 언니, 아니 그 소녀는 소녀시대처럼, 아니면 원더걸스처럼 되고 싶었을 것이다. 요즈음은 정말로 화장을 안 한 맨 얼굴에, 운동화를 신고 다니는 여학생을 찾아보기 힘들다. 나이 지긋한 어른들은 혀를 차며 세상이 말세라고 한탄한다. 하지만 가장 큰 문제는 따로 있다. 사회가 점점, 아직은 지켜줘야 할 소녀들을 여학생이 아닌 온전한 여성으로 대하고 있다는 점이다. 여성은 아주 오랜 옛날부터 성적 상품화 되어왔고, 이는 절대 해결되지 않을 논란거리 중 하나이다. 어느 날부터인가 이러한 범주 안에 미성년자라고 부르는 아이들이 포함되기 시작했고, 오늘날과 같은 상황이 되었다. 과연 남자들만 탓한다고 될 일일까.

## 무뎌짐, 그 감당할 수 없는 공포

오늘날은 초등학생부터 노인까지, 남성부터 여성까지 그 어느 누구도 마음 편히 살아갈 수 없는 상황이다. 그런 만큼 도덕적 책임의 화살이 어느 쪽으로 향해야 할지를 결정하기란 정말 어렵다. 그 책임은 우리 모두에게 있기 때문이다. 하지만 책임지고 해결책을 내놓아야 할 한 사람을 굳이 꼽는다면 방송 관계자들을 지목하고 싶다. 다들 너무나도 잘 알고 있듯이 방송의 영향력은 정말 어마어마하다. 한 사람의 인생을 송두리째 뒤바꿔놓기도 하고, 나라 전체를 아니 더 나아가 전 세계를 들끓게 할 수도 있는 것이 방송의 힘이다. 이러한 힘을 직접적으로 휘두를 수 있는 이들이 바로 방송을 제작하는 사람들이다. 그들은 알아야 한다. 지금 당장 얻을 수 있는 광고 수입이, 프로그램의 인기가, 시청률이 중요한 게 아니다. 아니 물론 중요하다. 하지만 그보다 더 절실하게 생각해야 하는 것이 있다. 지금 내가 만든 이 방송을 보고 수용자인 대중의 머릿속에, 가슴속에 무엇이 생겨날 것인가이다. 그리고 그것들이 어떻게 다시 나에게 되돌아올지 명심해야 한다. 특히 음악 프로그램의 주 시청자인 청소년들은 사회가 가장 소중하게 지켜야 할 이들이다. 방송 제작자들은 프로그램을 기획하고 편집하기 전에 자신의 손에서 나온 방송이 청소년들에게 어떤 영향을 미칠지 한 번만 더 생각했으면 하는 바람이 있다.

'무뎌진다'라는 말이 있다. 흔히들 '지금은 괴롭지만 시간이 흐르면 무뎌져서 괜찮아질 거야'라는 식의 표현을 많이 쓴다. 무엇이든지 시간이 지나면, 혹은 계속 반복되다 보면 적응되고 익숙해져서 무뎌진다. 하지만 필자는 무뎌진다라는 말이 너무나도 무섭다. 무뎌지고 무감각해지다 보면 점점 더 큰 자극을 바랄 수밖에 없다. 지금의 이 방송 환경이, 청소년들이, 수용자인 대중이 돌이킬 수 없을 정도로 너무 무뎌져 있지 않기를 바랄 뿐이다.

20대는 달린다. 다른 사람을 이기기 위해 달리면 좌절을 만나지만 나를 위해 달리면 희망을 만난다. 넘어져도 괜찮고 잠시 멈춰서도 괜찮아. 지금은 무엇이든 꿈꿀 수 있는 나이.

**강한나** (MBC <**런닝, 구**>)

젊음의 열정, 치열한 삶의 현장, 삶의 전환점에서 되돌아보는 아름다운 추억. 꿈이 있는 사람들과 함께 희망의 열차를 타고 떠나는 72시간 동안의 멋진 만남과 그 여정의 기록.

**최규환** (KBS2 <**다큐멘터리 3일**>)

<파스타>는 보는 내내 가슴이 파스탁 파스탁 거린다. 대사는 터지기 직전 오동통한 면발 같고, 세련된 편집과 감성적인 음악은 가히 작두를 타는 듯하다. 50분의 짜릿한 코마 상태.

**전솔희** (MBC <**파스타**>)

입시가 최대의 화두가 된 사회적인 풍조를 대변하듯 무조건 명문대를 외치며 교육의 근원적인 가치를 괄시했다는 점에서 과도한 교육열이 빚어낸 또 하나의 병폐에 불과했다.

**주혜수** (KBS2 <**공부의 신**>)

보석들의 새 가정에는 저마다 문제점이 있지만 그것들이 잘 비벼져 다른 보석을 만들 거라 믿은 나에게 뒤통수! 치매에 걸린 시어머니의 죽음으로 해피엔딩을 만들 수밖에 없었을까.

**김보경** (MBC <**보석비빔밥**>)


바쁜 삶에 지쳐 여행 갈 시간도 없는 국민들을 위해 대신 여행 가주는 얄밉고도 고마운 프로그램. 잠시 머릿속을 비우고 웃으며 자연을 느낄 수 있는 청량제.

**서수영** (KBS2 <**1박 2일**>)


어느 날 시사성을 잃더니 이젠 인터넷보다 늦은, 인터넷으로 정보를 찾는 것 같은 느낌마저 드는, 쉬어 눈이 흐릿한 물고기들. 넓고 깊은 바다를 헤엄치는 날것의 싱싱한 물고기가 되기를.

**박새로미** (MBC <**MBC 뉴스 데스크**>)


개인의 취향을 바라보는 사회의 취향을 보여주려다 선회한 드라마. 무라도 썰 것처럼 칼은 뽑았으나 무가 있음을 확인하는 데 그치다.

**주은정** (MBC <**개인의 취향**>)


나를 돌아보게 만들고 나의 이웃을 돌아보게 만들며 나아가 나와 이웃을 사랑하게 해주는 가슴 따뜻한 프로그램.

**정미나** (KBS2 <**감성다큐 미지수**>)


번듯해 보이는 가족을 들여다보는 재미가 있는 드라마. 계약 결혼, 출생의 비밀 같은 진부한 소재 속에서도 가족의 의미, 엄마들의 우정, 아버지들의 마음에 공감할 수 있는 드라마.

**조선아** (MBC <**민들레 가족**>)

# 월켐레인을 내려주세요
2010 좋은 방송을 위한 시민의 비평상 수상집

ⓒ 방송문화진흥회, 2010

엮은이 ㅣ 방송문화진흥회
펴낸이 ㅣ 김종수
펴낸곳 ㅣ 도서출판 한울

편집책임 ㅣ 박록희
편집 ㅣ 배유진

초판 1쇄 인쇄 ㅣ 2010년 8월 16일
초판 1쇄 발행 ㅣ 2010년 8월 23일

주소 ㅣ 413-756 파주시 교하읍 문발리 535-7 302(본사)
　　　 121-801 서울시 마포구 공덕동 105-90 서울빌딩 3층(서울사무소)
전화 ㅣ 영업 02-326-0095, 편집 02-336-6183
팩스 ㅣ 02-333-7543
홈페이지 ㅣ www.hanulbooks.co.kr
등록 ㅣ 1980년 3월 13일, 제406-2003-051호

Printed in Korea.
ISBN 978-89-460-4325-1  03070

* 책값은 겉표지에 표시되어 있습니다.